ELOGIOS AO FENÔMENO *GASLIGHTING*

"Um guia sucinto e útil que ensina a lidar com um tipo de personalidade muito comum, mas do qual ainda se fala muito pouco."

— *Publishers Weekly*

"Stephanie Sarkis evidentemente conhece muito bem o assunto sobre o qual escreve. Este livro esclarece as vítimas desses manipuladores, levando-as da escuridão para a luz e ajudando-as a se curar."

— *New York Journal of Books*

"Um estudo fascinante e necessário sobre o *gaslighting* – um fenômeno mais frequente a cada dia – e uma obra completa sobre como evitar ser vítima dele."

— *Library Journal, resenha estrelada*

LIBERTE-SE DE
RELACIONAMENTOS
TÓXICOS

Stephanie Moulton Sarkis, Ph.D.

LIBERTE-SE DE RELACIONAMENTOS
TÓXICO S

10 Passos Essenciais para se Recuperar de Situações de
Gaslighting, Narcisismo e Abuso Emocional

Tradução
Denise de Carvalho Rocha

Editora
Cultrix
SÃO PAULO

Título do original: *Healing from Toxic Relationship.*

Copyright © 2022 Sarkis Media LLC.

Publicado Mediante Acordo com Hachette Go, um selo da Perseus Books, LLC, uma subdisiária da Hachette Book Group, Inc. Nova York, EUA.

Copyright da edição brasileira © 2024 Editora Pensamento-Cultrix Ltda.

1ª edição 2024.

Todos os direitos reservados. Nenhuma parte desta obra pode ser reproduzida ou usada de qualquer forma ou por qualquer meio, eletrônico ou mecânico, inclusive fotocópias, gravações ou sistema de armazenamento em banco de dados, sem permissão por escrito, exceto nos casos de trechos curtos citados em resenhas críticas ou artigos de revistas.

A Editora Cultrix não se responsabiliza por eventuais mudanças ocorridas nos endereços convencionais ou eletrônicos citados neste livro.

Nota: As histórias contidas neste livro são verdadeiras e completas, na medida do nosso conhecimento. Ele se destina a servir apenas como um guia informativo para aqueles que desejam saber mais sobre o assunto e, de forma alguma, pretende substituir a consulta a um médico. A decisão final sobre a melhor conduta em relação aos problemas apresentados deve ser tomada entre você e seu profissional de saúde. Recomendamos com veemência que siga os conselhos dele. As informações desta obra são de cunho geral e oferecidas sem nenhum tipo de garantia por parte dos autores ou da editora brasileira. Os autores e a editora se isentam de toda responsabilidade com relação ao uso deste livro.

Editor: Adilson Silva Ramachandra
Gerente editorial: Roseli de S. Ferraz
Gerente de produção editorial: Indiara Faria Kayo
Editoração Eletrônica: S2 Books
Revisão: Luciana Soares da Silva

Dados Internacionais de Catalogação na Publicação (CIP)
(Câmara Brasileira do Livro, SP, Brasil)

Sarkis, Stephanie Moulton
    Liberte-se de relacionamentos tóxicos : 10 passos essenciais para se recuperar de situações de gaslighting narcisismo e abuso emocional / Stephanie Moulton Sarkis ; tradução Denise de Carvalho Rocha. –– 1. ed. –– São Paulo : Editora Cultrix, 2024.

    Título original: Healing from toxic relationships
    ISBN 978-65-5736-278-5

    1. Abuso psicológico 2. Comportamento manipulativo 3. Conflitos interpessoais 4. Narcisismo 5. Relações interpessoais I. Rocha, Denise de Carvalho. II. Título.

23-175372   CDD-158.2

Índices para catálogo sistemático:
1. Conflitos : Relações interpessoais : Psicologia aplicada 158.2
Cibele Maria Dias - Bibliotecária - CRB-8/9427

Direitos de tradução para o Brasil adquiridos com exclusividade pela EDITORA PENSAMENTO-CULTRIX LTDA., que se reserva a propriedade literária desta tradução.
Rua Dr. Mário Vicente, 368 — 04270-000 — São Paulo, SP – Fone: (11) 2066-9000
http://www.editoracultrix.com.br
E-mail: atendimento@editoracultrix.com.br
Foi feito o depósito legal.

Para os sobreviventes de traumas.
Que vocês possam encontrar esperança na sua jornada rumo à cura.

SUMÁRIO

INTRODUÇÃO — 11

1 COMO CHEGAMOS AQUI? — 23
O que é um relacionamento tóxico e como identificar pessoas tóxicas

2 BLOQUEIE O CONTATO SE POSSÍVEL — 51
Como evitar contatos indesejáveis com uma pessoa tóxica e o que fazer quando você não pode evitá-los

3 (NÃO) FAÇA QUESTÃO DE UM DESFECHO — 73
Por que é difícil chegar a uma resolução depois de um relacionamento tóxico e como seguir em frente sem ele

4 PERDOE-SE — 91
Como se libertar da raiva e da culpa

5 ESTABELEÇA LIMITES — 111
Como proteger seus interesses e se colocar em primeiro lugar

6 CONVERSE COM UM PROFISSIONAL — 141
Como encontrar um profissional de saúde mental e trabalhar com ele

7   PRATIQUE O AUTOCUIDADO   167
    Como garantir que suas necessidades sejam atendidas
    e incluir o cuidado por si na sua rotina diária

8   RECONECTE-SE   189
    Como voltar a travar relacionamentos com pessoas
    emocionalmente saudáveis

9   ENFRENTE O LUTO   209
    Como superar o sentimento de perda para poder se curar

10 FAÇA TRABALHO VOLUNTÁRIO   227
    Como recuperar seu propósito por meio do altruísmo

11 PREVINA-SE   247
    Como evitar situações tóxicas e se preparar para
    relacionamentos saudáveis

VOCÊ VAI SE CURAR   269

AGRADECIMENTOS   277

RECURSOS   279

GLOSSÁRIO   291

NOTAS   299

INTRODUÇÃO

QUANDO A MÃE BEBIA, JANE SENTIA QUE NÃO HAVIA NADA QUE ELA pudesse fazer para deixá-la feliz. Às vezes a mãe se enfurecia e dizia às filhas que elas haviam arruinado a vida dela e que preferia que elas nunca tivessem nascido. A mãe de Jane parecia sentir um desprezo ainda maior por ela. A progenitora fazia a filha tropeçar ou batia nela e depois a chutava quando ela estava no chão. A mãe chegava a mandar que a irmã a chutasse. Enquanto isso, o pai saía de casa ou ia para outro cômodo e fechava a porta. "Só procure não aborrecer a sua mãe", dizia ele a Jane.

Na vida adulta, Jane tem uma sensação de normalidade e até de conforto quando está em meio ao caos. Um relacionamento saudável lhe parece monótono. Ela tem uma reação exagerada de sobressalto e, quando alguém levanta a voz ou grita, ela sai de órbita e entra num estado dissociativo. Jane compensa o sentimento de inadequação mergulhando no trabalho. Alguns dos seus amigos dizem que ela é viciada em trabalho. Ela perdeu o emprego não faz muito tempo e entrou numa espiral descendente.

•   •   •   •   •

Quando Hasim foi contratado, o patrão disse que ele trabalharia com uma equipe unida. "Somos como uma família", garantiu seu novo chefe. Hasim rapidamente descobriu que eles eram realmente como uma família, mas uma família problemática. O colega de trabalho de Hasim, Sal, leva o crédito pelo trabalho que ele faz, inclusive um projeto que Hasim passou seis meses desenvolvendo. Sal profere calúnias raciais contra Hasim, ajustando o volume da voz para que só ele possa ouvir. Hasim finalmente perguntou a seus outros colegas de trabalho se eles já tinham sentido dificuldade para se dar bem com Sal. "Sal geralmente encontra um alvo fora do grupo", disse sua companheira de equipe Sarah, enquanto os outros assentiam. "Eu simplesmente o ignoro... mas acho que é mais fácil quando não sou o saco de pancada dele."

Um dia, Sal criticou abertamente Hasim durante uma reunião de equipe. "Você não veste a camisa, Hasim", Sal disse a ele. "Mas não estou surpreso. Todo mundo aqui já sabe que você é preguiçoso."

Hasim deu um basta. "Você está praticando *bullying*, Sal", ele disse claramente. "E não é só comigo. Você tem feito a mesma coisa com outras pessoas aqui também. Mas, quando Hasim olhou em volta em busca de apoio, seus companheiros ficaram em silêncio. Mais tarde, um colega de trabalho confidenciou que não ia falar nada porque não queria ser o bode expiatório de Sal novamente. Hasim foi até o chefe com provas documentando os comportamentos de Sal, mas o chefe disse que Sal era um "exemplo de bom funcionário" e que ele nunca soubera de ninguém que tivesse reclamado dele. Agora Hasim tem síndrome do pânico ao acordar pela manhã e Sal está alegando que *Hasim* quis prejudicá-lo. Hasim está procurando outro emprego.

• • • • •

Quando Ken e Sabrina se conheceram no colégio, uma das coisas que eles tinham em comum eram suas famílias "confusas"; os pais brigavam aos gritos todas as noites. Sem saber, eles seguiram os passos dos pais e seu próprio relacionamento era tumultuado e cheio de conflitos. Às vezes as discussões se transformavam em empurrões. Mas eles sempre faziam as pazes e parecia que o relacionamento estava mais forte do que nunca – forte o suficiente para continuarem o namoro a distância quando entraram na faculdade. Ambos achavam que eram "passionais" porque estavam muito apaixonados. Isso continuou até que Sabrina percebeu, na faculdade, que se sentia muito mais em paz quando Ken não estava por perto.

Ken parecia sentir Sabrina se afastando. Ele ligava e mandava mensagens, exigindo saber onde e com quem ela estava. Ele também postava fotos nas redes sociais com outras garotas em festas, dando a entender que estava se divertindo muito. Sabrina morria de ciúmes e começou a perder o sono. Ela passava o dia inteiro verificando o perfil dele e suas notas começaram a cair. Decidindo que era hora de pôr um ponto-final naquilo, ela mandou uma mensagem para Ken: "Não dá mais" e bloqueou o número dele, o e-mail e as contas de mídia social. Naquela noite, Ken apareceu na porta do apartamento dela.

A princípio ela se sentiu um tanto lisonjeada, pensando em quanto ele devia amá-la para fazer algo assim. Mas então ele começou a gritar do estacionamento, xingando-a de nomes terríveis. Ela manteve as luzes apagadas e não respondeu. Agora, de vez em quando, Ken envia uma mensagem de texto para Sabrina de um número desconhecido, agindo como se estivesse apenas "checando". Essas mensagens sempre fazem Sabrina se sentir mal e ela se pergunta se um dia vai conseguir se sentir em paz novamente.

• • • • •

Se você está lendo este livro, provavelmente se identifica com Jane, Hasim e Sabrina. Qualquer relacionamento, seja com um parceiro romântico, um membro da família, um amigo ou até mesmo um colega de trabalho, requer um certo esforço. Mesmo os relacionamentos mais próximos têm seus altos e baixos. Mas, quando há competição, conflito, ciúme, ressentimento, hostilidade, abuso e comportamento controlador, isso é um sinal de que o relacionamento se tornou tóxico.

Você pode ter terminado um relacionamento tóxico pouco tempo atrás ou talvez esteja pensando em romper um. A vida após um relacionamento tóxico pode ser uma luta. Você pode ter rompido o relacionamento com o coração partido e estar com a autoestima em frangalhos. Pode estar com raiva e se sentindo traída. Também pode ser muito cruel consigo mesma, culpando-se por coisas que não são culpa sua. Pode estar sentindo que sua vida não anda e você não sabe como seguir em frente. Pode ser que você esteja considerando suas opções, mas não esteja pronta para terminar um relacionamento tóxico, ou talvez ainda não possa se desvincular por questões práticas ou por não ter independência financeira.

Talvez você não esteja lendo este livro porque está num relacionamento abusivo. Você pode ser um profissional de saúde mental que trabalhe com pessoas que sobreviveram à violência doméstica ou a um parceiro violento ou tenham famílias disfuncionais. Você pode se importar com alguém ou amar alguém que tenha vivido um relacionamento tóxico. Embora você não possa consertar a situação de uma pessoa por ela, este livro pode lhe dar maneiras de fornecer ajuda e suporte.

Seja qual for a sua situação, quero que saiba que o que está sentindo é totalmente normal, e está ao seu alcance se libertar. Você pode se curar e se sentir melhor.

Como cheguei a este tópico

Sou psicoterapeuta e tenho um consultório particular especializado no tratamento de TDAH, ansiedade e abuso narcisista. Como pessoas tóxicas tendem a ter como alvo indivíduos exatamente com esses tipos de vulnerabilidades, costumo atender mais sobreviventes de relacionamentos tóxicos e abusos do que outros terapeutas. Eu sou uma mediadora de família e de circuito*, certificada pela Suprema Corte da Flórida, e tenho visto em primeira mão como os relacionamentos tóxicos podem se desenrolar no sistema legal, principalmente em disputas de custódia. Pessoas tóxicas também tendem a prolongar batalhas em vez de tentar resolvê-las. Juízes e advogados experientes geralmente reconhecem esses sinais imediatamente. No entanto, algumas pessoas tóxicas são tão sagazes na manipulação que nem mesmo profissionais de saúde mental veem isso.

Embora eu já tenha visto o dano que uma situação tóxica pode causar, também já passei a identificar certos padrões no comportamento das pessoas tóxicas, particularmente o ciclo de "idealizar, desvalorizar e descartar", o abuso emocional e a manipulação psicológica, ou *gaslighting* (todos eles descritos em detalhes no Capítulo 1). Meu último livro, *Gaslighting: Recognize Manipulative and Emotionally Abusive People – and Break Free*,** analisou o *gaslighting* em todas as suas formas para que os leitores pudessem identificar relacionamentos abusivos e se desvencilhar deles. Em vinte anos de prática na minha clínica particular, tenho visto um aumento no número de clientes que relatam comportamentos de *gaslighting* em seus parceiros, familiares, empregadores e colegas de trabalho. Os padrões de

---

* Termo específico do sistema judicial dos Estados Unidos que se refere a um tipo de mediador especializado em casos que estão sendo apelados perante um tribunal de apelações. (N. da T.)

** *O Fenômeno Gaslighting — A Estratégia de Pessoas Manipuladoras para Distorcer a Verdade e Manter Você Sob Controle*. São Paulo: Cultrix, 2019. (N. da T.)

comportamento que eles experimentaram têm uma natureza do tipo atração e repulsa, no qual pessoas tóxicas os atraem, os prendem e em seguida os afastam abruptamente. Muitos clientes comparecem à sua primeira consulta terapêutica se perguntando se eram eles a pessoa tóxica no relacionamento, quando o comportamento da outra pessoa claramente se qualifica como inapropriado e até mesmo perigoso. Quando o *gaslighting* se tornou um termo usado de modo corriqueiro, mais pessoas começaram a divulgar suas experiências em terapia. Em alguns casos, meus clientes estavam num relacionamento tóxico havia anos, tentando sair, e depois sendo "sugados" de volta. Foi apenas limitando ou bloqueando o contato com uma pessoa tóxica que meus clientes conseguiram de fato reconstruir a própria vida. Ao tomar conhecimento de que existia um nome para denominar o comportamento que os fazia sofrer, eles foram capazes de reconhecê-lo e, finalmente, afastar-se dele.

Meu livro *O Fenômeno Gaslighting – A Estratégia de Pessoas Manipuladoras para Distorcer a Verdade e Manter Você Sob Controle* é principalmente sobre identificar relacionamentos nocivos e se afastar deles. Este livro que você tem nas mãos continua de onde *Fenômeno Gaslighting* parou: analisando as consequências, bem como o que você pode fazer para se proteger, se curar e evitar relacionamentos tóxicos no futuro.

Neste livro

Primeiro, uma observação: ao longo deste livro, usarei indistintamente os pronomes "ele" ou "dele" e "ela" ou "dela" ou plurais, para indicar que a informação se aplica a qualquer pessoa, independentemente do gênero.* Pessoas de qualquer sexo podem ser tóxicas, abusi-

---

* Embora o *gaslighting* possa ocorrer com pessoas de todos os gêneros, como grande parte dos casos citados pela autora trata de mulheres vítimas do *gaslighting*, optamos por nos dirigir, na maior parte do tempo, às leitoras do sexo feminino. (N. da T.)

vas ou manipuladoras. Embora você ouça com mais frequência sobre homens tóxicos, as mulheres podem e demonstram esses comportamentos (embora o abuso de mulheres às vezes não seja visto como abuso ou não seja levado tão a sério). Homens que experimentam toxicidade e abuso merecem apoio e cura assim como as mulheres. Pode ocorrer abuso em relacionamentos LGBTQIA+. Um dos meus objetivos com este livro é corrigir esses mal-entendidos. Também espero ampliar o reconhecimento do comportamento tóxico, indo além dos relacionamentos românticos. Esse comportamento também pode acontecer em amizades, na família e nas relações profissionais.

Ao ler este livro, você pode pensar: "Bem, isso não se aplica a mim" ou "Minha situação não era essa". É importante saber que, embora relacionamentos tóxicos tenham algumas características em comum, cada um deles é de um jeito. Este não é um livro que se aplique a um único tipo de relacionamento. Dito isso, encorajo você a lê-lo até o final, mesmo achando que uma seção específica não se aplica ao seu caso. Relacionamentos e situações tóxicas podem ser muito complexos e você pode encontrar a sabedoria que a ajudará num lugar inesperado.

Aqui está o que você encontrará nos próximos capítulos. No Capítulo 1, "Como chegamos aqui?", você aprenderá o que define um relacionamento como tóxico. Também descobrirá se as pessoas ao seu redor são genuinamente tóxicas. Às vezes pode ser complicado saber quem está "bem" e quem não está, principalmente se você cresceu no meio de pessoas emocionalmente doentes. Saber o que é um relacionamento tóxico e o que não é pode ajudar você a tomar decisões fundamentadas sobre quem você permite entrar em sua vida.

A melhor maneira de se curar de pessoas tóxicas é impedi-las de entrar em contato com você, e isso inclui o bloqueio de mensagens de texto, chamadas telefônicas, e-mails e redes sociais. No Capítulo

2, "Bloqueie o contato se possível", você aprenderá por que ficar "em silêncio" às vezes é a única maneira de recuperar sua vida. Você também aprenderá como lidar com alguém com quem não pode interromper completamente o contato, como pai/mãe dos seus filhos ou alguém no seu local de trabalho.

No Capítulo 3, "(Não) Faça questão de um desfecho", você aprenderá que pode não conseguir nenhum tipo de desfecho ou encerramento após o término das interações com a pessoa tóxica. Embora isso possa ser assustador e parecer impossível às vezes, cabe a *você* criar esse desfecho. Lembre-se de que o desfecho no sentido tradicional não é necessariamente obrigatório para se curar e ter uma vida emocionalmente saudável.

Você pode sentir raiva e até ódio de si mesma por ter se envolvido com uma pessoa ou situação tóxica. No Capítulo 4, "Perdoe-se", você descobrirá que muitas vezes não têm como saber no início que a outra pessoa é tóxica. Parte da cura é se manter aberta ao fato de que você não fez nada errado enquanto estava com a pessoa tóxica, mesmo que ela tenha lhe dito repetidamente que tudo foi culpa sua. Deixar o passado para trás e perdoar a si mesma é um passo essencial em direção à cura.

No Capítulo 5, "Estabeleça limites", você aprenderá maneiras saudáveis de se proteger emocionalmente de pessoas tóxicas. Limites saudáveis incluem ser tratada com respeito, ter seus pertences tratados com cuidado e seus animais de estimação bem tratados, além de se sentir segura em seu ambiente. Estabelecer limites, deixando claro como você espera ser tratada, pode exigir prática. Pessoas tóxicas tentam minar e ignorar seus limites. Nesse capítulo, você aprenderá como fazê-los respeitar esses limites.

Ninguém passa pela cura sozinho, e conversar com um profissional de saúde mental (PSM) pode ajudá-la a organizar seus sentimentos e orientá-la em sua jornada de cura. No Capítulo 6, "Converse com um profissional", você aprenderá sobre os diferentes tipos de profissionais de saúde mental e os tipos de terapia que eles podem oferecer, incluindo a Terapia Cognitivo-Comportamental e a Terapia Focada na Solução. Você também descobrirá como saber se um profissional de saúde mental é adequado para você.

No Capítulo 7, "Pratique o autocuidado", você descobrirá por que é essencial cuidar bem de si mesma e praticar a autocompaixão durante sua cura. Isso inclui reservar tempo para atividades agradáveis e praticar bons hábitos de sono. Quando você cuida de si mesma, é mais fácil lidar com os altos e baixos da cura de um relacionamento tóxico. Quando você se trata bem, você mostra como os outros devem tratá-la.

Você pode pensar que está conseguindo sobreviver às consequências de um relacionamento tóxico sozinha. Isso é uma das piores coisas sobre um relacionamento tóxico: o sentimento de isolamento que é consequência do abuso. Narcisistas e outras pessoas tóxicas não querem que você mantenha relacionamentos e amizades com outras pessoas porque seu sistema de suporte faz com que eles tenham menos controle sobre você. Parte da cura é se reconectar com amigos e familiares saudáveis e estabelecer novas conexões com outras pessoas. Descubra no Capítulo 8, "Reconecte-se", como se "reapresentar" da melhor maneira para as pessoas com que você se importa.

Após se libertar de uma situação tóxica, você pode experimentar uma sensação avassaladora de perda. Essa é uma perda que você pode já ter começado a lamentar enquanto estava no relacionamento tóxico. No Capítulo 9, "Enfrente o luto", você aprenderá que o luto a ajuda a entender o que você passou e que se sentir "fora de controle" faz parte do processo. Você também aprenderá que o luto pelo qual você passa num relacionamento tóxico pode ser complicado e você pode sentir diferentes emoções ao mesmo tempo. Por fim, você supera o luto, e esse capítulo a ajudará nesse processo.

Uma das partes mais importantes, mas menos discutidas da cura de um relacionamento tóxico, é a necessidade de dedicar parte do seu tempo para ajudar os outros. No Capítulo 10, "Faça trabalho voluntário", você aprenderá que ser altruísta, ou ajudar os outros, é algo que ajuda a si mesma. O voluntariado oferece uma oportunidade para você se conectar com outras pessoas e enfocar um objetivo positivo comum. Você aprenderá como determinar se uma instituição é saudável e, se você se sentir à vontade, como defender outras pessoas que passaram por relacionamentos tóxicos.

No Capítulo 11, "Previna-se", você aprenderá como usar as informações que coletou ao longo do relacionamento tóxico para identificar pessoas e situações insalubres. Depois de sair de um relacionamento tóxico, você pode se sentir mais sensível aos problemas das outras pessoas. Aprenda a diferença entre o medo e a intuição que você pode experimentar ao interagir com os outros. Descubra os sinais de alerta que indicam que uma pessoa ou situação é insalubre. Você pode ter uma vida gratificante e relacionamentos saudáveis.

Este livro apresenta capítulos que começam apresentando uma visão mais ampla dos relacionamentos tóxicos e depois descrevem maneiras mais específicas de se curar do abuso. Embora eu recomende que você leia todos os capítulos, não há problema se não quiser seguir a ordem em que são apresentados. Cada capítulo fornece informações sobre uma parte essencial da cura. Ao longo do livro, você encontrará histórias de pessoas contando sobre suas experiências, sugestões de reflexão e atividades que podem ajudá-la no processo de cura. Por exemplo, você aprenderá que escrever um diário pode ser uma forma eficaz de processar o que você passou e ver o quanto avançou no processo de cura. Se você ainda não tem um diário ou aplicativo de anotações, agora é uma boa hora de providenciar um. Você também aprenderá que ser ativa pode ajudar nos sintomas de ansiedade, depressão e sofrimento e como praticar bons hábitos de sono pode ajudá-la a pensar com mais clareza e tomar decisões mais saudáveis. Ao ler este livro, deixe-o orientá-la na cura e na reconstrução de uma nova vida. Você já deu o primeiro passo. Vamos seguir para o próximo: dar um passo atrás para entender melhor os relacionamentos tóxicos e por que eles se formam.

1

COMO CHEGAMOS AQUI?

O que é um relacionamento tóxico e
como identificar pessoas tóxicas

NINGUÉM ESPERA SE ENVOLVER NUM RELACIONAMENTO TÓXICO. ESSAS dinâmicas podem se desenvolver de maneira rápida e sem enviar sinais de perigo em potencial. Por exemplo, você pode ter sido contratada por alguém que parecia muito bem-intencionado, mas que depois se mostrou parcial, ou um parceiro pode ter lhe dado muito carinho no início do relacionamento, mas depois demonstrou um comportamento cada vez mais abusivo. Ou você pode ter crescido numa dinâmica familiar pouco saudável; digamos, um pai que só era amoroso e cuidadoso quando não estava embriagado, ou um irmão que era o filho favorito dos seus pais, enquanto você se esforçava para ser aceita. Esses relacionamentos podem assumir formas diferentes e, em alguns dos mais sorrateiros, você não percebe que é abusivo até que esteja se sujeitando a comportamentos tóxicos há meses ou até anos.

Este relacionamento é realmente tóxico?

Você pode estar pensando: "Eu já sei o que é um relacionamento tóxico; é por isso que estou lendo este livro". Por outro lado, você pode não ter certeza se o que está experimentando é realmente problemático. Então, pergunte a si mesma quantas destas afirmações se aplicam a você e ao seu relacionamento:

1. Desde que conheci essa pessoa, tive mais problemas de saúde e pelo menos alguns deles podem ser atribuídos ao estresse ou foram intensificados por ele.
2. Amigos e familiares confiáveis me disseram que essa pessoa não é saudável para mim.
3. Me sinto diminuída pelas palavras e atitudes dessa pessoa.
4. Minhas interações com essa pessoa me deixam em constante agitação emocional.
5. Não confio mais no meu julgamento.
6. Coloco as necessidades dos outros acima das minhas.
7. Culpo a mim mesma por coisas que não são culpa minha.
8. Sinto que sou uma sombra do que costumava ser.
9. Sinto que nunca sou boa o suficiente.
10. Meu trabalho foi sabotado e/ou meus dispositivos foram hackeados.
11. Passo mais tempo pesquisando sobre a situação do que tomando medidas para mudá-la.
12. Essa pessoa fez com que outras pessoas se virassem contra mim, como meus colegas de trabalho, amigos e familiares.
13. Essa pessoa me diz que sou louca e que nunca encontrarei alguém para me amar.
14. Essa pessoa me diz coisas ruins que ele afirma que minha família e amigos disseram sobre mim.
15. Essa pessoa me diz que muitas pessoas sabem que sou louca.

16. Tenho medo de sair dessa situação.

17. Essa pessoa me empurrou/bateu/esbofeteou ou me impediu de sair de casa.

18. Sinto que não tenho o direito de existir ou que sou "inferior".

19. Tenho comportamentos destrutivos.

20. Pensei em suicídio por causa da maneira como essa pessoa me faz sentir.

Se você concordou com pelo menos uma dessas afirmações, pode estar num relacionamento tóxico. Quanto maior o número de afirmações com que concordou, maiores as chances de estar num relacionamento desse tipo.

Em poucas palavras, relacionamento tóxico é aquele em que há manipulação, *gaslighting* (veja a página 15) e abuso. É um relacionamento que é prejudicial a você, mental, emocional ou até fisicamente, e que parece transformá-la em alguém que você não reconhece mais. Você se considera uma pessoa sensata ou pelo menos sentia que era antes de entrar nesse relacionamento. Agora, pode se sentir como uma concha vazia, destituída da sua antiga personalidade. Pessoas tóxicas são como vampiros de energia. O simples fato de estar perto delas pode deixá-la se sentindo como uma concha vazia.

Um ponto importante: você pode estar pensando: "Bem, minha situação não é tão ruim assim; ouvi falar de outras pessoas que passaram por coisas muito piores". Saiba que há muitos sinais de relacionamentos tóxicos e abusivos; você não precisa vivenciar todos os itens da lista anterior. E as situações tóxicas geralmente não são obviamente insalubres desde o início; essas dinâmicas podem se desenvolver ao longo do tempo, muitas vezes tão lentamente que pode ser difícil perceber o que está acontecendo. Veja "É abuso?" na página 34, para obter mais informações sobre isso.

É comum que pessoas que exibem comportamentos tóxicos também tenham tendências narcisistas, e neste livro eu vou me referir ocasionalmente a uma pessoa tóxica como uma narcisista. Essas são pessoas que tendem a não assumir a responsabilidade por seu comportamento, sentem que devem ser consideradas exceções ou seguir regras especiais, se comportam como se os outros fossem inferiores a elas e têm comportamentos focados em si mesmas. Elas tendem a pensar nas outras pessoas em termos do que podem obter delas. Você pode sentir que um narcisista está lhe demonstrando empatia, mas os sentimentos que você está vendo são provavelmente exibições de *empatia cognitiva*, o que significa que ela não tem sentimentos reais por trás dessas palavras e está apenas dizendo coisas para fazer você pensar que ela se importa. Você pode já ter ouvido falar do *transtorno de personalidade narcisista* (TPN). As pessoas podem demonstrar sinais de narcisismo, mas não necessariamente se qualificam para um diagnóstico de TPN. Pense no narcisismo como um espectro; numa extremidade, os traços narcisistas podem aparecer quando a pessoa está estressada. Na outra ponta, um conjunto de sintomas narcisistas afeta o comportamento diário da pessoa e sua capacidade de travar relacionamentos saudáveis. (Para deixar claro, você pode ter um relacionamento tóxico com alguém que não tenha traços narcisistas.) Outros sinais comuns de um relacionamento ou situação tóxicos incluem:

- Hábito patológico de mentir.
- Reclamar do seu comportamento ou do comportamento de outras pessoas, mas recusar qualquer tipo de opinião.
- Retratar-se como vítima em todas as relações.
- Ter comportamentos do tipo atração e repulsa: oscila entre atrair você e rejeitá-la.
- Criar conflitos entre você e outras pessoas ou colocar um filho contra o outro.

- Recusar-se a respeitar limites.
- Apresentar períodos de raiva intensa seguidos de um comportamento amável.
- Assédio e perseguição.
- Ameaçar tirar tudo o que você tem na justiça.
- Abandonar você ou ameaçar fazer isso.
- Gritar ou levantar a voz num lugar em que você não tem como escapar, como um carro.
- Forçar você a sair do carro e a deixar longe de casa.
- Incentivar você a se punir ou se machucar.
- Culpar você pelo comportamento dele.
- Dizer coisas cruéis e depois insistir em dizer que só estava "brincando".
- Minar sua autoconfiança.
- Cometer qualquer tipo de abuso físico, incluindo impedir que você vá embora.
- Praticar abuso contra os filhos e animais de estimação.
- Usar ou esconder seus pertences.
- Entrar na sua casa sem permissão quando você está fora.
- Recusar-se a falar sobre o comportamento dele em relação a você.
- Hackear seus dispositivos eletrônicos.
- Afirmar que disseram coisas ruins sobre você.
- Recusar-se a assumir responsabilidades pelo próprio comportamento.
- Acabar com a sua reputação com os outros.
- Falsificar a sua assinatura em documentos.
- Roubar você, inclusive usando seu cartão de crédito sem sua permissão ou pedindo cartões de crédito e abrindo contas-corrente em seu nome.

- Forçar você a pedir demissão do seu emprego para ficar em casa.
- Culpar você por se defender.
- Forçar você a trabalhar.
- Ameaçar entregar você à polícia de imigração.
- Esconder seu passaporte ou outros documentos pessoais.

Num relacionamento romântico

- Praticar a infidelidade crônica.
- Falar mal das ex-parceiras ou viver mencionando seus relacionamentos anteriores.
- Forçar você a ter relações sexuais.
- Cometer estupro, inclusive fazendo sexo com você enquanto você está dormindo ou em outra situação em que você não tem condições de dar seu consentimento.

Nos relacionamentos familiares

- Obrigar você a assumir a responsabilidade de cuidar de um membro mais velho ou doente da família ou fazer você se sentir culpada por não fazer isso.
- Ameaçar deserdá-la.
- Tentar se aproximar do seu parceiro ou cônjuge ou flertar com ele.
- Chegar de surpresa, se essa não for uma prática aceitável na sua família.

No local de trabalho

- Levar o crédito pelo seu trabalho.
- Mudar frequente ou drasticamente os prazos e não a notifica.
- Fornecer uma avaliação ruim do seu desempenho sem mostrar evidências.

- Recusar-se a lhe conceder pausas durante o expediente.
- Obrigar você a contar o motivo de tirar um dia de folga por doença.
- Contar aos seus colegas de trabalho sobre questões de saúde que você confidenciou ao seu chefe.
- Recusar-se a pagá-la ou a emitir os documentos fiscais corretos.
- Ameaçar demitir você por pequenos erros.
- Pedir que você falsifique documentos.

Qualquer um desses comportamentos é motivo de preocupação e, se você ainda não consulta um terapeuta ou outro profissional de saúde mental, recomendo que marque uma consulta para discutir suas preocupações. (No Capítulo 6, abordaremos os profissionais de saúde mental em profundidade: quem são, como trabalham e como entrar em contato com um.)

As três fases de um relacionamento tóxico

Além dos comportamentos que acabei de listar, há outra maneira de identificar um relacionamento tóxico: por suas três fases características, – idealização, desvalorização e descarte. As fases progridem nessa ordem específica. Vamos analisá-las em mais detalhes.

Pessoas tóxicas são muito persuasivas e geralmente parecem boas pessoas à primeira vista. Quando você conheceu a pessoa tóxica, provavelmente pensou que ela era coerente. Por exemplo, um novo namorado pode "bombardeá-la de amor", como costumamos dizer, no início do relacionamento, dizendo que nunca conheceu alguém como você, colocando-a num pedestal e enchendo-a de presentes. Seu chefe pode ter dito que você é o funcionário mais inteligente da empresa. Seu irmão pode ter dito aos amigos, na sua frente, que estaria completamente perdido sem você. Sua amiga pode ter lhe dito que você é a melhor amiga dela. Essa é a fase *idealizadora* de um relacionamento tóxico. A pessoa tóxica aparentemente vê você como alguém perfeito. No entanto, não é assim que ela realmente se sente.

O narcisista precisa de um "suprimento" ou uma maneira de alimentar seu ego: alguém que lhe diga o quanto ele é maravilhoso, que o mime e lhe dê atenção contínua para que ele possa mascarar seus sentimentos profundos de insegurança. O *bombardeio de amor* é uma tática para manter você por perto: como essa pessoa está dizendo tudo o que você quer ouvir, você fica mais propensa a entrar num relacionamento ou continuar em contato com ela. Isso é diferente dos primeiros dias de um novo relacionamento, quando tudo é novo e emocionante. O bombardeio de amor durante a fase da idealização é intenso e parece bom demais para ser de verdade. Fique muito atenta se alguém estiver avançando muito rápido e tentando isolá-la ou reivindicá-la como "dele". Você pode descobrir que tem muito em comum com esse sujeito – a ponto de ser assustador. No entanto, ele está apenas refletindo seu comportamento, para fazer você sentir que é realmente vista e ouvida. Ele pode perguntar se você ainda está completamente envolvida no relacionamento. Depois que ele obtém de você essa declaração de compromisso, começa a desvalorização.

A *desvalorização* é uma descida lenta e escorregadia. Primeiro, a pessoa tóxica pode fazer comentários em voz baixa; observações sobre sua aparência ou seu comportamento. Então ela pode começar a fazer comentários explícitos, até criticando você na frente de outras pessoas. A pessoa tóxica começa a mencionar coisas que você não pode mudar, como sua altura ou características do seu corpo. Se antes você não fazia nada errado, agora você não faz nada certo. Você fica envergonhada e constrangida. Começa a culpar a si mesma. Como essa pessoa que a tratou como uma realeza agora pode achar que você é tão horrível?

Você percebe que ela tem uma "máscara" que usa em público. Todo mundo que você conhece a adora, ou pelo menos acha que ela é uma pessoa legal. No entanto, quando ela fica com raiva, é como se o rosto dela mudasse completamente. Quando ela é pega traindo, em vez de mostrar remorso, ela a culpa ou nega. Ela diz que o que você viu ou ouviu não é real e que você deve estar ficando louca.

De vez em quando, a pessoa tóxica será muito simpática com você. Às vezes, depois de uma briga (embora ela nunca peça desculpas por seu comportamento); às vezes, por motivo nenhum. Esse tipo de comportamento é chamado de *reforço intermitente*. Quando você não sabe quando a versão "boa" da pessoa tóxica aparecerá, voce tende a ficar por perto por mais tempo. Os momentos ruins são muito ruins, mas os bons são extraordinariamente bons. O cérebro fica viciado nessa imprevisibilidade, tornando muito difícil deixar o relacionamento. Por ser uma pessoa empática, você pode se culpar por essa mudança. (Sentir-se responsável é normal, mas quero que você saiba que essa oscilação *não* é culpa sua.) A pessoa tóxica pode ter dito que agiu por causa de algo que você fez. Esse padrão "atrair e afastar" do relacionamento tóxico resulta num vínculo traumático, sobre o qual você aprenderá mais adiante neste capítulo.

A fase de *descarte* do relacionamento tóxico acontece quando você é rapidamente abandonada. O *descarte* é tão repentino e intenso quanto a idealização do início do relacionamento. Você sofre duas perdas: a pessoa que você achou que conhecia deixa de existir e a pessoa em quem ela se transformou é um choque absoluto.

O descarte é rápido e brutal e frequentemente não faz nenhum sentido. Essa fase é às vezes precedida pela raiva. Você de alguma forma causou à pessoa uma *lesão narcisista*, ou um acontecimento que ameaçou o ego dela. Pode ser que você não tenha "obedecido", que a tenha surpreendido num comportamento enganoso, que ela tenha percebido que você está descobrindo quem ela realmente é ou que você tenha mencionado que o comportamento dela a deixava preocupada. O que você fez pode ser tão insignificante que você pode levar um tempo considerável tentando descobrir o que a fez explodir. Lembre-se, você não fez nada errado.

As pessoas tóxicas frequentemente têm problemas com a *constância do objeto*, o termo formal para a nossa capacidade de acreditar que um relacionamento é estável mesmo durante conflitos ou dificuldades. Uma pessoa saudável ama alguém e também aceita que seu parceiro ou amigo faça coisas que a incomodem às vezes. Uma pessoa saudável também entende que é responsabilidade dela abordar esses problemas com respeito. O narcisista tem uma abordagem implacável, em que ele acaba com o relacionamento de maneira chocante e perversa.

> *"Depois que ele soube que eu estava totalmente envolvida no relacionamento, a desvalorização aconteceu rapidamente. O descarte foi frio e cruel. Ele agiu como se nunca tivesse sentido nada por mim. Foi como se ele se transformasse numa pessoa diferente. Seus olhos pareciam frios e sem sentimento."*
>
> — Aisha, 32

Hoovering*

Depois de descartar a vítima, a pessoa tóxica pode lhe dar migalhas de atenção para mantê-la por perto. Quando ela acredita que está perdendo a presa, tenta *"hoover"*, ou sugá-la de volta para o relacionamento. Depois que a pessoa tóxica sente que "puniu" você o suficiente, que não está recebendo atenção suficiente ou que você pode ser útil, ela pode entrar em contato. Às vezes, ela deixa uma mensagem de texto meio obscura, para tentar fazer com que você responda, ou deixa uma mensagem de voz agindo como se vocês ainda estivessem em bons termos. É normal presumir que a pessoa tóxica pode ter

---

* O termo em inglês *"hoovering"* é retirado da marca americana de aspiradores Hoover. (N. da T.)

mudado. Costumamos esperar algum grau de mudança quando as pessoas se comportam mal. No entanto, na maioria dos casos, a pessoa tóxica ainda está fazendo as mesmas trapaças de antes. Ela pode apenas querer receber uma confirmação de que você está disposta a responder a mensagem dela. As pessoas tendem a sair e voltar para relacionamentos tóxicos várias vezes antes de sair de uma vez por todas.

Assim como acontece com as três fases, o *hoovering* pode ser fácil de identificar quando você conhece os sinais. A pessoa tóxica pode dizer que sente a sua falta, mas raramente pede desculpas por seu comportamento. Se você pedir desculpas, pode ver a atitude dela mudar imediatamente de amigável para agressiva. Ela também dirá qualquer coisa para tê-la de volta. Vai prometer que as coisas serão diferentes ou oferecerá exatamente o que ela acha que é necessário para tê-la de volta. Por exemplo, um ex pode dizer que finalmente está pronto para se casar e ter filhos; sua mãe pode dizer que começará a frequentar um programa de 12 passos para vencer o alcoolismo; ou seu chefe pode oferecer um aumento se você permanecer na empresa. No entanto, quando você volta, esses planos desaparecem. Quando você menciona isso, a pessoa evita a pergunta ou diz que está repensando sua promessa por causa de algo que você fez. Esse comportamento de prometer o futuro que você queria e depois tirá-lo é chamado de *future faking*, uma técnica de manipulação em que a pessoa faz falsas promessas sobre o futuro. A toxicidade só piora. E você pode até se encontrar em perigo físico; estudaremos isso mais a fundo no Capítulo 11.

Os relacionamentos tóxicos, porém, nem sempre são prejudiciais, e isso pode ser uma das coisas mais confusas a respeito deles. Quando as coisas estão indo bem, você se pergunta por que não pode ser sempre assim. E, então, a parte tóxica do relacionamento entra em ação. Esse padrão é típico do ciclo de abuso.

Se o seu relacionamento é bom 90% do tempo, mas é doentio 10% do tempo, ainda assim é um relacionamento tóxico. O fato de alguém ser bom com você às vezes não apaga o comportamento abusivo.

> *"Quando eu estava com ele, nada podia ser melhor. Exceto pelo dia em que ele me empurrou escada abaixo. E me deu um tapa. E me perseguiu."*
>
> — Pam, 29

É abuso?

Às vezes, quando me encontro com algumas clientes e me refiro ao que passaram como "abuso", sinto uma resistência inicial. Você pode hesitar em usar a palavra "abuso" para descrever seu relacionamento. Você pode estar pensando: "Ele tinha surtos de raiva, mas eu não chamaria isso de abuso"; ou "Nós apenas discordávamos muito sobre as coisas". É importante reconhecer que o comportamento abusivo assume muitas formas. Costumamos pensar em abuso em termos de violência física, como bater, chutar e dar tapas, por exemplo. Mesmo que a outra pessoa nunca tenha cometido nenhuma violência física contra você, o relacionamento ainda assim pode ser abusivo. O abuso pode ser físico, sexual, financeiro/econômico, verbal ou emocional/psicológico. Os abusos emocional e psicológico, que também são chamados de *controle coercitivo*, podem ser tão prejudiciais quanto o abuso físico.

O objetivo do abusador, em todos esses tipos de abuso, é ganhar controle e poder. Quanto mais dependente você é do abusador e quanto mais tempo fica com ele, menos provável é que você saia do relacionamento. Os abusadores sabem disso. Eles também têm interesse em garantir que você não fale com outras pessoas sobre o abuso. Pergunte a si mesma se a outra pessoa já fez alguma das seguintes coisas:

Abuso físico

- Beliscar você.
- Fazer cócegas em você de um modo excessivo.
- Bloquear sua saída ou fuga.
- Morder ou cuspir em você.
- Bater, chutar, socar, dar tapas.
- Abandonar você, deixando-a em algum lugar, expulsando-a de um veículo ou se recusando a levá-la de volta para casa.

Abuso sexual

- Ridicularizar o seu corpo ou seu desempenho sexual.
- Obrigar você a "merecer" sexo.
- Insistir mesmo quando você diz que não quer sexo.
- Fazer sexo com você enquanto você está dormindo ou inconsciente.
- Forçar você a fazer sexo (estupro).

Abuso financeiro/econômico

- Dar a você uma "mesada".
- Recusar-se a incluir ou tirar seu nome de quaisquer documentos financeiros.
- Recusar-se a comprar comida ou roupas.
- Negar dinheiro como "punição".
- Forçá-la a entregar sua renda para ele ou ela.
- Forçá-la a se prostituir.
- Forçá-la a pedir demissão do seu trabalho.
- Ameaçar contar ao seu empregador que você é instável.
- Recusar-se a lhe dar acesso a transporte.

Abuso verbal

- Chamar você por nomes pejorativos.
- Gritar e berrar.
- Dizer que suas roupas são muito provocantes.
- Criticar você na frente de outras pessoas.
- Desrespeitar você na frente dos seus filhos.

Abuso emocional/psicológico

- Isolar você da família e dos amigos.
- Colocar você contra outras pessoas, dizendo que falaram coisas desagradáveis sobre você (*triangulação*).
- Fazer você se sentir culpada e envergonhada quando demonstra independência.
- Questionar suas habilidades como pai/mãe.
- Ameaçar tirar seus filhos de você.
- Fazer você se sentir envergonhada por denunciar o abuso.
- Comparar você desfavoravelmente com outras pessoas.
- Fazer você questionar sua própria realidade (veja "O que é *gaslighting*?" na página 15).

Você pode se ver lutando contra uma pessoa tóxica usando algumas das estratégias que ela usa – o que inclui gritar, praticar violência física ou *stonewalling**. Você pode ficar chateado consigo mesma por se envolver nesses comportamentos quando sabe que eles estão errados. No entanto, lutar contra um narcisista com comportamentos abusivos não faz de você uma pessoa má. Você está tentando sobreviver numa situação insustentável. Você pode ter sido ameaça-

---

* Termo em inglês que significa "bloqueio, obstrução", usado para nomear a técnica de manipulação em que o *gaslighter* se recusa a cooperar ou se comunicar. O termo *stonewalling* envolve várias técnicas, entre elas ficar em silêncio, negando-se a responder a perguntas ou a reagir quando questionado ou provocado. (N. da T.)

da física ou emocionalmente. Você pode ter sido impedida de sair de casa. Às vezes, apenas para conseguir viver em paz, as vítimas de violência doméstica, incluindo abuso emocional, recorrem aos comportamentos que a pessoa tóxica geralmente usa – *porque às vezes isso faz o agressor parar.*

Quando você usa os mesmos comportamentos que uma pessoa abusiva usa com você, isso é chamado de *abuso reativo*. Não significa que você cometeu abuso. O abusador, no entanto, pode dizer que é você, na verdade, quem pratica abuso, não ele. Ele pode dizer que ele é, na realidade, a vítima. Não acredite. Uma boa ideia é observar se esse foi o seu padrão de comportamento ao longo da vida. Se você geralmente não agiu de maneira abusiva no início da vida, é provável que esteja reagindo ao abuso. Agora, você pode estar sentindo que a pessoa tóxica está se mantendo num padrão mais alto do que você e está sendo perdoado pelo seu comportamento problemático. Esse é um sentimento normal. O comportamento em resposta a uma ameaça real é uma forma de defesa – não significa que você é abusivo.

> *"Ele me disse que meu trabalho estava tomando muito do meu tempo e que precisava de mim em casa. Pedi demissão. Percebo agora que ele estava apenas tentando me isolar."*
>
> — Ginger, 50

Depois de sair de um relacionamento com uma pessoa abusiva, é importante procurar um terapeuta para que você possa superar qualquer vergonha ou culpa que possa estar sentindo por usar os comportamentos do abusador contra ele. Para obter mais informações sobre terapia e aconselhamento, consulte o Capítulo 6.

> *"Eu disse a ela que não gostava do jeito que ela estava me tratando. Ela me chutou para fora do carro no meio do nada e saiu cantando pneu."*
>
> — Melissa, 43

O que é *gaslighting*?

Gaslighting é uma forma de abuso psicológico e emocional. É uma série de técnicas de manipulação em que um abusador faz a vítima questionar sua realidade. Com o tempo, a vítima sente que está perdendo a sanidade e que não pode confiar em sua própria percepção do mundo. Ela então confia mais no *gaslighter* para determinar a versão "correta" da realidade.

O objetivo final do *gaslighter* é obter controle e poder sobre uma pessoa, numa tentativa de conseguir toda a sua atenção. Você vê comportamentos de *gaslighting* em pessoas com traços narcisistas ou sociopatas e em pessoas diagnosticadas com transtorno de personalidade narcisista, entre outros transtornos de saúde mental.

Os comportamentos *gaslighting* incluem o seguinte:

- Dizer que você não viu ou ouviu algo.
- Traição frequente, mas acusando você obsessivamente de ser infiel.
- Dizer que outras pessoas acham que você é louca.
- Sabotar seu trabalho.
- Pressionar você, impingindo culpa e vergonha.
- Esconder seus itens valiosos e depois culpar você.
- Dizer que os outros o tratam muito melhor do que você.
- Dizer que você é a única pessoa que teve problemas com ele.
- Conhecer suas fraquezas psicológicas e explorá-las.

O *gaslighting* é um processo lento e insidioso que se desenvolve com o tempo. Como o objetivo do *gaslighter* é fazer com que a pessoa questione sua sanidade, se você já passou por esse tipo de abuso, é muito importante que consulte um profissional de saúde mental para discutir o assunto. Eu recomendo veementemente a terapia individual em vez da terapia de casal, pois um *gaslighter* pode tentar manipular o terapeuta e geralmente irá culpar você por quaisquer problemas. Para obter mais informações sobre profissionais de saúde mental, consulte o Capítulo 6.

Se você está sendo vítima de maus-tratos no trabalho

Quando o comportamento de uma pessoa afeta sua capacidade de fazer seu trabalho ou permanecer em seu local de trabalho, isso se qualifica como assédio. Essa pessoa pode ser seu chefe, um colega de trabalho ou até mesmo alguém que não seja funcionário (como um cliente). O comportamento inadequado ou prejudicial não precisa necessariamente ser direcionado a você; se você se sentir insegura num ambiente de trabalho que tolera *bullying* e outros comportamentos abusivos, ou se você testemunhou alguém sofrendo *bullying*, isso também se qualifica. Nos Estados Unidos, o assédio no local de trabalho, incluindo o assédio sexual, é uma forma de discriminação no emprego que viola várias leis federais. Consulte "Como lidar com uma pessoa propensa a criar conflitos" na página 68 para mais informações.

Como foi que isso aconteceu comigo?

Para descobrir como sair de um relacionamento tóxico ou se curar de um que você terminou, muitas vezes convém investigar como e por que você entrou nesse tipo de relacionamento. Existem vários fatores que tornam qualquer pessoa mais vulnerável a uma pessoa tóxica e também dificultam o rompimento – e você não tem controle sobre muitos deles. Esses fatores incluem nascer numa família disfuncional, problemas de autoestima, vínculos traumáticos, pressão social, falta de recursos, a teoria do custo irrecuperável e a dissonância cognitiva.

Problemas na sua família de origem

Aprendemos como nos comportar num relacionamento observando a nossa família. Pense no relacionamento dos seus pais quando você era criança ou adolescente. Eles conversavam calmamente sobre os problemas ou tinham brigas homéricas? Você tentava ficar quase invisível para que eles não descarregassem a raiva em você? Tendemos a repetir padrões em nossa vida. Se você cresceu num lar onde reinava o caos, pode achar que é normal ter grandes altos e baixos em seus relacionamentos quando adulto. Se você está num relacionamento ou amizade saudável, a sensação de calma pode parecer entediante para você. Você também pode sentir que um relacionamento saudável é bom demais para ser verdade e está apenas esperando que "a maré mude". Você tem a sensação de que algo terrível vai acontecer porque as coisas estão indo relativamente bem. Você ainda pode ter que manter contato com um membro da família tóxico que a levou a ter uma visão doentia dos relacionamentos. Você pode ter se culpado pelo comportamento da pessoa tóxica, pois lhe disseram que a culpa era sua.

A dinâmica do seu lar de infância tem grande influência no seu estilo de apego quando adulto. Seu estilo de apego é a maneira particular pela qual você se relaciona com outras pessoas e se apega a elas. Exploraremos esse conceito em profundidade no Capítulo 5.

MOMENTO DE REFLEXÃO: ONDE EU JÁ VI ESSES COMPORTAMENTOS ANTES?

É a primeira vez que você encontra uma pessoa tóxica? Ou você já teve encontros com vários narcisistas ou sociopatas em sua vida? Reserve um tempo para anotar as vezes em sua infância em que você encontrou alguém que não tinha seus melhores interesses em mente. Pode ter sido um membro da família, amigo, professor, treinador ou outra pessoa que teve um impacto na sua vida. Descreva seus comportamentos não saudáveis, usando a lista de comportamentos tóxicos apresentada anteriormente neste capítulo. Adicione como é seu relacionamento com eles agora. Você ainda vê ou fala com eles com frequência? Você se distanciou deles? Ou eles não estão mais vivos?

> **MOMENTO DE REFLEXÃO: COMO AS PESSOAS TÓXICAS MUDARAM A MINHA INFÂNCIA?**
>
> *Usando a lista de pessoas que você criou no exercício anterior, escreva como cada uma dessas pessoas tóxicas afetou a maneira como você se via e o mundo ao seu redor. Você pode ter recebido a mensagem de um pai crítico de que você não era boa o suficiente; você pode ter aprendido com seu professor que os limites são permeáveis; você pode ter aprendido com um treinador que é aceitável que gritem com você. Ao criar essa lista, você está identificando áreas nas quais trabalhar para se proteger de pessoas tóxicas. Se você estiver em terapia, considere compartilhar esta atividade com seu terapeuta.*

Problemas de autoestima

A autoestima é a ideia subjetiva que você tem do seu próprio valor ou das suas capacidades; a baixa autoestima pode torná-la vulnerável a uma pessoa ou situação tóxica, porque pode ser mais difícil estabelecer ou manter limites. Problemas com baixa autoestima podem surgir quando se cresce numa família problemática, mas você também pode ter experimentado uma das seguintes opções:

- *Bullying* na escola ou no local de trabalho.
- Dificuldades com desempenho acadêmico e/ou profissional.
- Um histórico de dificuldade em alcançar metas.
- Um histórico de ansiedade, depressão, transtorno bipolar ou transtorno de déficit de atenção e hiperatividade (TDAH).
- Ser condenada ao ostracismo ou marginalizada.
- Um histórico de relacionamentos pouco saudáveis.
- Um histórico de abuso.
- Problemas de saúde crônicos.
- Estresse crônico.
- Dificuldade em atender às necessidades básicas da vida, como moradia ou alimentação.

Se você tem baixa autoestima, pode se sentir responsável por questões que não são culpa sua ou sentir que "fez" uma pessoa tóxica tratá-la mal. Você pode sentir que ninguém mais suportará viver com você se cortar os laços com a pessoa tóxica. Você pode nunca se sentir bem o suficiente. Mas você tem o direito de ter a sua vida. Você também tem o direito de ser tratado com dignidade e respeito. Um dos sentimentos mais poderosos é saber que você pode se afastar de um relacionamento ou uma situação que não lhe faz bem.

CHECK-IN: COMO ESTÁ A SUA AUTOESTIMA?

Sua autoestima é um determinante significativo da facilidade com que você perdoa a si mesma. Responda se concorda com as seguintes afirmações ou se discorda delas.

1. Geralmente eu vivo de bem com a vida.
2. Normalmente eu me cuido bem.
3. Procuro o apoio das outras pessoas.
4. Vejo os contratempos como coisas passageiras.
5. Acho que há lições valiosas a serem aprendidas em tempos difíceis.
6. A vida às vezes pode ser caótica, mas me sinto bastante estável.
7. Se alguém me aborrece, é razoavelmente fácil para mim voltar aos trilhos.
8. Percebo que os sentimentos de outra pessoa pertencem a ela e não posso "consertá-los" ou mudá-los.
9. Sei estabelecer limites que me ajudam a viver melhor.
10. Minhas emoções são temporárias, então não deixo que elas tirem o melhor de mim.

Quanto maior o número de afirmações com que você concordar, maior a probabilidade de você ter uma autoestima elevada. Isso significa que você pode enfrentar as tempestades da vida e ainda se sentir muito bem consigo mesma.

Se você discorda da maioria das afirmações, tudo bem – desenvolver a autoestima exige prática, mas é algo que você pode cultivar. Analisaremos como fazer isso nos Capítulos 5, 6, 8 e 10.

Vínculo traumático

Outra razão pela qual pode ser desafiador terminar ou deixar um relacionamento tóxico é algo chamado *vínculo traumático*, que surge de um ciclo de abuso e isolamento intercalado com um comportamento gentil e generoso do abusador[1]. Esse vínculo ocorre quando um sobrevivente de abuso desenvolve apego ou simpatia por seu abusador. O vínculo traumático pode ocorrer em qualquer interação em que uma pessoa é abusada, inclusive em violência doméstica, abuso infantil, tráfico humano, cultos e situações de reféns (na verdade, o vínculo traumático também é às vezes chamado de *síndrome de Estocolmo*, um termo que você pode conhecer; ele recebeu o nome de uma situação em que os reféns desenvolveram uma ligação com seus captores).

As seguintes características de um relacionamento ajudam a criar um vínculo traumático:

- Um diferencial no poder do abusador e do sobrevivente.
- Tratamento intermitente abusivo e não abusivo durante o relacionamento.
- O sobrevivente sente um medo intenso e tem uma forte vontade de sobreviver.
- O abusador conta ao sobrevivente como sua infância o tornou abusivo e dá desculpas por seu comportamento.
- O comportamento do abusador piora quando ele descobre que o sobrevivente tem planos de se afastar ou romper o relacionamento.

Um vínculo traumático pode levar alguns dias ou meses para se desenvolver. Não se sabe completamente por que o vínculo traumático ocorre em relacionamentos abusivos, mas pode ser pelo menos em parte devido aos hormônios. Para entender por quê, vamos reservar um momento para uma breve aula de biologia. Seu sistema nervoso autônomo, ou a parte do sistema nervoso que controla seus movimentos involuntários, é composto pelo sistema nervoso *simpático* (SNS) e pelo sistema nervoso *parassimpático* (SNP). Em termos mais simples, o SNS prepara seu corpo para enfrentar eventos estressantes e o SNP faz seu corpo voltar ao estado normal depois. Quando você briga ou vive um conflito, seu SNS é ativado. Suas glândulas supra-renais enviam adrenalina para o seu corpo, desencadeando uma cascata de outros hormônios para colocar seu corpo em alerta máximo – sua frequência cardíaca e sua pressão arterial aumentam, sua respiração se torna mais rápida e seus sentidos, mais aguçados. Essa é a resposta "lutar, fugir ou congelar". Quando você está num relacionamento abusivo, é mais provável que você congele em vez de lutar ou fugir, porque está no modo de sobrevivência. Isso pode resultar num sentimento de desamparo, depressão, baixa autoestima e aumento do vínculo com seu agressor[2]. Quando você faz as pazes após o conflito, seu SNP assume o controle. Sua glândula pituitária libera um hormônio chamado oxitocina em seu organismo (isso também acontece quando você tem proximidade física ou emocional com uma pessoa). A oxitocina ajuda a promover o vínculo. Então, o monstro com quem você está agora se transforma numa pessoa não tão má assim – e o processo continua.

Quando você passa por um trauma com seu parceiro (mesmo que seu parceiro seja o perpetrador), você tende a se apoiar nele para entender o que aconteceu. Pode ser difícil para um observador externo entender, mas seu cérebro procura dar sentido ao abuso – e a pessoa mais próxima disso é a pessoa que o cometeu. Isso cria um ciclo de apego por meio do trauma.

Os sinais de vínculo traumático incluem:

- Culpar-se pelo abuso.
- Culpar os outros pelo comportamento abusivo da pessoa.

- Evitar qualquer comportamento que possa provocar o abusador.
- Sentir preocupação e antecipar as necessidades e os desejos do abusador.
- Ter um conhecimento detalhado da agenda e dos hábitos do abusador.

A ligação é um processo biológico. O estresse que você sente quando se separa de uma pessoa tóxica baseia-se em substâncias químicas do cérebro. Olhe para o processo de um relacionamento tóxico como um vício e que você está experimentando sintomas de abstinência. Os sintomas de abstinência vão melhorar com o tempo. É por isso que é tão importante cortar, tanto quanto possível, o contato com uma pessoa tóxica – você precisa de tempo para se curar dos altos e baixos. (Discutiremos mais sobre isso no próximo capítulo.)

> "Ele me disse que eu era a pessoa mais incrível que ele já conheceu. Quase um dia depois que ele me perguntou se eu estava '100 por cento' no relacionamento, comecei a ver quem ele realmente era."
>
> — Jameela, 26

Pressão social

Enquanto pensa no que pode ter mantido você numa situação tóxica, reflita sobre as mensagens que você pode encontrar nas redes sociais ou nas pessoas ao seu redor. Nossa sociedade quer que estejamos e permaneçamos em relacionamentos. Você pode ter ouvido ditados como "Ame e respeite sua família, não importa o que aconteça; ela é o nosso bem mais precioso" ou "Laços de sangue não se desfazem jamais". A sociedade também enfatiza que estar num relacionamento é melhor do que estar solteiro – mesmo que a dinâmica não seja saudável.

Há também uma positividade tóxica que permeia as mídias sociais e a psicologia pop. As ideias de que você deve "sempre olhar o lado positivo das coisas" e "sempre se esforçar mais" pressionam as pessoas que estão apenas tentando enfrentar os desafios do dia a dia. Essas pressões podem fazer você questionar se vale a pena cortar relações com pessoas não saudáveis. A inveja e a culpa se instalam.

Falta de acesso a recursos

O dinheiro não compra felicidade, mas pode tornar a vida muito mais fácil. Se você tiver acesso à moradia, a serviços de aconselhamento e a transporte, terá mais chances de sair de um relacionamento tóxico. É exatamente por isso que uma pessoa tóxica pode tentar limitar sua capacidade de ganhar seu próprio dinheiro ou restringir seu acesso a

> "Teria sido muito mais fácil ir embora se ele não tivesse me convencido de que eu era 'péssimo com dinheiro' e precisava transferir tudo para ele."
>
> — Alejandro, 32

um veículo. Essa forma de abuso, conhecida como *abuso econômico*, limita sua independência e a mantém exatamente onde uma pessoa tóxica a deseja – sob o controle dela.

Efeito de custo irrecuperável

Quando você está num relacionamento tóxico, pode ser um desafio sair depois que você investiu tempo e esforço para fazê-lo dar certo. Parte da razão para isso é que as pessoas tendem a experimentar o *efeito do custo irrecuperável*. Você quer sentir que tudo de que abriu mão para fazer o relacionamento dar certo valeu a pena, então dedica mais tempo a isso, mesmo que o relacionamento não lhe faça bem[3]. Você não quer sentir que "desperdiçou" esse tempo, então é menos provável que você se afaste ou termine o relacionamento. No entanto, considere que, se você tivesse mantido o relacionamento com essa pessoa, isso lhe custaria ainda mais tempo e esforço.

Dissonância cognitiva

Quando você conheceu a pessoa tóxica, ela provavelmente não parecia tóxica, mas, quando você estava no relacionamento, começou a ver comportamentos pouco saudáveis. Esses comportamentos não combinavam com o que você sabia sobre aquela pessoa e iam contra sua ideia de que as pessoas são boas. Se você foi ensinada a evitar relacionamentos com pessoas doentias, mas encontra alguém que a trata mal, essa pode ser uma experiência muito confusa. Essa pessoa trata você de maneira oposta a que você aprendeu que as pessoas deveriam tratá-la. Então, por que é tão difícil se afastar e seguir sua vida?

Quando alguém de quem você gosta a trata de uma maneira que não faz sentido, seu cérebro fica meio confuso. Isso é chamado de *dissonância cognitiva*. A dissonância cognitiva acontece quando você recebe informações que contradizem suas crenças e não fazem sentido com o que você sabe sobre as pessoas e o mundo ao seu redor. Quando recebemos informações que são o oposto do que acreditamos ser verdade, fazemos uma das coisas a seguir:

> "Primeiro eu disse a mim mesma que já estava trabalhando lá há três meses, então por que não enfrentar a situação e ver se as coisas melhoravam? Então, se passaram seis meses... depois um ano. Eu me preocupava com a possibilidade de não conseguir encontrar outro emprego. Aí fiquei com medo de ficar com uma lacuna grande no meu currículo, já que eu já estava trabalhando lá há dois anos. Por fim, percebi que havia passado muito tempo tentando me adaptar a um ambiente caótico."
>
> — Donna, 52

- Ignoramos as novas informações.
- Nós nos agarramos ainda mais às nossas crenças.
- Evitamos a exposição a informações contraditórias.
- Projetamos nossos sentimentos de estarmos sobrecarregados nos outros.
- Absorvemos as informações contraditórias e mudamos nossas crenças existentes.

- Aceitamos as informações conflitantes como elas são e aceitamos manter duas crenças diferentes.

A dissonância cognitiva é a sensação de que algo não está certo com você e contradiz seu sistema de crenças existente. Você pode tentar reprimir esses sentimentos desagradáveis, mas eles continuam presentes. Você pode usar drogas e álcool para entorpecer a sensação de crenças conflitantes. Você se sente aprisionada a uma situação tóxica.

Para interromper a dissonância cognitiva e reconstruir sua vida, primeiro você precisa aprender mais sobre isso. Considere a possibilidade de consultar um terapeuta para ajudá-la a desassociar as mensagens que você recebeu durante o relacionamento das suas crenças atuais. (Novamente, abordaremos o trabalho com profissionais de saúde mental em profundidade no Capítulo 6.)

MOMENTO DE REFLEXÃO: QUAIS FATORES INFLUENCIARAM VOCÊ?

Dos fatores sobre os quais você leu, quais influenciaram a sua capacidade de pôr um ponto-final num relacionamento numa situação tóxica?

- Problemas na sua família.
- Problemas de autoestima.
- Vínculo traumático.
- Pressão social.
- Falta de acesso a recursos.
- Efeito de custo irrecuperável.
- Dissonância cognitiva.

Qual desses fatores lhe causou mais problemas? O que você pode fazer no futuro para saber se um ou mais desses fatores estão influenciando seus relacionamentos?

• • • • •

Até agora, você aprendeu a identificar os sinais de um relacionamento doentio. Aprendeu que o abuso não é apenas físico – também pode assumir a forma de abuso emocional, verbal, sexual e financeiro/econômico. Aprendeu por que pode ter sido arrastada para uma situação tóxica, incluindo problemas na sua família, vínculo traumático, dissonância cognitiva e outros fatores. No próximo capítulo, abordaremos um primeiro passo essencial no processo de cura: bloquear o contato, se possível.

2

BLOQUEIE O CONTATO SE POSSÍVEL

Como evitar contatos indesejáveis com
uma pessoa tóxica e o que fazer quando
você não pode evitá-los

AYA JÁ HAVIA TENTADO ANTES DEIXAR O MARIDO, LOU — TANTAS VE-zes que ela quase podia prever como seria. Quando ela tentava ir embora num momento em que ele estava em casa, ele a agarrava, bloqueava as portas ou ficava na frente do carro dela, recusando-se a sair dali até que ela desistisse. Quando ela conseguia sair de casa, Lou ficava quieto por alguns dias e então começava a encher seu telefone com ligações e mensagens de texto, prometendo que as coisas mudariam se ela voltasse. Ela sabia que a única maneira de fugir era quando ele não estava em casa — e desta vez, ela decidiu, não se deixaria influenciar quando ele ligasse ou mandasse uma mensagem.

Aya se sentia culpada por partir assim, mas sentia que o marido não tinha lhe deixado alternativa. A princípio, ela não bloqueou o número de telefone ou e-mail dele, porque estava preocupada com ele. As primeiras mensagens dele pediam, imploravam, para que ela avisasse se estava bem. Quando ela não respondeu, as mensagens ficaram cada vez mais raivosas, chamando-a de vadia e traidora. Quando ele não obteve resposta, mudou de tática novamente: "Eu te amo. Sinto sua falta. Você é a mulher mais incrível que já conheci". A única coisa que o marido nunca disse em suas mensagens foi que ele sentia muito. Embora ela sentisse falta dele, isso lhe deu a determinação de que precisava para terminar o relacionamento em definitivo desta vez.

Aya se sentia orgulhosa por estar se mantendo firme e se recusando a se deixar influenciar, mas toda vez que seu telefone tocava ou vibrava, ela sentia uma descarga de adrenalina. Depois de algumas semanas, ela percebeu o preço alto que isso estava cobrando dela: ela se sentia nervosa e tensa praticamente o tempo todo e estava com dificuldade para dormir à noite. Ela então bloqueou o número e o endereço de e-mail dele, imaginando que havia obstruído qualquer maneira de ele entrar em contato. Naquela noite, ela finalmente teve um descanso muito necessário.

Dias depois, seu celular vibrou com uma nova mensagem – do melhor amigo de Lou, Enzo, perguntando se ela estava bem. Ela achou que não havia problema em responder; ela não queria preocupar ninguém. "Sim, estou bem", ela respondeu.

A resposta veio quase imediatamente. "Lou está muito chateado e quer que você volte para casa", dizia a mensagem.

Enquanto olhava para o telefone incrédula, Aya pensou: *Sério, Enzo, você também? O que mais ele vai tentar para chegar até mim?*

• • • • •

Você finalmente percebeu que é hora de deixar um relacionamento tóxico – talvez tenha deixado um parceiro, esteja decidindo terminar uma amizade ou esteja se distanciando de familiares tóxicos. Bloquear todos os contatos pode ser muito complicado. Você pode estar se perguntando por que é tão difícil imaginar a vida sem essa pessoa, mesmo que você tenha sofrido maus-tratos. É completamente compreensível que cortar o contato com alguém que já foi importante em sua vida pode ser uma escolha angustiante.

Mesmo assim, este é um passo crucial para a cura. Então, se você tem a opção de bloquear todo contato com a pessoa tóxica, faça isso. Neste capítulo, abordaremos por que bloquear o contato é tão importante e como fazer isso de maneira eficaz. Se você realmente não pode bloquear o contato com a pessoa por qualquer motivo, como ser parente dela ou ter filhos com ela, também abordaremos como lidar com essa situação mais adiante neste capítulo.

Por que é tão importante bloquear o contato

Uma pessoa tóxica tende a não mudar de comportamento, mesmo quando se mete em problemas por causa disso. Ela ficará ainda mais incontrolável em seu comportamento e suas exigências. A pessoa tóxica tentará testar seus limites continuando a tentar manter contato mesmo depois que descartou você ou que você terminou o relacionamento. Ela pode ter um acesso de *raiva narcisista* e entrar em contato com você no dia seguinte como se nada tivesse acontecido. Pode não ser uma mensagem de texto ou telefonema; ela pode usar outros métodos, como devolver de repente seus pertences pelo correio.

Algumas pessoas tóxicas vão esperar meses ou até anos antes de entrar em contato com você novamente. O silêncio não é sinal de que a pessoa seguiu em frente e não deve ser encarado como tal. Pessoas tóxicas "reciclam" parceiros e amigos e entrarão em contato com você quando precisarem de atenção.

Talvez esta não seja a primeira vez que você tenta terminar esse relacionamento. Como você descobriu no Capítulo 1, as pessoas tóxicas muitas vezes tentam fazê-la voltar para o relacionamento. O que quer que elas prometam a você geralmente não é verdade, e o relacionamento se mantém tão problemático quanto antes. Manter as linhas de comunicação abertas com uma pessoa tóxica deixa você em risco. Quando você responde a uma pessoa que quer "sugá-la" de volta para o relacionamento, principalmente depois de ter um comportamento ultrajante em relação a você, isso envia a ela uma mensagem de que você aceitará esse nível de abuso.

Como você leu no Capítulo 1, um relacionamento com uma pessoa tóxica pode ser como uma droga potente: esse tipo de relacionamento é cheio de altos e baixos. Você pode ter desenvolvido um vínculo traumático com a pessoa tóxica, em que teve períodos de abuso seguidos de calmaria. Você pode até estar experimentando sentimentos de abstinência agora que tem contato limitado com a pessoa tóxica. Você pode sentir uma profunda sensação de perda, a ponto de sentir uma dor física. Você pode ter insônia ou apagões. Seus membros podem parecer pesados e você pode sentir que está se movendo mais devagar do que o normal. Você também pode ter pensamentos agitados e obsessivos. Você pode pensar que o mero contato com a pessoa tóxica fará você se sentir melhor. Mas tudo o que ele faz é recomeçar o ciclo de abstinência. Para se recuperar de um vício, você precisa cortar a substância ou pessoa viciante.

Etapas para bloquear o contato

Parte disso pode parecer óbvio, mas, em nosso mundo muito conectado, pode haver algumas formas de entrar em contato nas quais você nunca pensou antes. Portanto, use a lista de verificação a seguir para garantir que você tenha fechado todas as portas. Bloqueie o seguinte:

- Números de celulares.
- Números de telefone do trabalho.

- E-mail pessoal.
- E-mail de trabalho.
- Todas as redes sociais: Facebook, Instagram, Snapchat, Tik-Tok, LinkedIn etc.
- Contas e números de telefone da sua família.
- Se necessário, contas e números de telefone de amigos em comum (consulte a próxima seção).

Em seguida, altere suas senhas em:

- Todos os serviços de *streaming*, como Netflix.
- Seus dispositivos eletrônicos — computador, telefone celular, tablet etc.
- Contas de e-mail.
- Contas de serviço de dados (celular, internet).
- Contas de mídia social.
- Contas bancárias e corretoras de investimentos.
- Contas de trabalho e escola.

Além disso, remova a pessoa de qualquer aplicativo de geolocalização. Você pode até precisar excluir suas próprias contas nas redes sociais se sentir o impulso de dar uma espiada no perfil da pessoa tóxica ou de amigos em comum. Às vezes, as vítimas de abuso descobrem que providenciar um novo número de telefone, por mais demorado e trabalhoso que seja, é a única maneira de conseguirem um pouco de paz.

Se você estiver conectada com a pessoa por um tempo limitado, como durante um divórcio ou outro processo legal, seu advogado pode servir como intermediário. Entende-se que você não pode bloquear totalmente algumas pessoas, como o pai ou a mãe dos seus filhos, mas pode diminuir esse contato ao máximo; chegaremos a isso mais adiante neste capítulo.

> **MOMENTO DE REFLEXÃO: PENSANDO EM CORTAR O CONTATO**
>
> *Bloquear ou limitar o contato com uma pessoa tóxica pode ser uma decisão muito difícil. Pense na pessoa tóxica de quem você deseja criar alguma distância emocional e física. Anote os comportamentos que ela teve que levaram você a acreditar que bloquear ou limitar o contato é a melhor opção. Anote também as vezes em que você tentou se afastar dessa pessoa e como foi isso para você. Quando você não teve contato com ela, sentiu alívio? Você teve menos estresse em sua vida? Se a pessoa tóxica ainda tentou entrar em contato com você mesmo depois de você estabelecer limites para a comunicação, anote os detalhes do que aconteceu. Agora escreva o que você pode ganhar ao se distanciar dessa pessoa e faça uma lista das desvantagens. Os pontos positivos superam os negativos?*

Sem macacos voadores

Bloquear os familiares de uma pessoa tóxica e seus amigos em comum pode parecer um ato extremo. No entanto, a pessoa tóxica geralmente usa membros da família, amigos em comum ou colegas de trabalho para enviar mensagens para você – mesmo que você tenha cortado o contato com ela, como o amigo de Lou, Enzo, na história de Aya, no início deste capítulo. Esses portadores de mensagens são chamados de *macacos voadores*.

Ser informado de que uma pessoa tóxica quer você de volta em sua vida, mesmo que seja uma mensagem de uma fonte secundária, pode levá-la de volta a uma dinâmica tóxica. Às vezes, os macacos voadores não sabem a verdade sobre o que você passou com essa pessoa. Lembre-se, algumas pessoas tóxicas fazem questão de parecerem legais para os outros enquanto escondem seu comportamento num relacionamento.

Se puder, bloqueie os macacos voadores também. Isso é o que Aya teve que fazer – depois que Enzo entrou em contato, ela o bloqueou. Outros amigos em comum estavam postando muitas fotos com Lou nas redes sociais, causando muita angústia a Aya – então ela acabou decidindo bloqueá-los também. Se você vir um número desconhecido ou não reconhecido em seu identificador de chamadas, não atenda.

Deixe seus amigos e familiares saberem que você não receberá nenhuma mensagem enviada pela pessoa tóxica por meio deles. Se um amigo ou membro da família tentar falar com você sobre ele, estabeleça um limite e diga: "Não quero falar sobre esse assunto" ou "Esse assunto está proibido". Afaste-se se um amigo ou familiar continuar a compartilhar informações sobre a pessoa tóxica.

Mas, muitas vezes, as pessoas que são "recrutadas" para levar mensagens da pessoa tóxica não têm má intenção e não perceberam que estão fazendo mal a você. Quando você estabelece um limite, qualquer pessoa que realmente se importe com você reconhecerá isso e pedirá desculpas por cruzar a linha. Os limites são inegociáveis. Você pode ter que agir se um limite que você definiu for violado. Se um macaco voador continuar a enviar mensagens de uma pessoa tóxica ou oferecer conselhos não solicitados depois que você pedir que ele não faça isso, é hora de se distanciar ou cortar o contato com essa pessoa. (Abordaremos a definição e a manutenção de limites no Capítulo 5.)

> "Minha tia estava agindo como uma 'mensageira' para a minha mãe. Ela começava uma conversa sobre algo não relacionado à minha mãe e depois soltava algo como: 'Sabe, sua mãe está realmente tentando se entender com você sobre esse assunto' e comentários semelhantes. Eu finalmente disse a ela que a minha mãe era um assunto proibido e que, se ela insistisse, eu precisaria limitar meu contato com ela. Minha tia não mencionou a minha mãe desde então."
>
> — Amara, 48

Reconheça a chantagem emocional

Você pode ter familiares ou amigos que ameacem se machucar ou se matar quando você diz que precisa limitar o contato. Um parceiro tóxico pode ter ameaçado atentar contra a própria vida quando você disse a ele que estava indo embora. Você pode até ter uma pessoa que ameace se machucar quando você diz a ela que não gosta do seu comportamento. Ameaças como essa são conhecidas como *chantagem emocional*. Seu objetivo é manter você em contato com a pessoa, fazendo com que sinta culpa.

Uma pessoa que faz isso com você não é saudável e pode ter usado chantagem emocional de outras maneiras no passado. Por exemplo, ela pode se recusar a ir a uma viagem planejada ou a uma reunião de família que é importante para você, ou ameaçar desconvidá-la de um evento sabendo que você está animada para ir. Ela pode dizer que você trata seu ex, familiares ou amigos melhor do que a trata. Todas essas são maneiras pelas quais uma pessoa induz medo, culpa ou vergonha em você, para que possa permanecer no controle.

> "Meu namorado ameaçava se matar quando eu dizia que queria terminar o relacionamento. Depois que terminei com ele, voltei a manter contato com minha mãe. E adivinhe o que ela disse quando eu disse que precisava me distanciar dela para zelar pela minha saúde mental. Sim, a mesma coisa."
>
> — Bryce, 45

Reconheça que essa é apenas uma tática de controle; sei que isso é algo difícil de ouvir, mas não desista. Trataremos como lidar com sentimentos de culpa no Capítulo 4. Se você estiver com alguém que ameaça se automutilar ou ameaça agredir você, entre em contato com a polícia.

Proteja-se do assédio

Se interromper o contato com a pessoa tóxica, ela poderá começar a seguir você ou tentar entrar em contato insistentemente. Ela pode aparecer na sua casa sem avisar. A melhor opção tende a ser não dar atenção à pessoa tóxica e esperar que ela desista. Ela pode conseguir um novo número para assediar você, então não atenda a chamadas telefônicas desconhecidas. Não poste nas redes sociais em tempo real. Se você quiser postar fotos de um lugar que visitou, faça isso depois de já ter saído desse local. Você talvez até deixe de postar fotos de locais onde esteve, pois a pessoa que a está assediando pode começar a frequentar esses locais para ver se consegue localizá-la. Deixe seus vizinhos ou o síndico do seu prédio saberem que essa pessoa está incomodando você e peça que avisem caso a vejam nas imediações da sua casa. Se você receber alguma ameaça, entre em contato com a polícia. Nos casos em que seu bem-estar pode estar em risco, você pode se qualificar para uma ordem de restrição emitida pelo tribunal. Embora uma ordem de restrição não impeça alguém de ir ao seu trabalho ou à sua casa, você terá o apoio da lei caso isso aconteça.

O que fazer quando você não pode cortar o contato

Pode haver momentos em que você não pode cortar completamente o contato com alguém, como no caso de vocês terem filhos juntos ou ainda trabalharem na mesma empresa. Você pode ter um membro da família que não pode bloquear completamente, em especial se planeja se reunir com outros membros da família durante as festas de fim de ano e em outras comemorações. Você pode estar numa situação de trabalho em que conseguir outro emprego é uma possibilidade remota. Mas, mesmo que não consiga cortar completamente o contato com uma pessoa ou situação tóxica, você ainda precisa proteger seus próprios interesses. Nas páginas a seguir, veremos como fazer isso.

Quando voce tem filhos com uma pessoa propensa a criar conflitos

Se você tem filhos com uma pessoa tóxica e propensa a criar conflitos, é fundamental estabelecer limites saudáveis. No Capítulo 5, "Estabeleça limites", abordaremos esse tópico com mais detalhes. Por enquanto, gostaria de mencionar algumas etapas iniciais importantes para que você possa minimizar o contato com o pai ou a mãe dos seus filhos.

Encontre um bom advogado de direito de família

Agora é a hora de se defender e defender seus filhos. Reúna-se com diferentes advogados para encontrar aquele que pareça mais indicado no seu caso. Obtenha referências de amigos de confiança e familiares ou pessoas que você conhece que têm filhos com uma pessoa tóxica. Pergunte ao profissional se ele tem experiência em trabalhar com pessoas que têm filhos com narcisistas e outras pessoas propensas a criar conflitos.

Conte ao advogado sobre a sua experiência com a pessoa tóxica. Embora discutir seus problemas com o pai dos seus filhos seja um tópico muito emocional, anote detalhes e incidentes específicos, não apenas como você se sente. Embora não haja problema em fazer especulações como "Acho que ele pode ficar furioso se quisermos mudar o tempo que cada um de nós passa com os nossos filhos", diga por que esse é o caso. Se o pai dos seus filhos tem uma personalidade propensa a conflitos ou ameaçou você física ou financeiramente, informe seu advogado.

Você também pode precisar dos serviços de um coordenador de pais, que pode trabalhar com você e seu ex, em vez de deixar vocês dois resolverem os problemas por telefone. Um coordenador de pais é uma terceira figura neutra, geralmente um terapeuta, que ajuda os pais a criar e seguir um planejamento, chamado "plano parental". Esse coordenador também pode ajudar os pais a lidar com mudanças de horário, decisões importantes (por exemplo, mudança de escola) ou qualquer decisão em que haja um desacordo. O coordenador de pais recebeu treinamento especializado para trabalhar com pais em conflito. Você pode contratar um por conta própria ou usar um indicado pelo tribunal. Normalmente, você

> "Encontrei um advogado com quem realmente me entrosei. Ele entendeu bem com o que eu estava lidando e explicou claramente as possíveis opções no meu caso."
>
> — Anoush, 36

e o seu ex se encontrarão primeiro individualmente com o coordenador de pais e depois se reunirão, não apenas para discutir questões relacionadas aos filhos e documentar as mudanças, mas também para que cada pai tenha responsabilidade por suas ações. (Veja Recursos para obter ajuda na localização de um advogado e assistência jurídica gratuita.)

Elabore um plano parental sem pontas soltas

Você pode precisar de um plano parental detalhado, em que todas as questões relacionadas aos seus filhos sejam abordadas, o que significa definir regras sobre o seguinte:

- Onde e quando ocorrerão os encontros para entregar ou receber os filhos e quem estará presente? (Em situações de pais em conflito, o casal pode considerar a escolha de um local neutro e pedir que membros da família entreguem e busquem as crianças.)
- Por quanto tempo você precisa esperar com seus filhos no local onde os entregará antes que o tempo compartilhado seja revertido para você (se o genitor não notificou você sobre o atraso)?
- Quem ficará com as crianças em cada feriado e quando cada um as pegará e entregará nesses feriados?
- Quem tem o poder de decisão final (ou será uma decisão conjunta) em relação a escola, questões médicas e provedores, atividades extracurriculares etc.
- Quem pagará o quê pelos custos relacionados a escola, atividades extracurriculares, consultas médicas? Como essas despesas serão apresentadas para reembolso?

- A quem você dá permissão para cuidar dos seus filhos e quem você não quer perto dos seus filhos por qualquer motivo que seja?
- Com que antecedência o outro genitor precisa notificar se quiser fazer uma viagem para fora do estado com as crianças? E se for para fora do país? (Os pais têm acrescentado que qualquer viagem para fora do país deve ser aprovada por eles e os que países devem fazer parte da Convenção de Haia, que ajuda a devolver as crianças aos pais com custódia se forem sequestradas pelo genitor que não tem a custódia e levadas para fora do seu país de origem.)
- Você quer receber o itinerário de qualquer viagem para fora da cidade? Quantos dias ou semanas antes da viagem você quer receber esse itinerário?
- Que escolas as crianças frequentarão no futuro? Você também pode acrescentar que, quando seu filho estiver numa determinada série, vocês dois revisarão a questão da escola.
- Quem declarará os filhos como dependentes na declaração de imposto de renda? (Alguns genitores declaram em anos alternados se o tempo compartilhado for dividido igualmente entre eles.)
- Como os pais se comunicarão entre si? A comunicação será conduzida exclusivamente por meio de um aplicativo de coparentalidade para diminuir o conflito?

Além dessas perguntas, que você deve responder de acordo com o que faz sentido no seu caso, recomendo estabelecer as seguintes regras rígidas:

- O genitor terá acesso ininterrupto à criança durante os horários de telefonemas designados.

- Nenhum dos dois pais fará comentários depreciativos sobre o outro na frente da criança ou quando a criança estiver presente em casa. Nenhum dos pais deixará os documentos da guarda compartilhada ou divórcio à vista da criança. Nenhum dos pais discutirá questões financeiras da coparentalidade na frente da criança.
- Você tem o direito de preferência. Se o outro genitor se ausentar de casa por determinado período enquanto estiver com os filhos, deve primeiro entrar em contato com você para saber se você gostaria de ficar com as crianças, em vez de contratar uma babá ou pedir a um membro da família que fique com elas.

Ter parâmetros muito rigorosos em seu plano parental pode ser uma desvantagem para você porque limita sua própria flexibilidade, mas também ajuda a manter um genitor tóxico na linha. Se você e o pai discordarem sobre um problema relacionado à criança, você sempre pode recorrer ao plano parental como resposta final. Você pode criar um plano parental com seu advogado ou com um coordenador de pais.

Encontro em território neutro (ou não)

Na hora de pegar ou entregar seu filho, em vez de irem à casa um do outro, pense na possibilidade de pegar a criança num local neutro, como num local público. Ou peça a outro membro confiável da família que pegue seu filho com o seu ex. O plano parental pode indicar quanto tempo você precisa esperar até que o outro genitor apareça, quando ele se atrasa e não avisa, antes que você possa levar a criança para casa com você.

> "Costumávamos pegar e entregar nosso filho em casa, mas isso geralmente causava algum tipo de problema. Eu não queria que meu filho testemunhasse nossas brigas. Então agora nós o pegamos e entregamos apenas na escola. Raramente temos que ver um ao outro."
>
> — Eiko, 32

Use um aplicativo para se comunicarem

Você também pode pensar na possibilidade de limitar seu contato com o outro genitor a um aplicativo para pais, em vez de permitir que seu ex ligue ou envie uma mensagem de texto para você. Para obter mais informações sobre aplicativos para pais, consulte a seção de Recursos no final deste livro. Você pode adicionar ao seu plano parental que a comunicação será apenas por meio do aplicativo. Aplicativos de coparentalidade registram a data e a hora em que os genitores recebem e leem as mensagens, impedindo-os de tentar dar a desculpa de que não as viram.

Além de ajudá-lo a manter um limite, alguns aplicativos têm recursos adicionais que talvez você aprecie. Por exemplo, alguns aplicativos têm uma configuração que o notifica se a sua mensagem tiver palavras inapropriadas ou com potencial para causar conflitos. Alguns aplicativos também possibilitam o envio de recibos ao outro genitor para reembolso.

Considere a parentalidade paralela

Na coparentalidade padrão, os pais são civilizados um com o outro e têm expectativas razoáveis de que possam resolver os problemas juntos. Os genitores podem ter diretrizes e regras semelhantes em cada casa para que as crianças tenham uma sensação de estabilidade. Os pais comparecem aos eventos dos filhos e às consultas médicas, com o mínimo de desacordo. No entanto, se você tiver filhos com uma pessoa tóxica, pode não ser possível ter discussões respeitosas caso se encontrem nos eventos dos seus filhos. Pode ser esse o caso principalmente se o relacionamento envolveu violência doméstica. Se estiverem presentes no mesmo evento, pode surgir uma oportunidade para o genitor tóxico ganhar controle ou tentar a intimidação.

Nessas situações, a parentalidade paralela pode ser uma opção. Parentalidade paralela é um estilo de coparentalidade em que vocês mantêm tudo separado. Você não participa de nada com o outro genitor, incluindo eventos após a escola ou consultas médicas. Você só se comunica com ele por escrito, por meio de um aplicativo de coparentalidade. Você só se comunica com seu ex quando é absolutamente necessário. Em vez de ele relatar a você o que aconteceu numa consulta médica, você pode entrar em contato com o médico para obter essa informação.

Em um modelo parental paralelo, às vezes um dos pais é nomeado o "genitor principal" no plano parental. Isso significa que um dos pais tem autoridade final para tomar decisões sobre a criança. O genitor principal é estabelecido para que os pais precisem se comunicar menos um com o outro. Esteja preparado para dar uma cópia do acordo parental a quaisquer médicos ou terapeutas que atendam seu filho. Eles podem querer um documento assinado por um juiz que declare quem tem o direito de decidir quando se trata da saúde da criança.

A coparentalidade paralela pode ajudar de várias maneiras. Ela limita o contato. Você pode descobrir que você e seu ex têm menos conflitos quando suas vidas são mantidas quase completamente separadas. Você também pode ter mais tempo para se concentrar no bem-estar do seu filho, em vez de perder tempo se defendendo de ataques verbais e abusos emocionais do seu ex. Seus filhos também se beneficiarão, pois filhos de pais divorciados têm menos problemas de comportamento quando há menos conflito entre os pais[1]. Com um plano parental detalhado, os limites já estão estabelecidos. Você sempre pode consultar o plano parental se o outro genitor estiver tentando ultrapassar os limites. Mais importante, a qualidade do seu relacionamento com seu filho é fundamental para determinar sua qualidade de vida e relacionamentos no futuro[2].

Coparentalidade padrão

- Ambos os pais se consultam sobre as decisões e atuam juntos para o bem-estar da criança.
- Ambos os pais comparecem aos eventos, feriados e aniversários dos filhos.
- Os pais se comunicam por telefone, mensagens de texto ou e-mail.
- Desentendimentos podem ocorrer, mas os pais acabam chegando a um acordo.
- Os pais buscam e entregam a criança na casa um do outro.
- As mudanças nos horários dos pais geralmente são aceitas, se houver aviso prévio.
- Os pais atuam juntos para ter diretrizes e estruturas semelhantes em cada casa.

Coparentalidade paralela

- A comunicação é feita apenas por meio de um aplicativo de coparentalidade, como o Our Family Wizard ou Talking Parents.
- Os pais se alternam para assistir aos jogos ou outras atividades da criança, ou um dos pais não participa dessas atividades.
- Férias e aniversários são passados separadamente com a criança.
- Cada pai segue seu próprio cronograma e logística e estabelece suas próprias regras.
- Um dos pais tem autoridade para tomar decisões sobre cuidados médicos, educação e atividades extracurriculares da criança, ou os pais têm autoridade para tomar decisões em diferentes domínios.
- A agenda da criança é mantida num calendário *on-line* compartilhado ou num aplicativo de coparentalidade, sem nenhuma outra comunicação entre os pais.

- Os pais pegam e entregam a criança em local público, sem contato entre eles ou com outros membros da família.

- As alterações nas agendas dos pais são tratadas num aplicativo de coparentalidade e não se presume que o outro genitor aceitará a mudança.

> "O pai do meu filho aproveitava qualquer oportunidade para me assediar, inclusive me cercando nos jogos de futebol e beisebol na escola. Falei com meu advogado sobre isso e agora está escrito no plano parental que alternamos os jogos.
>
> — Remi, 40

Como gerenciar o contato limitado com um membro da família

Você pode não conseguir cortar totalmente o contato com seu ex porque os membros da sua família com quem você se dá bem ainda incluem a pessoa tóxica em reuniões familiares ou festas de fim de ano. Você pode até trabalhar com um familiar tóxico. Se você não pode ficar sem contato, tente limitar seu contato ao máximo. Embora você possa se desculpar por não comparecer a reuniões familiares, pode não gostar dessa opção porque significa perder a chance de ver o resto da sua família.

Se você for a uma reunião de família, limite o tempo que passa lá. Se você tiver um familiar de confiança, peça-lhe que fique atento a possíveis conflitos enquanto estiver lá. Se a pessoa tóxica estiver vindo na sua direção, um membro da família pode distraí-la e desviá-la. Você também pode realizar reuniões separadas com a sua família, nas quais não convida a pessoa tóxica, mas pode ter certeza de que alguém da família a avisará.

Embora seja bom pensar que você poderia simplesmente dizer ao seu ex tóxico que ele está incomodando você, isso pode ser todo o combustível de que ele precisa. Esse tipo de pessoa suga a energia de quem se sente incomodado com ele. É melhor evitar a pessoa do que interagir com ela. Se você não pode evitar interagir com ela, tente se distanciar emocionalmente o máximo possível. Pode ser útil imaginar-se como um observador externo da situação. Por exemplo, veja-se como um sociólogo coletando dados. Ou use a técnica da "pedra cinza", na qual você responde a uma pessoa tóxica do modo mais sem emoção possível. Dê respostas curtas ou de uma só palavra às perguntas. Mantenha seu tom de voz calmo e uniforme. Procure ser o mais entediante possível. Quando uma pessoa tóxica percebe que sua "isca" não está funcionando, às vezes ela diminui o comportamento de assédio. Considere também consultar um profissional de saúde mental (que abordaremos no Capítulo 6), para descobrir maneiras saudáveis de se distanciar.

Se você tem um pai tóxico que está envelhecendo, pode achar que tem obrigação de cuidar dele. Você pode ser filho único, então o fardo é colocado diretamente sobre você. Mas você não tem obrigação de cuidar de um pai abusivo. Embora amigos e familiares possam dizer que você "deve isso" aos seus pais, eles não sabem o dano e o estresse que essas pessoas causaram a você. Seus amigos e familiares também podem estar tentando encontrar uma maneira de não cuidar deles.

> "Eu uso o método da 'pedra cinza' com minha irmã, pois não consigo cortar completamente o contato. Eu me atenho aos fatos e não demonstro nenhuma emoção. Era muito difícil fazer isso, mas está ficando cada vez mais fácil."
>
> — Joan, 65

Como lidar com uma pessoa propensa a criar conflitos

Shira trabalhava para a mesma empresa há seis anos. Ela se dava bem com sua antiga chefe, Cindy, mas que havia sido demitida há vários meses. O novo chefe, Devon, parecia ter algo contra Shira, e ela não sabia o quê. Ele costumava se dirigir a ela durante as reuniões e fazer perguntas que sabia que ela não seria capaz de responder. Ela levava marmita para o trabalho, e Devon perguntava em voz alta quem tinha levado "aquela comida estranha", sabendo que era o almoço de Shira. Ele dizia a Shira que uma tarefa tinha de ser entregue no fim da semana, mas na quarta ou na quinta-feira ele gritava com ela por não ter feito a tarefa ainda. Shira sentia que o chefe tentava constrangê-la na frente dos seus colegas de trabalho.

Shira procurou Devon e disse a ele que sentia que estava sendo tratada injustamente. Essa era toda a munição de que Devon precisava. Quando ele colocava Shira na berlinda nas reuniões, ele fazia questão de perguntar se ela sentia que estava "sendo tratada injustamente" ao ser questionada. Devon convocou uma reunião com Shira e dois dos seus colegas de trabalho. Quando Shira apareceu no escritório de Devon, ele disse a ela que os colegas de trabalho não poderiam comparecer à reunião. Shira teve uma sensação de enjoo na boca do estômago. Isso não parecia certo para ela. Ela disse a Devon que não poderia se encontrar com ele e saiu rapidamente do escritório.

Se você, como Shira, é obrigada a trabalhar com um indivíduo tóxico, aqui estão algumas etapas que você pode seguir para reduzir o contato ao mínimo possível.

Conheça as regras e analise as suas opções

Em muitos casos, relatar o comportamento ao departamento de recursos humanos (RH) da sua empresa é o melhor caminho. Antes de fazer isso, revise as diretrizes do seu empregador para denunciar *bullying* e assédio. Depois, se você tiver recursos, consulte um advogado especializado em questões trabalhistas e que possa ajudá-la a analisar as suas opções. Recomendo principalmente que você obtenha aconselhamento profissional se a empresa em que você trabalha não tiver diretrizes ou orientações estabelecidas para relatos de casos de *bullying* e assédio; além disso, nos Estados Unidos, alguns locais de trabalho não precisam seguir as diretrizes de assédio da Equal Employment Opportunity Commission (EEOC). Se você decidir denunciar, seu profissional de RH poderá ajudá-lo a lidar com a pessoa e fornecer suporte para protegê-lo. Mas saiba que o RH não pode fazer muito – e, se você estiver enfrentando um conflito com um gerente ou alguém com um cargo de liderança em sua empresa, poderá ficar insatisfeita com a solução que eles podem lhe oferecer.

Peça mais espaço

Se puder, procure seu gerente para ver se ele pode ajudá-la a manter distância do colega de trabalho altamente conflituoso. Pergunte se ele pode retirá-la de projetos em que vocês estão trabalhando juntos. Se suas áreas de trabalho estiverem próximas, pergunte se você pode ser transferida. Se a sua empresa for grande o suficiente, você poderá ser transferida para outro departamento ou andar. Se vocês trabalham no mesmo turno, considere mudar o seu. Você ainda pode trabalhar para a mesma empresa, mas estará limitando suas interações com a pessoa tóxica.

Evite ficar sozinha com a pessoa

"Meu chefe sempre me dizia que eu precisava trabalhar até tarde em certos dias. Não por acaso, ele seria a única outra pessoa no escritório. Ele tem um histórico de ser desrespeitoso com as mulheres. Eu disse um firme 'não' na vez seguinte que ele me disse que eu precisava ficar até tarde. Consultei um advogado e o departamento de recursos humanos do meu escritório."

—Jesse, 28

Se você trabalha com uma pessoa tóxica, ela pode tentar isolá-la. Você pode ser informada de que precisa se encontrar a sós com ela. Traga um colega de trabalho de confiança para a reunião ou recuse-se a se encontrar sozinha com ela. Evite ser a única pessoa no escritório além da pessoa tóxica. Se não houver mais ninguém presente, você não terá testemunhas.

Anote tudo

Mantenha um registro por escrito dos problemas, incluindo data, hora e citações diretas. Atenha-se aos fatos. Não use um dispositivo da propriedade do empregador para manter essa documentação. Seu empregador tem acesso total aos seus dispositivos em sua rede. Se você for demitida ou deixar o emprego, pode ser necessário entregar o dispositivo imediatamente.

Minimize o rosto da pessoa nas teleconferências

Se você estiver trabalhando em casa e tiver que participar de uma teleconferência com essa pessoa, ver o rosto dela pode causar ansiedade. Minimize a tela ou coloque uma carinha sorridente num *post-it* e cole-o na tela sobre o rosto dela. Pode parecer bobagem, mas poder evitar olhar para uma pessoa que lhe causou angústia pode ser um alívio.

Peça para trabalhar alguns dias da semana em home office

Se você trabalha presencialmente e perto de um colega tóxico, pergunte ao seu empregador se você pode trabalhar em casa pelo menos alguns dias da semana, como passar três dias em casa e dois dias no escritório. Você pode solicitar esse tipo de modelo de trabalho sem dizer que quer se afastar de um colega de escritório. Você pode precisar enfatizar que sua produtividade será a mesma ou que você pode ser ainda mais produtiva se trabalhar em casa. Os empregadores tornaram-se mais receptivos a esse estilo de trabalho. Se você puder fazer a transição para trabalhar apenas em casa, talvez seja necessário ir ao escritório somente para reuniões específicas.

Procure outro emprego

Mesmo que pareça injusto que você tenha que arranjar outro emprego quando alguém está sendo tóxico, às vezes é disso que você precisa para melhorar sua qualidade de vida. Seu colega de trabalho ou chefe pode ter um comportamento que não chega a ser assédio ou intimidação, e seu empregador não tomará medidas para remediar a situação. Pode ser a hora de você procurar outro emprego. Você pode descobrir que trabalhar num ambiente mais saudável faz com que você se sinta melhor, tanto emocional quanto fisicamente. O abuso no local de trabalho foi associado a depressão, ansiedade, dificuldades para dormir, doenças e pior qualidade de vida[3].

• • • • •

Bloquear todas as formas de contato, se possível, é a melhor forma de afastar uma pessoa tóxica da sua vida. Mas, se você não pode eliminar totalmente a pessoa tóxica da sua vida, ainda há coisas que você pode fazer – estabelecer regras com um ex tóxico, limitar o contato e se afastar de um membro da família, além de manter distância e consultar um advogado para se informar sobre assédio no local de trabalho. Todas essas medidas são passos importantes para se proteger de mais abusos e manipulações – um passo essencial em seu caminho para a cura. O próximo passo? Vamos analisar o que você pode fazer se não conseguir um desfecho depois de sair de uma situação tóxica.

3

(NÃO) FAÇA QUESTÃO DE UM DESFECHO

Por que é difícil chegar a uma resolução
depois de um relacionamento tóxico e
como seguir em frente sem ele

DEPOIS DE VINTE E CINCO ANOS DE CASAMENTO E DOIS FILHOS, TAMMY finalmente se cansou. Durante anos, ela ouviu a família e os amigos dizendo que seu casamento não era abusivo porque não havia violência física. No entanto, quando ela começou a terapia, sua terapeuta disse que havia diferentes formas de abuso – e pelo que Tammy havia contado a ela (que Isaac a xingava, se recusa a assumir a responsabilidade pelo seu comportamento e culpava Tammy por "fazê-lo" gritar com ela, dizendo aos filhos que eles não precisavam ouvi-la), parecia que Tammy estava sofrendo uma forma de violência doméstica.

Dois anos depois de começar a terapia, e enquanto os filhos estavam na faculdade, Tammy contratou uma empresa de mudanças para um fim de semana em que Isaac estaria numa viagem de negócios. Ela pegou itens e móveis que eram seus muito antes do casamento, itens que sua família havia dado a eles e itens que ela usava exclusivamente em casa quando solteira. Ela bloqueou os números de telefone e endereços de e-mail de Isaac, seguindo os passos descritos no Capítulo 2: limitou seu contato com o marido e se comunicou apenas por meio de advogados. Ela também informou aos filhos que Isaac não deveria enviar mensagens para ela por meio deles. No entanto, como ela e Isaac eram sócios de um negócio, Tammy ainda tinha contato diário com ele. Então, ela tomou uma decisão difícil: como parte do processo de divórcio, Tammy venderia sua parte do negócio para Isaac. Depois de consultar seu advogado e expressar a ele que estava preocupada com sua segurança, Tammy não foi mais ao local em que tinham negócios compartilhados até que a venda fosse concluída.

Tammy queria o término que viria com o divórcio. Ela queria que Isaac validasse as experiências dela e se desculpasse por seu comportamento ultrajante. Ela aceitaria que ele assumisse responsabilidade parcial. Ela queria que ele admitisse que tinha saído com outras mulheres. Ela acreditava que, quando o processo legal terminasse, ela finalmente poderia seguir em frente. No entanto, parecia que Isaac e seu advogado estavam protelando. Enquanto as negociações ainda estavam em andamento, Tammy retomou o contato com Isaac. Ela suspeitava que ele estivesse apenas inventando motivos para entrar em contato com ela – geralmente envolvia os negócios e sempre parecia uma "emergência". Tammy sentia como se estivesse num limbo – ela não conseguia finalizar seu divórcio e a comunicação com Isaac estava atrapalhando sua cura. Ela sentia que não conseguiria o desfecho de que precisava para se curar até que o divórcio acontecesse.

Às vezes, você não consegue um desfecho

O desfecho, que significa obter um sentimento de conclusão com respeito ao seu relacionamento ou outra perda, é muitas vezes apresentado como algo indispensável para a cura. No entanto, algumas perdas são tão significativas que você simplesmente não consegue essa resolução. Você pode sentir uma dor tão profunda e devastadora que ela parece que nunca chegará ao fim. E, em relacionamentos ou situações tóxicas, você pode não conseguir um desfecho como costumamos pensar – obter um pedido de desculpas ou a admissão do erro por parte da pessoa que o prejudicou. Você busca validação de que o que aconteceu com você realmente aconteceu. Você pode estar buscando algum senso de justiça ou restituição – uma pessoa tóxica pode ter roubado seu dinheiro ou seu tempo.

Pode ser difícil aceitar, mas uma pessoa tóxica que nunca se desculpou enquanto estava no relacionamento certamente não vai se desculpar depois que ele chegou ao fim. A exceção é se ela estiver tentando fazer com que você volte a ter contato com ela. Mas, mesmo assim, as desculpas são escassas. Por quê? Bem, pessoas tóxicas não se desculpam porque tendem a ter uma personalidade *egossintônica*. Isso significa que elas acham que não há nada errado com elas e que o restante das pessoas é que tem um problema. Pessoas saudáveis tendem a ter uma personalidade *egodistônica*. Elas percebem quando há algo errado com seu próprio comportamento e podem procurar ajuda para corrigi-lo. É pouco provável que pessoas com personalidade egossintônica procurem terapia ou busquem qualquer outro tipo de ajuda. Elas não acham que têm um problema. As chances de que "a ficha caia" e elas admitam seus erros são mínimas ou nulas. Se você teve que se distanciar de familiares devido ao comportamento tóxico deles, não espere que eles percebam que o comportamento deles e a forma como trataram você foi inaceitável. Muito raramente uma pessoa tóxica assumirá a responsabilidade por suas ações. E mesmo que ela admitisse a falha, ainda não seria suficiente para curar a dor que causou em você.

Se algo ruim acontecesse com um membro tóxico da família, você pensaria que isso o faria perceber seus erros. Você pode ter ouvido uma história ou visto um filme em que um membro abusivo fica doente, quase morre e percebe que magoou as pessoas – até mesmo pede perdão a elas. Infelizmente, isso é raro. Se você deseja um desfecho com essa pessoa, precisará obtê-lo por conta própria. Uma forma de trabalhar isso é por meio da terapia. Consulte o Capítulo 6, "Converse com um profissional", para obter mais informações.

Se você trabalha num ambiente tóxico, a menos que suas experiências atendam à definição legal de assédio (e mesmo isso não garante que você obterá justiça), pode ser necessário que você se demita do emprego para viver em paz. Não é justo que você tenha que deixar seu local de trabalho, mas o desgaste emocional e físico que esse local de trabalho tóxico está provocando em você não vale a pena. A sensação de desfecho pode não acontecer porque você teve que tomar a difícil decisão de se demitir e você pode sentir que a justiça não foi feita. Você pensou que deixar seu emprego tóxico lhe daria uma sensação de alívio. Em vez disso, você sente tristeza e uma sensação de perda.

As expectativas sobre o comportamento dos outros são coisas complicadas. Quando esperamos que as pessoas se comportem de determinada maneira, muitas vezes ficamos desapontados. A única coisa sobre a qual temos controle é o modo como nos sentimos e como interagimos com os outros. Se você espera que uma pessoa tóxica se desculpe ou sinta algum tipo de remorso por suas ações, pode estar perdendo tempo esperando por algo que pode não acontecer. Esperar que esse desfecho parta da outra pessoa e depois ver que isso não aconteceu pode levar à decepção, à frustração e à raiva. A falta de um desfecho pode levar a sentimentos prolongados de luto (que abordaremos em profundidade no Capítulo 9).

O que nos faz querer essas respostas a ponto de deixar que nos causem angústia e noites mal dormidas? Nosso cérebro gosta de poder dar sentido às coisas. Mas, quando se trata de relacionamentos e situações tóxicas, às vezes eles simplesmente não fazem sentido, não importa quantas vezes tentemos analisá-los.

Pode ser que sempre haja uma parte de você querendo respostas sobre por que seu ex acabou com o relacionamento, como um trabalho que começou bem acabou se tornando um pesadelo ou por que um membro da sua família parece estar determinado a arruinar a sua vida. Mas, mesmo que uma pessoa tóxica lhe contasse por que ela se comportou daquela maneira, provavelmente ainda não seria uma resposta boa o suficiente. Parte do motivo pelo qual o desfecho é tão difícil após um relacionamento tóxico é que parte do que você experimentou não era real. No começo, seu ex-parceiro, amigo ou familiar provavelmente criou uma versão de si mesmo que era mais atraente e parecia menos patológica. Ele pode ter feito isso para atrair você para a vida dele. Então, o relacionamento mudou repentinamente, principalmente quando você disse "não" para alguma coisa e estabeleceu limites.

> "Quando mandei uma mensagem para meu ex dizendo que eu precisava que ele se desculpasse pelo que fez, ele respondeu que fui eu que saí de casa e que eu é que deveria me desculpar! Desisti de querer que ele assumisse qualquer responsabilidade.
>
> — Janine, 44

Às vezes, as pessoas *não querem* lhe oferecer um desfecho

Um ex-parceiro tóxico tem mais interesse em não lhe oferecer um desfecho. Ele quer permanecer em sua mente, então, quando decidir que seu novo *suprimento* narcisista não está atendendo às suas necessidades, ele pode voltar para você e "sugar" você de volta. Para buscar uma resposta sobre por que ele fez algo, você vai precisar ter contato com ele novamente – e, como vimos no capítulo anterior, é exatamente disso que você não precisa. Quanto mais tempo você passar perto de uma pessoa tóxica, maior a probabilidade de voltar a essa dinâmica doentia.

Você pode até ter amigos que se alimentem desse drama. Eles podem tentar mantê-la "aprisionada" ao seu trauma ou à sua situação insalubre, encorajando-a a voltar para ele. Esses "amigos" não estão pensando no que é melhor para você. Eles estão tentando mantê-la para baixo para atender a uma necessidade deles de "resgatá-la" ou obter algum poder sobre você. Se você continuar no relacionamento doentio, esses amigos vão alimentar seu estresse e gostar que você se sinta mais dependente deles para se tranquilizar.

Amigos saudáveis nos incentivam a ser a melhor versão de nós mesmos. Eles nos elevam, não se esforçam para nos manter numa mentalidade ou situação doentia. Parte do desfecho de um relacionamento ou uma situação tóxica inclui verificar se as pessoas ao seu redor são saudáveis. Mesmo que você esteja se apegando a quaisquer respostas ou explicações que receba dos seus amigos, lembre-se de que essa "ajuda" pode estar prejudicando você. Pode ser hora de cortar o contato com esses amigos tóxicos, mesmo que pareça que você está perdendo todo apoio que lhe restava. O apoio deles não é apoio de fato – é algo prejudicial.

> "Meus 'amigos' me diziam que meu trabalho não era tão ruim, que eu deveria aturar meu chefe, porque outras pessoas nem sequer tinham um emprego. Percebi que meus amigos eram tão tóxicos quanto meu ambiente de trabalho."
>
> — Jake, 28

O desfecho é superestimado

Devido ao nosso profundo desejo de dar sentido à nossa vida e à nossa crença na justiça, é natural que ansiemos por um desfecho e que nossa pior dor venha do fato de não o conseguirmos. Mas vou dizer algo que pode contradizer o senso comum: o desfecho é algo superestimado. Não há problema nenhum em ver uma perda pelo que ela é e não fazer questão de conseguir uma resolução. Ainda podemos ter dúvidas sobre por que as coisas aconteceram do jeito que aconteceram, mas, com o tempo, essas perguntas podem ir se desvanecendo, em vez de gritar de maneira tão ostensiva.

Para evitar prolongar sua dor esperando por um desfecho, dê um passo para trás e reflita. Você não precisa necessariamente de um pedido formal de desculpas ou de uma resolução para seguir em frente com sua vida e aceitar que alguém a tratou mal. Com o tempo, a perda pode se resolver por si só. Você também não precisa de um desfecho para ter uma vida feliz e saudável, livre de pessoas e situações tóxicas. Mas, se obter uma sensação de encerramento é importante para o seu processo de cura, existem etapas que você pode seguir para alcançar essa resolução por conta própria.

MOMENTO DE REFLEXÃO: DEFINA O QUE É DESFECHO

O que significa desfecho para você? Você precisa que a pessoa que a prejudicou repare os seus erros? Você precisa de um senso de validação ou justiça? Pessoas tóxicas provaram repetidas vezes que não admitem falhas nem se arrependem. Você gostaria que a pessoa tóxica lhe oferecesse esse desfecho? Como seria se a sua experiência fosse validada? De que outras maneiras, que não envolvam a pessoa tóxica, sua experiência pode ser validada?

Como seguir em frente sem um desfecho

O que nos faz sentir satisfeitos a ponto de não sermos mais levados a buscar respostas? A introspecção, o desenvolvimento de novas lembranças, o tempo que passamos com pessoas saudáveis, e muito mais. Acima de tudo, você pode encontrar paz chegando ao seu próprio senso de resolução. Pode não ser o tipo de desfecho que você queria, mas será o bastante.

Como exemplo, vamos voltar à história de Tammy. Embora Tammy quisesse que seu marido se desculpasse por anos de abuso emocional e verbal, ela sabia que isso nunca aconteceria. Na terapia, ela descobriu que havia etapas que poderia seguir para alcançar suas próprias resoluções e começar a se curar no presente. Então, em vez de esperar que ele dissesse "sinto muito", com a orientação da sua terapeuta, ela escreveu a carta de desculpas que gostaria que seu marido tivesse lhe dado. Tomar providências para alcançar seu próprio sentimento de paz e resolução pelo menos ajudou Tammy a sentir que estava progredindo na reconstrução da sua vida.

Escreva uma carta que nunca enviará

Todos nós temos coisas que gostaríamos de dizer a alguém, mas não podemos por vários motivos – inclusive porque a pessoa morreu ou não é saudável para você entrar em contato com ela. No diário de "cartas não enviadas", você escreve o que gostaria de dizer à pessoa. Ela pode conter absolutamente tudo o que você quiser, já que você não vai enviá-la, de qualquer maneira. Por exemplo, você pode dizer a uma pessoa o quanto gosta dela, o quanto está com raiva dela ou que você quer ou não a perdoar. Você também pode usar o diário de cartas não enviadas como Tammy fez: descrevendo o que ela gostaria que seu marido tivesse dito a ela.

Escrever uma carta para alguém, mesmo que você não a envie, pode ser uma experiência catártica. Quando você escreve uma carta que nunca enviará, isso a ajuda a tirar esses pensamentos (às vezes obsessivos) da sua cabeça. Isso ajuda a liberar algum "espaço mental" que estava cheio de pensamentos sobre a pessoa tóxica, proporcionando pelo menos uma diminuição temporária nos sentimentos de ansiedade, depressão, vergonha, culpa e tristeza. Escrever sobre suas experiências e seus sentimentos também ajuda você a obter uma validação que, de outra maneira, não receberia da pessoa tóxica. Mas, ao escrever, tome cuidado para não se criticar ou julgar o que está escrevendo – tudo o que você escreve está certo e é verdade. Não há julgamento, ninguém está lhe dizendo que o que você experimentou não aconteceu. Tudo o que você escreve é automaticamente aceito como o que aconteceu.

Você pode descobrir que, enquanto escreve, sente como se um peso fosse retirado dos seus ombros. Você pode obter uma sensação de clareza ou um momento de "Eureca" enquanto está escrevendo uma carta que nunca enviará. Algo que estava deixando você intrigada em seu relacionamento tóxico ou em seus pensamentos sobre ele pode de repente fazer sentido. Outras vezes, revisar o que você escreveu faz com que compreenda melhor os seus sentimentos. Por esse motivo, é uma boa ideia mostrar sua carta ao seu terapeuta.

Depois de escrever algumas cartas que nunca enviará, você talvez perceba que precisa fazer isso cada vez menos para se sentir melhor. Quando você estiver mais adiantada em sua jornada, releia o que escreveu e perceba o quanto voce já progrediu na sua cura.

MOMENTO DE REFLEXÃO: ESCREVA UMA CARTA QUE NUNCA ENVIARÁ

Aqui está sua oportunidade de dizer à pessoa tóxica exatamente o que você pensa dela e como ela a fez se sentir. Bote tudo para fora. Mas, antes de iniciar este exercício, encontre uma posição confortável e respire fundo algumas vezes. O que você gostaria de dizer para a pessoa tóxica se ela estivesse bem na sua frente? Ou, num mundo perfeito, o que ela diria a você para lhe proporcionar um sentimento de resolução?

Coloque tudo para fora. Você pode preferir dizer em voz alta para si mesma em vez de escrever, e isso é perfeitamente aceitável. Tente não criticar, censurar ou editar seu texto enquanto estiver escrevendo. Esse processo de escrever livremente é chamado de fluxo de consciência.

Sinta-se confortável com a ambiguidade

Nosso problema em não obter um desfecho é que isso não nos dá a sensação de término que nosso cérebro deseja. Gostamos de dar sentido às coisas. Se encontrarmos uma razão pela qual algo aconteceu, será mais fácil digerir e aceitar. Mas nunca obteremos respostas para algumas das nossas perguntas na vida; nunca saberemos completamente por que as coisas aconteceram do jeito que aconteceram. Poderíamos passar horas meditando, gritando, rezando, pesquisando no Google e ainda assim não teríamos uma resposta. Nunca obteremos uma resposta que nos satisfaça. Depois de romper um relacionamento tóxico, você pode sentir uma sensação de urgência para não sentir o que está sentindo e para entender por que a pessoa era tóxica. Você pode sentir que simplesmente já não tem mais paciência. No entanto, às vezes obtemos respostas, mas não em nosso próprio tempo.

CHECK-IN: VOCÊ ACEITA BEM O DESCONHECIDO?

Quando você não consegue obter o desfecho que deseja ou acha que precisa, isso pode fazer com que se sinta "empacada". Se você está se perguntando por que não consegue seguir em frente, pode ser que esteja tendo dificuldade em aceitar que pode não receber a resposta que deseja. Responda sim ou não às afirmações a seguir, sobre aceitar as incertezas da vida.

1. Preciso ter as respostas para as coisas.
2. Se não entendo alguma coisa, tendo a ficar obcecada com isso.
3. Não ter respostas me deixa ansiosa.
4. Quando não sei por que algo aconteceu, fico com raiva e descontrolada.
5. Não paro de fazer perguntas até obter uma resposta que me convença.
6. Quando recebo uma resposta para algo que está me incomodando, geralmente ela não me parece satisfatória.
7. Meus amigos e familiares me disseram que tenho problemas em deixar as coisas acontecerem.
8. Não consigo me concentrar no trabalho quando alguém não está agindo da maneira que acho que deveria.

9. Apresento razões pelas quais alguém está agindo de determinada maneira, mesmo que eu não saiba por quê.
10. Sempre peço à outra pessoa que me assegure de que não está chateada comigo.

Se você respondeu sim a uma ou mais dessas afirmações, pode ter problemas em aceitar as coisas como são. Você pode estar continuamente procurando maneiras de "corrigir" tudo. Você também pode ter dificuldade em se acalmar quando está ansiosa.

Considere a possibilidade de consultar um profissional de saúde mental, conforme abordaremos no Capítulo 6. O Capítulo 7, sobre maneiras de praticar o autocuidado, pode ajudá-la a adotar estratégias de autoconforto para enfrentar o desconforto.

Concentre-se no que você aprendeu

Em vez de se perguntar: "Por que ele fez isso?" pergunte a si mesma: "O que posso fazer para melhorar minha vida depois dessa experiência." Veja o que você conquistou e aprendeu com essa situação tóxica. Você pode ter se tornado uma pessoa mais empática, desenvolvido mais resiliência para enfrentar os atropelos da vida e pode ter formado uma conexão mais forte com as pessoas saudáveis da sua vida.

Por exemplo, Tammy percebeu por meio da terapia e conversando com os amigos que ela não obteria validação ou um desfecho do seu futuro ex-marido. Ela também percebeu que finalizar o divórcio ainda não a faria se sentir ouvida. Ela decidiu que precisaria obter essa validação e esse desfecho de si mesma. Tammy percebeu que a maneira como seu marido havia se comportado durante o casamento era uma forma de desfecho. Relembrar o abuso verbal e emocional que ela sofreu com o marido foi o sinal de que ir embora era a coisa certa a fazer. Saber que ela havia feito a escolha certa para ela e os filhos a ajudou a se curar.

> **MOMENTO DE REFLEXÃO: O QUE VOCE GANHOU COM ESSA EXPERIÊNCIA?**
>
> *Enquanto você está se recuperando do relacionamento com uma pessoa tóxica, pode ser difícil ver quais mudanças positivas resultaram da sua experiência. Você cresceu com essa experiência, mesmo que se sinta deprimida e ansiosa agora. Escreva o que aconteceu em sua vida desde que se afastou da pessoa tóxica. Você pode ter conseguido se reconectar com familiares e amigos confiáveis; pode ter mudado de cidade e encontrado um emprego melhor. Mesmo que você ache que a mudança é pequena, tome nota dela. Às vezes, as pequenas mudanças são, na verdade, bastante significativas.*

Busque significado e propósito em vez de felicidade

Se você está buscando um desfecho para conseguir se sentir feliz, pode estar perseguindo um objetivo inatingível. Em vez disso, busque o desfecho para obter significado e propósito em sua vida. Quando fazemos da felicidade o objetivo final de qualquer processo, tendemos a ficar decepcionados. No entanto, quando buscamos uma compreensão do mundo ao nosso redor e de nós mesmos, a jornada e o destino parecem valer mais a pena. Ver significado em nossa vida diminui significativamente as chances de termos pensamentos suicidas e sintomas depressivos à medida que envelhecemos[1]. Portanto, quando estiver buscando uma solução para um relacionamento tóxico, concentre-se no bem que isso trará à sua vida, em vez de se concentrar na busca pela felicidade. Foi o que funcionou para Erica, cujas irmãs abusaram dela verbal e emocionalmente durante toda a vida.

Quando Erica bloqueou o contato com as irmãs, ela se sentiu perdida. Ela queria que as irmãs se desculpassem pelo comportamento delas e as confrontou sobre o que haviam feito. No entanto, as irmãs disseram que ela "sempre foi difícil" e que Erica "como sempre, estava inventando coisas para chamar a atenção". Nesse ponto, ela sabia que precisava se distanciar de vez das irmãs para que pudesse ter um pouco de paz na vida. No entanto, quando cortou o contato com elas, isso não lhe trouxe a sensação de alívio que ela esperava. Erica percebeu que precisaria encontrar novas atividades e novos interesses para ajudá-la a recuperar a autoconfiança e se curar.

Erica era professora aposentada do ensino fundamental e sentia muita falta do convívio com as crianças. Ela decidiu que iria dedicar uma hora por semana à contação de histórias, quando iria às salas de aula da escola em que trabalhava para ler em voz alta para os alunos. Erica adorava ver o rostinho das crianças se iluminar quando ela entrava na sala e usava vozes engraçadas ao ler as falas dos personagens do livro. Erica encontrou um novo senso de propósito em sua vida e sabia que, se alegrasse o dia de uma criança, isso seria o suficiente para ela. Lentamente, com o tempo, a maneira horrível como suas irmãs a tratavam foi ficando em segundo plano.

MOMENTO DE REFLEXÃO: O QUE DÁ SENTIDO À SUA VIDA?

O exercício de anotar por escrito os nossos valores fundamentais e o que dá sentido à nossa vida pode nos ajudar a seguir em frente depois de suportar um abuso. Ao pensar sobre seus valores fundamentais, considere quais dos itens a seguir são mais importantes para você. Você pode se identificar com um ou mais valores desta lista, ou algo completamente diferente.

• Conquista	• Companheirismo	• Paciência
• Autonomia	• Harmonia	• Confiabilidade
• Equilíbrio	• Honestidade	• Responsabilidade
• Bravura	• Esperança	• Respeito por si
• Comunidade	• Independência	• Serviço
• Compaixão	• Integridade	• Espiritualidade
• Criatividade	• Justiça	• Transparência
• Equidade	• Bondade	• Confiança
• Fé	• Aprendizado	• Sabedoria
• Família	• Otimismo	

> *Ao contemplar o que dá sentido à sua vida, pense nos momentos em que você realmente se sentiu conectada ao propósito da sua vida. Você pode ter reparado na sensação de estar totalmente absorta, enquanto estava envolvida nessa atividade – o tempo passou voando! O que você estava fazendo quando sentiu esperança em sua vida? O que você estava fazendo quando sentiu paz e contentamento? Não há respostas erradas – escreva o que faz você se sentir bem. Tente concentrar parte da sua energia nessas atividades ou resgate-as se já faz algum tempo que as realizou.*

Aceite o seu forte senso de justiça

Se você tem um forte senso de justiça, pode ser ainda mais desafiador entender como alguém tóxico pode não estar "pagando" pelos seus erros. Você pode sentir que a justiça dos homens a decepcionou. Pode ser um desafio conseguir um desfecho se você sentir que não foi ouvida e que os interesses dos seus filhos não foram considerados. O fato de você ter um forte senso de justiça é uma coisa boa – ajuda você a lutar pelos seus direitos e pelos direitos dos seus filhos.

Se você gostaria de ajudar a melhorar o sistema, para que outros não tenham que passar pelo que você passou, considere a possibilidade de se dedicar à defesa dos direitos humanos ou ao voluntariado. Consulte o Capítulo 10 para obter mais informações. Algumas pessoas voltaram para a universidade e receberam diplomas em Direito ou se tornaram conselheiras depois que passaram nos tribunais de família. Melhorar sua vida e a vida de outras pessoas como resultado de suas experiências pode ajudar você a obter o desfecho de que precisa.

Perdão

Alguns acreditam que, para obter um desfecho, a pessoa precisa perdoar aqueles que a prejudicaram. A sociedade nos ensinou que, para ser digna de perdão, a pessoa que nos ofendeu precisa fazer alguma forma de confissão e mostrar arrependimento, o que supostamente traz um sentimento de resolução e finalidade. No entanto, isso exigiria que a pessoa primeiro admitisse que prejudicou alguém e depois tomasse medidas para reparar seu comportamento. Nenhuma dessas coisas provavelmente acontecerá com a pessoa tóxica. (Sei que eu já disse isso antes, mas vale a pena repetir, porque é muito fácil esquecer!)

Aqui está um pensamento radical: você não precisa perdoar para seguir em frente. Esse não é um requisito para você viver em paz. Algumas pessoas fizeram coisas tão hediondas e cruéis que é quase impossível perdoá-las. Alguns livros de autoajuda são quase obsessivos com relação à necessidade de perdoar. Mas o mais importante é se concentrar em como você se sente e em seu processo de recuperação primeiro, em vez de se concentrar na pessoa que a prejudicou. O mais importante é se sentir bem consigo mesma e com seu lugar na comunidade do que sentir a pressão de ter que perdoar[2]. Assim como ocorre com muitas pessoas que se libertaram de um relacionamento tóxico, você pode estar apenas tentando viver a sua vida neste momento. Ser pressionado a perdoar alguém é desumano. Você deixou o relacionamento tóxico, em parte, para tentar não sentir vergonha e culpa. Você só conseguirá perdoar no seu próprio tempo. Não há cronograma para o processo de perdão. E se você optar por não perdoar neste momento ou em qualquer momento no futuro, tudo bem. Você tem o direito de tomar suas próprias decisões.

Mas, primeiro, vale a pena dar um passo para trás e refletir sobre o que o perdão realmente significa. O perdão não é tolerar ou dizer que o que alguém fez foi certo. Você pode perdoar e ainda responsabilizar essa pessoa por suas ações. Você pode perdoar e ainda saber que o que aquela pessoa fez foi terrível e que você acredita que ela deveria arcar com as consequências. Praticar o perdão, da maneira que achar melhor, pode ajudá-la a se sentir mais conectada à sua humanidade e a alcançar uma compreensão maior dos seus próprios valores, sem contar que você também pode ter menos comportamentos autodestrutivos depois disso[3].

Se você está se culpando por ter iniciado ou permanecido num relacionamento ou numa situação tóxica, pode ser muito difícil encontrar um significado para a sua vida ou aceitar o seu senso de justiça. Deixar de lado a culpa e se perdoar é um passo crucial para a cura que discutiremos no próximo capítulo.

Como lidar com a raiva

É normal sentir raiva após o término de um relacionamento tóxico. Você pode estar com raiva do comportamento do seu ex; pode estar com raiva de familiares e amigos que tentaram reconciliá-la com seu ex; pode estar com raiva de si mesma por ter ficado com essa pessoa por tanto tempo. Pode querer que seu ex-parceiro, amigo ou colega de trabalho sofra ou tenha uma vida ruim. Alguém feriu você e você quer que essa pessoa sofra na mesma medida.

Querer se vingar é uma parte normal das emoções humanas, principalmente quando alguém feriu você profundamente. Você pode esperar que se vingar de uma pessoa tóxica finalmente lhe dará a sensação de que a justiça foi feita. Mas a vontade de se vingar do seu ex geralmente não causa nenhum mal a ele e pode causar a você consequências para a vida toda. Na verdade, pessoas tóxicas podem se alegrar com o fato de você estar pensando nelas mesmo depois de meses do término do relacionamento. Não dê a elas essa satisfação ou esse poder. A vingança é um sentimento temporário com consequências que podem ser permanentes.

Você pode ficar com raiva de Deus ou de outro poder superior e pode sentir culpa por esse sentimento. É perfeitamente normal e aceitável ficar com raiva de Deus. Pode ser útil para você conversar com seu padre, pastor ou um profissional de saúde mental se estiver se sentindo em conflito por estar com raiva do seu poder superior. Alguns conselheiros são especializados em questões espirituais e religiosas.

Sentimentos de raiva após o término de um relacionamento são normais, principalmente quando o relacionamento foi tóxico. Você pode até passar por ataques de raiva. Essa explosão de raiva pode parecer algo muito estranho para você, mas vou repetir: *esses sentimentos são normais*. É o que você faz com esses sentimentos que importa. Se você está passando por uma depressão, às vezes essa depressão é, na verdade, raiva reprimida. A dor é inevitável depois de um relacionamento tóxico, mas o sofrimento não.

CHECK-IN: VOCÊ TEM DIFICULDADE PARA CONTROLAR A RAIVA?

Responda sim ou não às afirmações a seguir:

1. Eu vivo brigando com familiares e amigos.
2. Se sinto raiva, acho difícil controlá-la.
3. Eu costumo atacar os outros com minhas palavras e atitudes.
4. Fico com tanta raiva que tenho sintomas físicos, como dor de cabeça ou dor de estômago.
5. Familiares e amigos me disseram que tenho dificuldade para controlar a raiva.
6. Fico obcecada com pensamentos de vingança ou costumo me vingar.
7. Minha raiva é desproporcional aos acontecimentos.
8. Tive problemas no trabalho ou na escola devido à minha raiva.
9. Sinto que sempre terei esse sentimento de raiva.
10. Eu procuro maneiras doentias de reprimir a minha raiva por exemplo, beber, comer demais ou de menos, me exercitar demais ou outros mecanismos prejudiciais à saúde listados na página 104.)

> Se você respondeu sim a mais de uma dessas afirmações, recomendo que consulte um profissional de saúde mental para falar sobre sua raiva. Altos níveis de raiva afetam não apenas seus relacionamentos, mas também sua saúde física. Por exemplo, sentir raiva desencadeia a liberação de hormônios do estresse, aumentando a frequência cardíaca e a pressão sanguínea. Se a raiva se torna crônica, os níveis elevados desse hormônio aumentam o risco de doenças cardíacas e derrames.[4] Para obter mais informações sobre profissionais de saúde mental, consulte o Capítulo 6.

• • • • •

Se está buscando o desfecho do relacionamento com uma pessoa tóxica, isso significa que você está abrindo a porta para se reconectar com ela. A boa notícia é que você não precisa necessariamente de um desfecho para ter uma vida feliz e gratificante e pode alcançar essa resolução por conta própria.

Não se sinta pressionada a perdoar pelo que fizeram com você – você pode não estar pronta para dar esse perdão. É normal ficar com raiva de uma pessoa ou situação tóxica. Você também pode estar tendo problemas por sentir raiva de si mesma. Se não for resolvida, essa raiva de si mesma pode causar sentimentos de ansiedade e depressão, por isso é importante encontrar maneiras de se perdoar. Eu sei que às vezes é mais fácil dizer do que fazer... Vamos analisar por que no próximo capítulo – e como fazer isso.

4

PERDOE-SE

Como se libertar da raiva e da culpa

DEPOIS DE DEIXAR UM RELACIONAMENTO OU UMA SITUAÇÃO TÓXICA, podemos sentir raiva de nós mesmos. Podemos estar furiosos por não ter colocado um ponto-final na situação antes ou porque não "pensamos melhor" antes de mergulhar de cabeça.

Quando guardamos ressentimento e raiva de nós mesmos, esses sentimentos podem afetar nossos relacionamentos com as outras pessoas e nossa qualidade de vida. Você pode ter um ódio por si tão profundo que pensa em se machucar ou se matar. Você pode ter retomado ou aumentado a automutilação. Embora de vez em quando seja normal sentir por si algum nível de decepção, se seu sono, apetite e bem-estar geral estão começando a ser afetados, é hora de procurar ajuda e fazer uma reflexão. Se você sente raiva por si, pode ser desafiador se envolver em duas partes importantes da cura – primeiro, perceber como você cresceu com essa experiência e, segundo, criar e sentir algum senso de justiça. Só quando trabalhamos para curar a raiva de nós mesmos, conseguimos atingir as partes mais profundas da cura.

Ao ler este capítulo, eu gostaria que voce tivesse algumas coisas em mente. Primeiro, parafraseando o médico e autor Gerald G. Jampolsky, lembre-se de que o perdão é a prática de desistir da esperança de que o passado pudesse ser diferente.

Em segundo lugar, perceba que às vezes pode ser mais difícil nos perdoarmos do que perdoarmos a outra pessoa. Tendemos a ser mais críticos com nós mesmos do com os outros. E isso pode ser especialmente verdadeiro se estivemos num relacionamento tóxico. A pessoa tóxica provavelmente nos culpou pelo comportamento dela e disse que precisávamos mudar. Pode levar algum tempo para percebermos que somos dignos de respeito, amor e autocompaixão.

Praticar a compaixão por nós mesmos ou nos tratar como se fôssemos nosso melhor amigo é um passo para a cura. Você diria continuamente ao seu melhor amigo que ele não é bom o suficiente ou não merece ser feliz? Claro que não. Você seria amoroso e solidário com ele. A pessoa tóxica em sua vida provavelmente não demonstrou nenhuma compaixão por você, mas você talvez tenha agido da mesma forma.

> "Acabei me tratando como a minha mãe me tratava. E isso precisou mudar."
>
> — Alizeh, 25

CHECK-IN: VOCÊ ESTÁ COM DIFICULDADE PARA SE PERDOAR?

O autoperdão pode ser um processo de várias etapas. Você pode estar ciente de que está direcionando raiva para si mesma ou até ficando com raiva de si mesma sem perceber. Vamos verificar. Você concorda com as seguintes afirmações ou discorda delas?

1. Sinto que prejudiquei para sempre meus relacionamentos com familiares e amigos.
2. Estou sentindo muita vergonha e culpa.
3. Sinto que poderia ter feito as coisas de maneira diferente e isso me consome por dentro.
4. Estou sentindo raiva de mim.

5. Sinto que não tenho o direito de ser feliz.
6. Não culpo os outros por estarem com raiva de mim.
7. Sinto que mereço pagar por permanecer naquele relacionamento por tanto tempo.
8. Fico acordada à noite, imaginando o que fiz de errado.
9. Eu me saboto porque não sinto que mereça o melhor.
10. Sempre tenho pensamentos negativos a meu respeito.

Se você respondeu sim a uma ou mais dessas afirmações, pode ter dificuldade em se perdoar. Este capítulo explora algumas crenças comuns que podem ser barreiras à autocompaixão, bem como medidas práticas que você pode tomar para seguir em frente.

Ninguém está imune a situações tóxicas

Parte da sua raiva por si pode se dever ao fato de você não conseguir acreditar que você, uma pessoa adulta, sensata e instruída, se apaixonou por uma pessoa tóxica. Você pode estar se culpando por não ter visto os sinais de que sua empresa era um local de trabalho tóxico quando começou a trabalhar lá ou por ter tolerado maus-tratos da sua família por tanto tempo.

Esteja ciente de que *qualquer* pessoa pode ser vulnerável a uma pessoa ou ambiente tóxico. Não importa o quanto você seja inteligente ou instruída. Não importa se seus relacionamentos anteriores foram saudáveis. Pessoas tóxicas podem influenciar qualquer um com bombas de amor. Pode ser praticamente impossível identificar os sinais de um local de trabalho tóxico durante uma entrevista de emprego, enquanto você está só pensando em tentar impressionar. Relacionamentos ou situações prejudiciais geralmente não começam assim – a toxicidade aumenta com o tempo, como mostra a história de Sarah em seu local de trabalho.

Sarah queria trabalhar numa determinada empresa desde a sua formatura na faculdade. Tratava-se de uma das empresas mais conceituadas do seu campo de trabalho. Sarah fez uma pesquisa antes da entrevista e não descobriu nada que a deixasse em estado de alerta. Parecia que as pessoas que conheciam a empresa a tinham em alta estima. Depois de ir muito bem na entrevista, Sarah recebeu uma oferta razoável de salário e um pacote de benefícios que aceitou com entusiasmo. Mas, em seu primeiro dia, um de seus novos colegas de trabalho, Sam, parou em sua mesa e se inclinou até ficar perto demais do rosto dela. "Eu acho que você tem o direito de saber, Sarah", ele disse a ela. "Seu chefe tem um histórico de assediar mulheres na empresa." Ele a incentivou a dizer a ele se havia alguma maneira de ajudá-la.

Sara ficou confusa. Aquela era uma empresa com uma ótima reputação e até o momento suas interações com seu novo chefe tinham sido nada além de profissionais. Se esse era um problema conhecido, por que ninguém tinha denunciado o comportamento dele ao RH? Toda a interação lhe pareceu muito estranha. No entanto, Sarah não queria ser vista como uma "reclamona", bem no primeiro dia de trabalho. Então, ela mergulhou em seu treinamento e se manteve ocupada, evitando Sam o máximo possível.

Um dia ela chegou ao seu cubículo e viu que todos os objetos da sua mesa estavam fora do lugar, mas apenas alguns centímetros. Semanas depois, Sarah recebeu uma notificação de que alguém havia tentado fazer login em uma de suas contas profissionais. Ela relatou isso ao chefe e uma investigação foi aberta. Como parte do processo, Sarah começou a documentar por escrito o que estava acontecendo com ela no trabalho: sua marmita sempre desaparecia, Sam assumia o crédito pelo trabalho dela e ela era deixada de fora do agendamento de reuniões de equipe, mesmo após avisar a equipe sobre o erro.

Alguns meses depois, enquanto estava no banheiro dos funcionários, uma colega de trabalho a encarou e a chamou de mentirosa. Sarah tinha visto essa colega de trabalho em seu andar, mas não havia tido nenhuma interação com ela até aquele momento. Abalada, Sarah decidiu não contar a ninguém a respeito, pois temia que isso só piorasse a situação. No dia seguinte, o chefe de Sarah a chamou em seu escritório e disse que havia uma queixa de roubo contra ela e que ela seria investigada. Quando ela entrou na sala de descanso, seus colegas de trabalho antes amigáveis viraram as costas para ela. Sam passou por seu cubículo e disse: "Você sabe o que fez", e riu. Ela decidiu que entraria com uma queixa de assédio no RH e contratou um advogado especializado em questões trabalhistas. Ainda assim, Sarah não conseguia parar de pensar nos erros que cometera ao longo do caminho. Ela deveria ter relatado o que aconteceu no banheiro ou procurado o chefe para avisar sobre os comentários de Sam em seu primeiro dia de trabalho. Ela ficou com raiva de si mesma por não ter visto sinais de alerta e até mesmo por ter aceitado o emprego. O desempenho de Sarah no trabalho diminuiu e ela começou a ter ataques de ansiedade e insônia.

Raiva como forma de ansiedade e medo

Quando sentimos raiva de nós mesmos, podemos estar encobrindo outros sentimentos. Às vezes, a raiva está, na verdade, mascarando a ansiedade ou o medo. Esses podem ser sentimentos semelhantes, mas existem diferenças importantes entre eles.

A ansiedade é uma sensação de que algo ruim vai acontecer, mas você não sabe exatamente o quê. Há uma sensação vaga, mas forte, de mau presságio. Às vezes, sentimos ansiedade quando reprimimos outras emoções para evitar senti-las. Quando estamos ansiosos, pode ser muito difícil dizer que outras emoções estão por trás. O medo, ao contrário, é uma emoção em si. Ele é resultado de ver, ouvir ou sentir o perigo ao seu redor – de um acontecimento, pessoa, animal ou coisa.

Para saber a diferença entre a ansiedade e o medo, pergunte-se se o sentimento a motiva a agir. A ansiedade pode nos deixar paralisados, enquanto o medo geralmente nos motiva a nos afastarmos da ameaça. Você está sentindo ansiedade, medo ou ambos?

Conversar com um profissional de saúde mental (PSM) pode ajudá-la a entender suas emoções, principalmente depois de sair de um relacionamento tóxico. A ansiedade também pode ser controlada ou pelo menos reduzida por meio de exercícios, prática da atenção plena, terapia e medicação. Você aprenderá mais sobre como trabalhar com um PSM no Capítulo 6 e sobre atenção plena no Capítulo 7.

MOMENTO DE REFLEXÃO: MARQUE SUAS REAÇÕES FÍSICAS

Se está se recuperando de um relacionamento com uma pessoa tóxica, pode ter sensações físicas, como batimentos cardíacos acelerados, mãos úmidas ou uma sensação de pânico. Sentir-se assim é normal quando você corta relações com alguém que não é saudável para você. Há um período de adaptação ao seu novo normal. Às vezes, quando você está sentindo essas sensações, pode ser difícil dizer se é ansiedade ou medo. Desenhe uma figura-palito em seu diário e marque a parte do corpo com as sensações que você sente. Você pode até numerá-las na ordem em que as sente. Talvez você tenda a ficar com as mãos úmidas primeiro, depois tenha a impressão de que não consegue respirar e, em seguida, o seu coração dispara. Reconhecer essas sensações que estão surgindo é metade da batalha. Quando você souber que está prestes a ter um ataque de ansiedade ou medo, pratique rapidamente uma estratégia de autoconforto, como respirar fundo ou sair para fazer uma caminhada. Revise a figura-palito em uma ou duas semanas para ver se essas sensações mudaram.

MOMENTO DE REFLEXÃO: É RAIVA, ANSIEDADE OU MEDO?

Quando você está com raiva, essa é uma reação à ansiedade ou ao medo? Você pode estar com raiva da pessoa tóxica pela forma como ela tratou você. Essa raiva também pode ser resultado da ansiedade que você sente ao pensar em continuar sua vida sem essa pessoa. Você pode ter medo de não conseguir se recuperar emocionalmente ou de perder o controle. Escreva o que você está pensando e sentindo quando está com raiva. Em seguida, mergulhe mais fundo e escreva qual ansiedade e medo podem estar conectados à sua raiva.

O domínio generalizado da culpa e da vergonha

Culpa e vergonha são duas das emoções mais poderosas que podemos ter. Elas podem nos dilacerar e nos deixar vazios. Elas não adicionam muitos aspectos positivos à nossa vida. A culpa acontece quando você percebe que violou seus padrões morais e fez algo que não devia. A vergonha é uma emoção que acontece quando você se avalia negativamente. Faz você querer esconder ou negar coisas que fez ou que aconteceram com você. Sentimentos de culpa e vergonha estão correlacionados aos sintomas da depressão, enquanto a vergonha está fortemente associada à ansiedade.[1]

Pode ser difícil eliminar a culpa e a vergonha, principalmente se uma pessoa tóxica usou esses sentimentos para manipular você. Você pode ter ouvido algo assim de uma pessoa tóxica:

- "Se você agisse como uma pessoa normal, não teríamos problemas."
- "Você é uma vergonha para mim e para toda a família."
- "O que há de errado com você?"
- "Como você se atreve a ficar chateada comigo depois de tudo que fez?"
- "Volte a me procurar quando voce for uma pessoa perfeita e então poderemos conversar sobre o meu comportamento."
- "Você não tem o direito de ficar chateada comigo."

Todas essas são táticas para evitar que você mencione os comportamentos inadequados dela. Você diz a uma pessoa tóxica que o comportamento dela incomoda você e ela responde: "Você está sempre reclamando! Mas e eu? Nunca pensa em quanto eu sofri? Você não sabe o que passei." A conversa então muda de figura, para que você pareça a vilã da história. Uma pessoa tóxica pode ter lhe dito que, se você não tivesse feito ou dito alguma coisa, ela não teria reagido daquela maneira. Você não obrigou ninguém a fazer nada – você só tem controle sobre suas próprias ações e percepções. A pessoa tóxica é totalmente responsável pelo comportamento dela. O propósito de culpar e envergonhar num relacionamento tóxico é "manter você na linha" e exercer controle sobre o seu comportamento.

Se você começar a sentir que merece receber punições ou maus-tratos, a pessoa tóxica vai se aproveitar disso e aumentar a culpa e a vergonha que você está sentindo. Você pode se pegar usando as palavras "deveria" ou "poderia" quando estiver sentindo culpa ou vergonha. Por exemplo:

- "Eu deveria ter pensado melhor."
- "Eu deveria ter ligado para os meus pais."
- "Eu poderia ter me esforçado mais."
- "Eu poderia agir melhor se realmente tentasse."
- "Eu deveria ir embora, mas não sei como."
- "Eu poderia tê-la ajudado, mas não sabia que ela precisava."

Todas essas declarações são coisas que ouvi dos meus clientes durante ou após uma situação tóxica. Se você está pensando "eu deveria saber", por favor, perdoe-se por não ter percebido os sinais antes. Lembre-se, as pessoas que praticam o *gaslighting* ou têm comportamento narcisista são muito, muito boas em encobrir seus comportamentos destrutivos e tendem a ser ótimas atrizes, principalmente durante a fase de idealização do relacionamento. Elas também são muito boas em culpar os outros pelo próprio comportamento.

Se você está pensando: "Eu poderia ter ido embora antes" ou "Eu nunca deveria ter voltado", incentivo você a reler o Capítulo 1 e lembrar que existem razões para que pessoas boas, inteligentes e sensatas acabem em relacionamentos tóxicos. A pessoa tóxica pode ter usado chantagem emocional ou ameaças para manter você no relacionamento. Pode ser que o ciclo de escalada, abuso, remorso e reconstrução tenha resultado num vínculo traumático, o que torna mais difícil cortar o contato com uma pessoa abusiva ou deixá-la. Você também provavelmente vivenciou dissonância cognitiva durante o relacionamento tóxico. A dissonância cognitiva pode deixar a pessoa confusa e dificultar a tomada de decisões, minando sua energia emocional ou mental para sair da situação. Pode ser útil examinar como a culpa e a vergonha contribuem para a forma como você está se sentindo, por exemplo, com o momento de reflexão "Livre-se da culpa e da vergonha" na página 100 e com a ajuda do seu PSM de confiança (mais sobre isso no Capítulo 6).

> "Senti muita culpa por deixar meus irmãos mais novos em casa com minha mãe quando fui para a faculdade. Meu terapeuta me disse que eu tinha o direito de começar a viver a minha vida."
>
> — Bonnie, 64

> "Passei anos me culpando por não ter ido embora antes. Percebo agora que estava sendo manipulada para pensar que nunca poderia sobreviver sozinha."
>
> — Ingrid, 40

O ponto principal é que é difícil sair de uma situação tóxica e por motivos fora do seu controle. O importante é que você partiu e essa foi uma atitude muito corajosa.

Pare de praticar *gaslighting* consigo mesma

Você pode ter pensado: "Mas eu também fui abusiva" em relação a um parceiro ou membro da sua família. Lembre-se de que existe algo chamado *abuso reativo* (consulte a página 37). É quando você se vê sem alternativa ou é ridicularizada implacavelmente e luta como uma forma de sobrevivência. Isso não significa que *você* seja uma pessoa abusiva.

Acreditar que você também era abusiva é como praticar *gaslighting* consigo mesma. Isso pode evitar que você observe o padrão de abuso da outra pessoa, mas também é uma forma de negação. Pode ser útil conversar com um profissional de saúde mental sobre o que você experimentou e seus sentimentos conflitantes sobre seu comportamento no relacionamento. Você é uma pessoa digna do seu próprio perdão.

> "Eu comecei a gritar com ela também. Eu nem sou uma pessoa de gritar. Ela me transformou em alguém que eu não reconhecia. Depois ela começou a me dizer que eu era irracional e descontrolado."
>
> — Aydin, 35

MOMENTO DE REFLEXÃO: LIVRE-SE DA CULPA E DA VERGONHA

Em seu diário, anote o diálogo interior relacionado ao sentimento de culpa e de vergonha. Identifique de onde vem esse diálogo interior. É algo que você ouviu dos seus pais, de um professor, de um chefe ou de um parceiro? Em seguida, escreva uma frase que reverta essa culpa e vergonha. Por exemplo, "Você não consegue fazer nada direito" pode ser alterado para "Estou sempre fazendo o melhor que posso, e isso é o suficiente" ou "Tive sucesso em muitas áreas da minha vida". Sempre que você se pegar com um diálogo interior negativo sobre culpa e vergonha, volte para o seu diário e reescreva essa narrativa. Depois de um tempo, você se verá transformando automaticamente o diálogo interior negativo em positivo.

Ter que deixar animais de estimação

Seu ex-parceiro pode ter um animal de estimação ao qual você se apegou, ou você e seu parceiro podem ter adotado um animal de estimação juntos. Portanto, você pode ter sido obrigada a enfrentar uma dose extra de tristeza ao deixar o relacionamento. Muitas vezes os animais podem distinguir entre uma pessoa tóxica e uma saudável – e você pode ter se tornado a pessoa favorita desse animal de estimação. Embora geralmente seja melhor para o animal que ele vá morar com a pessoa mais saudável, isso nem sempre é possível. Você pode ter se mudado para um lugar onde animais de estimação não são permitidos. Seu ex pode ter prometido que você poderia ver seu animal de estimação regularmente, mas não cumprido a promessa. Ou você pode ter decidido que seria melhor para a sua saúde mental não ter contato com seu ex novamente para ver o bichinho.

Deixar seu animal de estimação pode ser uma das experiências mais estressantes relacionadas ao término de um relacionamento tóxico. Você pode estar com raiva de si mesma por "abandonar" seu animal de estimação. Às vezes, a vida nos obriga a fazer escolhas difíceis. É hora de se perdoar. Você está fazendo o melhor que pode e seu animal de estimação se lembrará dos bons momentos que vocês passaram juntos.

> "Deixar Lulu com meu ex foi uma das coisas mais difíceis que já fiz. Ela era a cadela dele, mas ficamos muito apegadas uma à outra. Eu queria vê-la novamente, mas sabia que isso significaria ter um contato com ele que aos poucos me levaria para o fundo do poço."
>
> — Jane, 28

Cultive um lócus de controle interno

Lauren decidiu que era hora de sair da casa dos pais. Anos de abuso emocional e verbal tinham lhe deixado marcas: seus pais sempre a culpavam por qualquer coisa que desse errado em sua vida familiar, e ela sentia que não conseguia fazer nada certo. Lauren foi morar com o parceiro de alguns anos. Embora eles tivessem um relacionamento saudável na maior parte do tempo, ela não se sentia à vontade para levantar nenhuma questão polêmica porque queria evitar o confronto tanto quanto possível. Ela já havia gritado e brigado o suficiente em casa, por isso não queria provocá-lo, embora ele nunca tivesse demonstrado nenhum problema com a raiva. Ela também temia que, se expusesse algum problema, seu parceiro a largasse e ela tivesse que voltar para a casa dos pais. Se o parceiro ou os amigos faziam algo que a aborrecia ou alguém dizia algo crítico em relação a ela, isso mudava totalmente seu humor. Um dia, o parceiro sugeriu, gentilmente, que uma sessão de terapia talvez fizesse bem a ela.

Quando Lauren se consultou com o terapeuta, ele perguntou a ela qual era seu humor numa escala de 1 a 10, sendo 1 um humor muito ruim e 10 um humor muito bom. "Estou com 7 agora", respondeu Lauren, "mas posso ir de 2 a 9, dependendo do que acontecer hoje".

"O que muda seu humor?", o terapeuta de Lauren perguntou. Quando Lauren descreveu os acontecimentos que normalmente a deixariam deprimida, ele perguntou se o humor dela tendia a depender do que acontecia ao seu redor.

"Claro, como poderia ser diferente?", Lauren respondeu. Então, o terapeuta apresentou a ela o conceito de *ter um lócus de controle externo.*

Quando você tem um lócus de controle externo, as coisas que acontecem com você e seu humor mudam de acordo com a situação. Se está de mau humor, você tem dificuldade para se livrar dele. Em contraste, quando você tem um *lócus de controle interno,* você se sente firme e estável. As coisas acontecem com você e podem afetar um pouco o seu humor, mas você pode deixá-las ricochetear em você. Você sente que pode lidar com a maioria das coisas porque se volta para dentro quando precisa de força e resiliência.

Lauren e seu terapeuta falaram sobre as experiências dela com os pais e como eles mudaram a maneira como ela interagia com seu parceiro e amigos. O humor de Lauren tendia a ser muito dependente do comportamento das outras pessoas. Ao longo de várias semanas, o terapeuta de Lauren a ajudou a mudar para um lócus de controle interno, que fazia Lauren se sentir muito calma e consciente de que o comportamento das outras pessoas em relação a ela não era pessoal – em outras palavras, ela podia perdoar a si mesma e não se sentir responsável por todos ao seu redor. Lauren conseguiu realmente ouvir o que o parceiro e os amigos estavam dizendo, sem ficar na defensiva ou de mau humor. Lauren começou a falar abertamente sobre o que precisava do seu relacionamento e das suas amizades sem temer o abandono ou discussões, e isso mudou sua vida para melhor.

Quando você não se perdoa, tende a deixar que forças externas moldem como você se sente e se comporta. Quando você perdoa a si mesma, tem mais condições de ter um lócus de controle interno. Se amar significa ter mais autoconfiança e saber que tudo ficará bem.

Claro, ter autoconfiança e se tratar bem não são coisas tão fáceis assim. Mas, por meio das práticas de autocompaixão a seguir, você pode avançar em direção a esse objetivo.

Práticas de autocompaixão

Deixar de lado o que está prendendo você pode ser um processo muito libertador. Você merece ser feliz e viver livre da culpa e da vergonha. Essas práticas de autocompaixão são essenciais quando você está se esforçando para se perdoar e deixar de lado as emoções que não lhe servem mais.

Afirmações

Embora as afirmações possam parecer bobas ou falsas, muitas vezes, se repetimos algo para nós mesmos com uma certa constância, isso se torna verdade. Isso funciona tanto quando você fala consigo mesmo de forma negativa quanto fala de forma positiva. Você pode ter "gravações" negativas em seu diálogo interior. Por exemplo, você pode ouvir a voz de seu ex-parceiro ou de alguém da sua família dizendo que você não é boa o suficiente ou coisa pior. Tente usar uma afirmação para neutralizar o diálogo interior negativo. Você pode criar suas próprias afirmações ou usar uma das afirmações fornecidas aqui.

"Sou uma pessoa calma, serena e controlada."

"Estou saudável e bem."

"O dia de hoje está cheio de milagres."

Uma dica ao criar afirmações: faça apenas afirmações positivas. Elimine o "não", o "não posso" ou palavras semelhantes. Suas afirmações devem fazer você sentir esperança e contentamento. Coloque sua afirmação como a tela de bloqueio do seu celular e poste-a em lugares que você veja com frequência em sua casa, como na porta da geladeira ou no espelho do banheiro. Você pode até ter notificações *pop-up* agendadas no celular com sua afirmação. Observe que você parece ter uma perspectiva mais positiva durante o dia quando está usando afirmações. Lembre-se, você nem precisa acreditar na afirmação para que ela funcione.

Recorra a estratégias de enfrentamento positivas

Depois de deixar sua situação tóxica, você pode descobrir que adquiriu alguns maus hábitos. Parte disso pode ser o resultado de finalmente poder fazer o que quiser sem que ninguém ridicularize ou manipule você. No entanto, você pode estar se envolvendo em comportamentos de alto risco para sentir algo diferente de raiva ou tristeza – o que os terapeutas chamam de *enfrentamento desadaptativo*. Pergunte a si mesma se você percebe que está fazendo alguma das coisas a seguir para lidar com a situação:

- Aumento do uso de álcool ou drogas.
- Envolver-se em comportamentos sexuais de alto risco, como fazer sexo desprotegido com vários parceiros.
- Usar indevidamente medicamentos prescritos.

- Evitar passar tempo com amigos e familiares saudáveis.
- Comer demais ou de menos.
- Exercitar-se demais.
- Automutilar-se.
- Assumir mais riscos.
- Aumentar significativamente o tempo que passa na internet ou nas redes sociais.

Você pode não estar totalmente ciente de como esses mecanismos de enfrentamento prejudiciais estão afetando você. Mas, com o tempo, você pode descobrir que eles aumentam seus níveis de estresse, provocam desgaste e são prejudiciais à sua saúde e ao seu bem-estar mental. Essas estratégias de enfrentamento prejudiciais não ajudam na sua cura – na verdade, fazem exatamente o oposto, tornando-se uma forma de autossabotagem. Se você está desenvolvendo esses comportamentos, pode ser devido a problemas profundos de autoestima.

As estratégias de enfrentamento positivas, por outro lado, mantêm você no presente e podem ajudá-la a encontrar soluções para seus sentimentos de raiva, tristeza e baixa autoestima. Nem todas as estratégias funcionarão para todas as pessoas; escolha uma ou algumas que lhe agradem e continue tentando novas até encontrar algo que a ajude. Aqui estão algumas ideias:

> "Descobri que, embora evitasse ao máximo me tornar uma alcoólatra como meu pai, comecei a não conseguir controlar o quanto bebia. Percebi que estava usando a bebida para encobrir sentimentos de raiva de mim mesma. Com a ajuda de um terapeuta e de um programa de recuperação, estou sóbria há dois anos. Agora, quando fico frustrada, escrevo num diário ou converso com meu marido ou uma amiga."
>
> — Caterina, 32

- Marcar um encontro com um amigo.
- Tomar um banho de banheira relaxante ou uma ducha.
- Fazer algo criativo, como desenhar, escrever ou tocar um instrumento musical.

- Brincar com seus filhos.
- Passar algum tempo brincando com seus animais de estimação.
- Ficar ao ar livre e passar algum tempo em meio à natureza.
- Qualquer uma das práticas de autocuidado descritas no Capítulo 7 – por exemplo, dormir bem, praticar meditação, manter um diário, fazer exercícios moderados e/ou limitar o uso das redes sociais.

Se você está com alguma dificuldade nesse sentido, conversar com um profissional de saúde mental pode ajudá-la a resolver seus sentimentos, a diminuir o enfrentamento desadaptativo e a aumentar as formas saudáveis de cuidar de si mesma. (Para obter mais informações sobre profissionais de saúde mental, consulte o Capítulo 6.)

Reformule os pensamentos negativos e deixe de lado os "deverias"

Você pode estar dizendo a si mesma que "deveria ter ido embora antes", "não deveria ter aceitado aquele emprego" ou "deveria ter previsto o que aconteceria". Quando você usa a palavra "deveria", isso coloca muita pressão sobre você. Não podemos mudar o passado; portanto, achar que você "deveria" ter feito algo coloca você numa situação sem saída. A mesma ideia se aplica ao usar "eu poderia". Esse modo de pensar não impulsiona você para a frente; ele pode lhe prender a uma rotina. Como você leu anteriormente neste capítulo, o uso do "eu deveria" ou "eu poderia" pode estar relacionado a sentimentos de culpa e vergonha.

Quando você se pegar dizendo "eu deveria" ou "eu poderia", reformule a frase de modo que ela seja positiva. Por exemplo, "Eu deveria ter ido embora antes" pode ser alterado para "Fui embora quando foi possível, e tudo bem". Reenquadrar pensamentos negativos pode ajudar a dar esperança para o futuro e apenas fazer você se sentir melhor. Quanto mais você praticar o cancelamento de pensamentos negativos e reenquadrá-los como positivos, mais fácil ficará. Você pode até perceber que seus pensamentos negativos em geral diminuíram drasticamente com o tempo. Aqui estão alguns exemplos de pensamentos negativos e como você pode reformulá-los:

> "Eu costumava dizer a mim mesmo que deveria ter ido embora antes e que deveria ter visto os sinais de que meu chefe era tóxico. Percebi depois que ele era capaz de agir 'normalmente' no começo, e não havia como saber como ele realmente era."
>
> —Eduardo, 45

PENSAMENTO	REENQUADRADO
"Não sei como vou superar isso."	"Estou passando por um momento desafiador agora, mas tudo vai melhorar. Eu tenho maneiras de pedir ajuda."
"Não acredito que fui tão idiota a ponto de não ver que ela era narcisista."	"Pode ser difícil reconher um narcisista, mas eu tive a coragem de me afastar."
"Não sei se posso confiar em alguém de novo."	"A princípio pode ser difícil para mim confiar nos outros, mas um dia eu consigo."
"Eu faria qualquer coisa para tê-lo de volta na minha vida."	"Ainda bem que não estou mais com ele, estou dormindo melhor e me sinto a cada dia mais saudável."
"Devo ter feito alguma coisa para meu chefe me assediar."	"O assédio é culpa apenas do assediador. Não fiz nada que justificasse esse comportamento."
"Não tenho ninguém a quem recorrer."	"Tenho mais apoio agora do que posso imaginar."

Compartilhe suas experiências

> "Encontrei um grupo de 12 passos para pessoas que cresceram em lares disfuncionais. Vou a uma reunião toda semana. É muito bom saber que outras pessoas passaram pelas mesmas coisas que eu e que não me julgam."
>
> — Katya, 30

Muitas pessoas não falam sobre suas experiências com pessoas tóxicas por culpa e vergonha, mas essas pessoas não estão sozinhas. Ultimamente, está se falando cada vez mais abertamente sobre ter sobrevivido a abuso e assédio, em parte devido ao movimento #MeToo. Às vezes, quando falamos sobre erros que foram cometidos contra nós, isso nos dá uma sensação de liberdade. É como tirar dos ombros a culpa e a vergonha. Quando a culpa e a vergonha vão embora, muitas vezes, a raiva vai embora junto com elas.

Fale sobre suas experiências da maneira que a faça se sentir mais segura. Isso pode ser feito em terapia, num grupo de apoio, pessoalmente com amigos e familiares de confiança ou na internet, como num blog.

Uma ressalva aqui: verifique com um advogado até que ponto você pode revelar sua experiência com uma pessoa ou situação tóxica. Por exemplo, divulgar o nome da pessoa e rotulá-la como uma pessoa tóxica pode causar problemas com a lei, ao passo que você pode discutir o que viveu, desde que não forneça detalhes que revelem a identidade dela.

Outra maneira de se manifestar é defendendo outras pessoas que sobreviveram a pessoas e experiências tóxicas. Por exemplo, você pode defender mudanças nas leis relativas à proteção de vítimas de violência doméstica. Você também pode educar os jovens, ajudando-os a identificar pessoas saudáveis e não saudáveis. Para obter mais informações sobre como defender outras pessoas, consulte o Capítulo 10.

Pare de se questionar

Quando você sai de uma situação prejudicial, pode ficar se questionando. Você pode se perguntar se o abuso foi realmente tão ruim quanto você se lembrava. Pode dizer a si mesma que talvez tenha exagerado ao julgar o comportamento da pessoa prejudicial.

Quando você está se aventurando por conta própria e reconstruindo sua vida após o abuso, é normal sentir que cometeu um erro. Geralmente é o seu medo falando – o relacionamento ou a situação abusiva foi prejudicial para você, mas começar a caminhar com as próprias pernas também é um processo cheio de incertezas. Você pode ficar com raiva de si mesma por ter pensado em voltar a uma situação que não era saudável só porque ao menos ela era previsível. Você não teria deixado o relacionamento ou o ambiente se ele fosse saudável. Você tomou a decisão certa ao ir embora. Se uma pessoa tóxica deixou você, considere que ela lhe fez um favor. A situação em que você estava ficaria mais perigosa com o tempo. Reconheça sua necessidade de certeza e estabilidade. Esse dia está chegando. Haverá um ponto em que você sentirá menos desconforto e mais uma sensação de estar mais estável e centrada.

MOMENTO DE REFLEXÃO: O QUE FOI BOM PARA VOCÊ?

Quando você questiona se deveria ter se afastado de uma pessoa tóxica, pode esquecer as coisas boas que aconteceram com você desde que interrompeu o contato com ela. Reserve um momento para anotar as oportunidades que teve, as pessoas que conheceu e quaisquer melhorias em sua saúde e perspectiva geral de vida desde o último contato com a pessoa tóxica. Uma enxurrada de coisas positivas provavelmente aconteceu depois que você tirou a pessoa ou situação tóxica da sua vida. Pode ser difícil ver as coisas boas quando você está se sentindo ansiosa ou deprimida. No entanto, você provavelmente tem mais tempo agora para buscar interesses e se concentrar no que lhe traz felicidade. Continue anotando as boas surpresas da sua vida à medida que elas acontecem. Quando você sentir que cometeu um erro ao se distanciar da pessoa tóxica, volte e revise essa lista de coisas boas que aconteceram com você desde então.

• • • • •

Depois que seu relacionamento tóxico termina, é normal que você tenha sentimentos de raiva e ressentimento em relação aos outros e a si mesma. Você também pode sentir culpa ou vergonha. *Todos esses são sentimentos normais* e ninguém está imune a situações tóxicas. Quando você deixar de se sentir responsável pela sua experiência, será capaz de cultivar um lócus interno de controle, que lhe dará uma resiliência que se estenderá a todos os seus relacionamentos e a ajudará a enfrentar os altos e baixos da vida. Outro passo fundamental para aumentar sua resiliência é estabelecer e manter limites saudáveis. É sobre isso que vamos discutir agora.

5

ESTABELEÇA LIMITES

Como proteger seus interesses e se
colocar em primeiro lugar

FAZENDO UMA RESTROSPECTIVA DA SUA INFÂNCIA, RHYS SE DESCREVE como uma criança quieta, que não queria causar problemas. Na maior parte do tempo, estavam apenas Rhys e o pai, e uma variedade de pessoas que entravam e saíam da casa. Embora tenha dificuldade em lembrar partes da sua infância devido ao trauma que sofreu, ele se lembra claramente do caos em torno do vício em opiáceos do seu pai. Às vezes, o pai deixava seus "amigos" abusarem de Rhys, física e sexualmente, em troca de drogas. O pai dizia a ele que, se ele contasse algo sobre sua família na escola, ele seria levado para longe de casa, e passava a descrever as coisas terríveis que aconteceriam a Rhys se os assistentes sociais o levassem. Às vezes, Rhys esperava que seus professores percebessem que ele precisava de ajuda, porque assim talvez o pai não o culpasse quando descobrissem. Outras vezes, ele se lembrava de que o pai nem sempre estava chapado – havia momentos em que ele agia como os outros pais. Mas ele, na verdade, não sabia como os outros pais agiam, porque ele não socializava muito com as outras crianças.

Anos depois, Rhys sentiu que devia sua sobrevivência à sua parceira, Odette, que lhe deu um lugar para morar quando ele deixou a casa do pai e cortou o contato. No entanto, quando Rhys saía, Odette queria saber para onde ele estava indo e quando voltaria, mandava mensagens e ligava para ele repetidamente. Quando Rhys tentou falar com Odette sobre seu comportamento, ela atacou: "Eu salvei você de um lar abusivo, Rhys, só estou tentando cuidar de você. Não acha que está sendo ingrato."

Rhys acabou fazendo amizade com um colega de trabalho, Ben. Conforme Rhys e Ben foram se conhecendo, descobriram que eles tiveram infâncias e experiências semelhantes. Tinha custado muito para Ben se curar do seu trauma. Um dia, enquanto caminhavam juntos na hora do almoço, Ben gentilmente mencionou Odette. "Você já tentou falar com ela sobre isso algumas vezes", disse ele. "Mas simplesmente não é possível ter um relacionamento saudável com alguém que não assume a responsabilidade pelo comportamento que tem."

"Eu nem sei como é um relacionamento saudável", admitiu Rhys. "Quero dizer, sei que o jeito que ela está agindo não está correto. Mas às vezes sinto que estou exagerando, principalmente quando penso em como as coisas eram com meu pai. Pelo menos Odette se importa em saber onde estou e o que estou fazendo."

"Eu realmente acho que você precisa fazer uma terapia", disse Ben. "Processar o que você passou quando criança e aprender a estabelecer limites." Rhys tinha ouvido o termo "limites", mas não tinha certeza do que significava. Ben disse que impor limites o ajudara a ter relacionamentos mais saudáveis com as pessoas e mostrar como ele esperava ser tratado. "É difícil no começo, cara", disse ele, "mas quanto mais eu me acostumava a impor meus limites, mais pessoas saudáveis eu tinha na minha vida".

O que são limites?

Limites são diretrizes que você define para em si mesmo e para os seus relacionamentos. Eles são uma forma de garantir que você vai proteger seu próprio bem-estar e não colocar as necessidades dos outros à frente das suas. Existem diferentes tipos de limites:

1. Os limites emocionais consistem em respeitar seus sentimentos e sua energia, saber quando é o momento certo para compartilhá-la (e quanto compartilhar) e reconhecer com quanta energia emocional você pode lidar.

2. Os limites físicos consistem em preservar seu espaço pessoal, seu nível de conforto ao ser tocado e garantir que as necessidades do seu corpo (por exemplo, comida, água e sono) sejam atendidas. Eles também incluem exercícios dentro de uma faixa saudável para o seu corpo.

3. Os limites sexuais consistem em praticar atividades sexuais apenas com o consentimento seu e de seus parceiros, comunicando a seus parceiros as atividades sexuais nas quais você está ou não interessada e tendo o direito de mudar de ideia ou dizer "não" a qualquer atividade em que você se sente desconfortável ou insegura.

4. Os limites de tempo consistem em conhecer suas prioridades e reservar tempo para elas, sem se comprometer demais, e dizer "não" a pedidos que não são um uso sábio do seu tempo.

5. Os limites mentais consistem em respeitar pensamentos e ideias – os seus e os dos outros. Quando você estabelece esses limites, isso significa que está disposto a discutir questões com respeito e esperar o mesmo da pessoa com quem você

está dialogando. Eles também incluem seu direito de buscar informações e se instruir em áreas do seu interesse e preocupação.

Você pode ter descoberto em relacionamentos tóxicos que não tinha certeza de quais eram seus direitos ou que a outra pessoa parecia desafiar seus limites constantemente.

Neste capítulo, você aprenderá sobre limites saudáveis, seus direitos como pessoa, como o estilo de apego influencia nossos limites e maneiras de manter limites em situações específicas, como a coparentalidade. Limites saudáveis incluem:

- Dizer "não" para coisas que não se encaixam na sua vida ou que a deixam desconfortável ou insegura.
- Dizer "sim" para ofertas de apoio ou ajuda.
- Dizer aos outros quando você precisa de um tempo sozinha – e passar de fato um tempo sozinha.
- Ter interesses fora do seu relacionamento.
- Expressar-se abertamente.
- Permitir que outras pessoas conheçam seus limites.
- Permitir que os outros saibam, de modo direto e assertivo, quando um limite foi ultrapassado.
- Divertir-se sem culpa ou vergonha.
- Declarar o que você quer e precisa.
- Ser capaz de identificar comportamentos não saudáveis nos outros.
- Ser vulnerável num relacionamento em etapas ou estágios.
- Aceitar transições e mudanças.
- Estar ciente do que você tem controle e do que não tem controle.

Você também aprenderá quanto tempo e energia você recupera em sua vida quando seu espaço mental não é ocupado por uma pessoa tóxica.

"É incrível como minha vida é muito mais fácil agora que não estou num relacionamento com um idiota."

— Caroline, 54

Os limites podem mudar com o tempo e alguns podem ser mais flexíveis do que outros. Por exemplo, expressar seus limites para os outros pode ser mais importante para você, enquanto "ter interesses fora do seu relacionamento" pode não ser tão importante se você e a outra pessoa compartilham muitas paixões e *hobbies*. Ao ler este capítulo, pense sobre quais limites são mais importantes para você agora. Se alguém violou seus limites, cabe a você traçar claramente essa linha ou decidir se essa pessoa tem um lugar em sua vida. Se não houver uma maneira de se distanciar dessa pessoa (como um dos pais), talvez seja hora de limitar o contato com essa pessoa o máximo possível.

MOMENTO DE REFLEXÃO: ANOTE SEUS LIMITES POR ESCRITO

A pessoa tóxica em sua vida tentou desrespeitar ou ignorar seus limites, por isso você pode ter a crença equivocada de que não tem nenhum limite. Você provavelmente tem mais limites estabelecidos do que pensa. Para identificá-los, reflita: Quais são as regras que norteiam sua vida? Quais são as coisas ou pessoas em sua vida que você lutaria para proteger? O que você diria a alguém são os valores pelos quais você vive?

Alguns exemplos de limites são:

- Vou ser tratada com respeito.
- Vão falar de mim num tom respeitoso.
- Não empresto dinheiro a amigos, familiares ou parceiros.

Se você está com dificuldade para estabelecer seus limites, tudo bem. Pense em alguém que você admira, vivo ou morto. Quais são ou foram as regras pelas quais essa pessoa conduz ou conduzia sua vida? Considere adotar essas regras como seus limites.

> *Anote seus limites por escrito e revise-os regularmente. Ter um lembrete por escrito dos seus limites é especialmente útil quando você conhece alguém em quem está interessada, sente que algo não está certo em sua vida ou precisa tomar grandes decisões. Esses são momentos em que você pode ficar tentada a deixar seus limites de lado – e o registro por escrito a ajudará a se responsabilizar por si mesma.*

MOMENTO DE REFLEXÃO: COMO ENCARAR UMA VIOLAÇÃO DE LIMITE

Pense em quando você disse a uma pessoa, verbalmente ou não, que a forma como ela estava tratando você não lhe agradava. Ela respeitou seu limite? Ou ficou surpresa ou até mesmo ofendida? Impor seus limites pode deixá-la desconfortável. Você pode ter sido "punida" por alguém porque impôs seus limites.

A ideia de impor limites pode causar ansiedade ou um sentimento de perplexidade. Lembre-se de que você tem o direito de impor ou reafirmar um limite a qualquer momento e por qualquer motivo. Essa reflexão é sobre como você se sentiu ao estabelecer um limite, a reação que a outra pessoa teve e como isso influenciou sua capacidade de impor limites hoje. Escreva com o máximo de detalhes possível o que aconteceu quando você estabeleceu um limite. Agora escreva o que você gostaria que tivesse acontecido. Você está escrevendo um novo final para a história e retomando o controle da narrativa.

Como impor limites

Uma pessoa tóxica pode dizer que seus limites são tolos ou ridículos ou que você é muito sensível. Suas experiências no relacionamento podem tê-la convencido de que estabelecer limites é um sinal de fraqueza ou que você não sabia impor limites.

A verdade é que você tem o poder de impor limites. Só que lhe disseram que você não tinha o direito de fazer isso. A vantagem aqui é que você provavelmente já tem muita experiência em impor limites, mesmo que seja difícil na situação tóxica. Pense bem. Inclusive desde a infância, você já fez algo assim?

- Disse "não" a alguém.

- Disse "não" a alguém e não sentiu a necessidade de dar uma explicação.
- Defendeu alguém que estava sendo intimidado ou assediado.
- Disse a alguém o que você precisava.
- Escreveu um e-mail ou ligou para uma empresa, reclamando de que foi mal atendida.
- Devolveu um item a uma loja.
- Convidou pessoas para um evento social.
- Impôs limites ao seu filho.
- Parou de verificar mensagens, e-mails e correio de voz depois de um certo tempo.
- Recuou quando alguém tentou tocar o seu cabelo, tatuagem, cicatriz ou barriga de grávida sem pedir.
- Disse "não" a qualquer chamada de vendas, desligou ou se recusou a atender.
- Disse a um médico sobre sua reação ao tratamento ou que seus sintomas não estavam desaparecendo.
- Notou alguém executando uma tarefa do modo incorreto e chamou a atenção da pessoa ou mostrou como fazer corretamente.
- Ensinou crianças.
- Supervisionou alguém.
- Revisou o trabalho de alguém.
- Devolveu comida a um restaurante porque estava com gosto ruim ou mal cozida ou o pedido estava errado.
- Tomou decisões sobre a saúde do seu filho, dos seus pais ou do seu animal de estimação.

Esses são todos exemplos de definição e manutenção de um limite. Você já fez isso antes e eu sei que pode fazer de novo.

Seus direitos como pessoa

Além dos seus limites, você também tem direitos como ser humano. Você tem o direito de:

- Se sentir segura.
- Dizer não a qualquer momento.
- Mudar de ideia a qualquer momento.
- Escolher com quem você passa seu tempo.
- Fazer menos do que é humanamente possível.
- Ser tratada com respeito.
- Tomar suas próprias decisões.

"Tinha dificuldade para dizer 'não' às pessoas, principalmente porque não queria decepcioná-las. Se eu dissesse 'não' a alguém, explicaria por que estava dizendo 'não' e depois me preocuparia se a pessoa ficasse chateada comigo. Então ouvi alguém dizer: 'Não é uma explicação completa', e isso me fez perceber que não precisava explicar por que disse não. Eu tenho o direito de simplesmente dizer 'não' e pronto."

— Bailey, 32

Se os seus direitos são violados, isso pode criar um problema ainda maior do que um limite ultrapassado. Veja seus direitos como uma "linha na areia". Se alguém pisar em seus direitos, isso pode significar que a pessoa automaticamente foi desqualificada para estar na sua vida. Se você não se sente segura com alguém, isso não é negociável. Ouça aquele pressentimento que diz que algo está errado.

CHECK-IN: QUAIS SÃO SEUS LIMITES?

Para as afirmações a seguir, responda "sim" ou "não" se costuma estabelecer estes limites na *maioria das vezes*. (Não se espera que você use esses limites o tempo todo – somos pessoas imperfeitas, em constante crescimento e evolução.)

1. Digo "não" quando me pedem para participar de algo que não quero fazer.
2. Se preciso de ajuda com alguma coisa, peço a alguém.
3. Se um amigo pede dinheiro emprestado e eu não me sinto à vontade para emprestar, digo não.

4. Se eu precisar de um tempo sozinha, aviso as pessoas sem me sentir culpada.
5. Quando estou cansada, descanso em vez de me forçar a continuar trabalhando.
6. Se minhas necessidades não estão sendo atendidas num relacionamento,
declaro o que preciso com calma e respeito.
7. Quando sinto que estou ficando com raiva, paro e decido se preciso dar
um tempo.
8. Se alguém está levantando a voz comigo, digo que isso me deixa desconfortável e preciso que pare.
9. Posso aceitar um elogio com um simples "obrigada".
10. Estou ciente de meus pontos fortes e fracos.
11. Se sinto que estou sendo mal interpretada, discuto o assunto com a outra
pessoa.
12. Se alguém está chateado, não sinto que eu precise fazer alguma coisa a
respeito.

Se você respondeu "sim" a mais da metade dessas afirmações, você tem limites razoavelmente saudáveis. Preste atenção aos itens para os quais você respondeu "não"
e se empenhe para melhorá-los.

Se respondeu "não" à maioria dessas afirmações, concentre-se em melhorar seus
limites um de cada vez.

Estilos de apego

Sua capacidade de manter limites saudáveis nos relacionamentos
pode ser, em parte, determinada pelo seu *estilo de apego*. Seu estilo
de apego é formado na infância, dependendo de como seus tutores
interagiram com você. Existem quatro estilos principais de apego:
ansioso, evitativo, desorganizado e seguro. Os estilos de apego ansioso, evitativo e desorganizado são conhecidos como apegos inseguros.

Apego ansioso

O estilo de apego ansioso é caracterizado por "eu não estou bem, você
está bem". Essa pessoa pode ter tido pais ou tutores imprevisíveis
– havia uma dinâmica "atrair e afastar" em que o pai tratava bem a

criança intermitentemente e depois a afastava. Os principais medos subjacentes a esse estilo são o abandono e não ser "bom o suficiente". Ela pode ser injustamente rotulada como "carente" ou "pegajosa" e tende a buscar *intimidade emocional* rapidamente.

Na vida amorosa, ela pode estar se perguntando se alguém está interessado nela ou se seu parceiro terminará o relacionamento. Se um parceiro não iniciar o contato, ela pode ficar obsessiva sobre por que ele não entrou em contato. Ela pode ligar ou enviar mensagens de texto para seu parceiro várias vezes, para ajudar a diminuir seus sentimentos de ansiedade.

A pessoa com apego ansioso tende a reprimir as preocupações sobre o relacionamento ou expressá-las com raiva ou por meio de um comportamento passivo-agressivo. Ela pode abrir mão dos seus limites para manter a outra pessoa feliz e no relacionamento. No local de trabalho, um funcionário com apego ansioso pode se preocupar obsessivamente com a possibilidade de não ser eficiente e de ser demitido a qualquer momento. Um e-mail do chefe a levará a pensar o pior. Ela pode buscar garantias de outras pessoas de que o trabalho dela tem qualidade.

O que outras pessoas dizem e fazem a uma pessoa com apego ansioso é levado para o lado pessoal. Ela vai se perguntar o que fez para chatear seu amigo ou membro da família, mesmo que a outra pessoa estivesse errada. Uma pessoa com apego ansioso pode não pensar em deixar uma situação, mesmo que seja tóxica, porque ficar sozinha parece muito pior. Ela pode encontrar um amigo a quem é especialmente apegada e ficar chateada se esse amigo não puder ir tomar um café com ela.

"Costumo enviar mensagens de texto para meus amigos com muita frequência. Fico muito ansiosa se não tenho notícias de alguém. Eu imediatamente me pergunto o que fiz para aborrecer essa pessoa e depois me pergunto se nunca mais ela vai querer falar comigo. Mas aprendi que às vezes as pessoas estão apenas ocupadas, sabe?"

— Lara, 29

Apego evitativo

O estilo de apego evitativo é caracterizado por "estou bem, você não está bem". Uma pessoa com apego evitativo pode ter pais ou tutores que não lhe proporcionaram intimidade emocional, ensinando-lhe, em vez disso, que os sentimentos precisam ser reprimidos e não expressos. O apego evitativo é baseado no medo de rejeição e de ser vulnerável na frente de outra pessoa.

Uma pessoa com apego evitativo pode ter limites rígidos que não permitem mudanças de personalidade ou circunstâncias; ela não expressará nenhuma preocupação num relacionamento porque sente que, de qualquer maneira, nada de bom resultaria disso. Ela pode passar por uma série de relacionamentos emocionantes no começo, quando a relação ainda é superficial, mas que, à medida que a verdadeira intimidade emocional começa a acontecer, ela própria se distancia. Uma pessoa com esse estilo tende a evitar a proximidade física, como evitar dar as mãos, aconchegar-se ou dar um abraço. Ela pode ser descrita como alguém "emocionalmente distante", "fria" ou "indiferente". Essa pessoa pode dizer que está ocupada demais com o trabalho ou outras atividades e não pode passar mais tempo com o parceiro, os amigos ou a família. Ela é muito crítica com os outros e pode ter tendências perfeccionistas. Pode ser extremamente independente e ter dificuldade para pedir apoio.

A pessoa com apego evitativo pode se sentir superior aos outros e não levar seus pedidos a sério. Ela tende a evitar reuniões familiares ou eventos sociais porque há muito contato com outras pessoas e ela não quer falar sobre sua própria vida. Ela pode passar semanas sem entrar em contato com ninguém

> "Estou me tratando de um apego evitativo. Mantive relacionamentos à longa distância porque, caso contrário, me sinto sufocado. Também não gosto de dar nome aos meus relacionamentos e odeio o papo de 'exclusividade'."
>
> — Erik, 50

nem passar tempo com outras pessoas, mas ainda assim sentir uma sensação de solidão.

Apego desorganizado

O apego desorganizado é caracterizado por "eu não estou bem, você não está bem". Alguém com esse estilo de apego tende a praticamente não ter habilidades de enfrentamento. Existe tanto o medo de ser abandonado quanto o medo de ser vulnerável aos olhos dos outros – uma mistura dos estilos ansioso e evitativo, que pode ser resultado de um trauma ou abuso precoce. Essa pessoa pode apresentar oscilações frequentes de humor e se sentir impotente para mudar as circunstâncias da sua vida. Desenvolver mecanismos de enfrentamento saudáveis pode ser difícil para ela, que pode ter um comportamento errático, explosões de raiva, comportamento autodestrutivo ou uma autoimagem ruim.

É muito difícil manter um relacionamento com esse estilo de apego. Pessoas com apego desorganizado podem ter pouco ou nenhum limite e podem reagir com raiva quando um parceiro declara seus próprios limites. Uma pessoa com apego desorganizado pode oscilar entre estar excessivamente apegada e depois distante. É difícil para amigos, familiares e colegas saberem onde estão com ela.

> "Eu tinha um estilo de apego desorganizado. Eu explodia com uma amiga por não ir a algum lugar comigo, mas depois ficava ansiosa por não ter mais notícias dela."
>
> — River, 30

Apego seguro

O estilo de apego seguro é caracterizado por "estou bem, você está bem". Uma pessoa com um estilo de apego seguro sente-se confortável se mostrando emocionalmente vulnerável num relacionamento e fica bem quando está sozinha. Quando ela tem uma preocupação num relacionamento, aborda o assunto com sinceridade e respeito. Ela não culpa as outras pessoas, pois sabe que os comportamentos e atitudes delas nem sempre estarão em sintonia com os dela. Ela pratica um bom autocuidado e sabe quando precisa de contato social ou passar um tempo sozinha.

As pessoas com apego seguro tendem a ter limites saudáveis e se sentem à vontade para defini-los. Elas também ajustam seus limites conforme eles e seus relacionamentos mudam. Elas estão dispostas a abandonar um relacionamento, amizade ou trabalho em que suas necessidades não sejam atendidas. Se alguém termina um relacionamento com ela, ela sofre, mas não se culpa nem tenta trazer essa pessoa de volta.

Quando as duas pessoas num relacionamento têm um estilo de apego seguro, elas tendem a ter *interdependência*: cada pessoa sente que pode ser um indivíduo, mas se sente confortável em compartilhar a si mesma com a outra. Ambas se sentem respeitadas e podem discordar sobre algo, mas ainda assim manter seu vínculo estreito. Um assunto delicado para uma será tratado com respeito pela outra.

A relação ansioso-evitativo

Num relacionamento tóxico, é comum ver um parceiro com apego ansioso e o outro com apego evitativo. Isso lhe parece familiar? Assim que conheceu essa pessoa, você pode ter experimentado uma sensação de atração instantânea ou intensa química sexual – porque cada um de vocês estava preenchendo uma necessidade específica. Por ser "pegajosa", uma pessoa ansiosa confirma a crença do parceiro evitativo

> "Eu costumava ter o que eu chamaria de estilo de apego seguro. No entanto, eu estava num relacionamento com um narcisista e isso fez meu estilo de apego ansioso aparecer. Parte da minha cura é voltar a ter um estilo mais seguro."
>
> — Meghan, 46

de que estar num relacionamento significa perder a independência e a identidade. Por sua vez, o comportamento "distante" da pessoa evitativa confirma a crença da pessoa ansiosa de que ela não é boa o suficiente aos olhos das outras pessoas. No relacionamento ansioso--evitativo, a pessoa evitativa fará tudo para se afastar do relacionamento, enquanto a pessoa ansiosa a perseguirá.

Preste atenção em como você se comunica

Se você tem um estilo de apego inseguro, talvez confie mais na comunicação por meio de texto do que por meio de telefonemas ou interações frente a frente.[1] A pessoa evitativa pode usar mensagens de texto com mais frequência porque é menos emocionalmente íntimo e requer menos apoio de um parceiro. A pessoa ansiosa pode enviar mais mensagens de texto para evitar sentimentos de abandono, mantendo seu parceiro "próximo". À medida que as mensagens de texto aumentam, outras formas de comunicação diminuem e há um nível mais alto de insatisfação no relacionamento.[2] Isso não quer dizer que as mensagens de texto não possam trazer um benefício positivo ao relacionamento. Um estudo descobriu que enviar uma declaração positiva a um parceiro, escrita com as próprias palavras, afeta positivamente a satisfação no relacionamento. Iniciar uma troca de mensagens de texto também teve um efeito positivo.[3] Parece que a melhor maneira de enviar uma mensagem de texto é fazer isso ocasionalmente e apenas para afirmar coisas positivas ou transmitir informações factuais curtas (por exemplo, "Estarei aí em 10 minutos").

> "Estou saindo com alguém com o que considero um estilo de apego seguro. Mandamos mensagens um para o outro duas vezes por dia no máximo e depois falamos ao telefone a cada poucos dias. Conversamos com antecedência sobre a quantidade de contato que ambos preferíamos num novo relacionamento, e isso funciona para nós dois.
>
> — Grace, 32

Dito isso, uma conversa emocional não deve ser conduzida por meio de mensagens de texto. Não transmite o tom e o sentimento por trás das palavras, e você perde as principais dicas não verbais, como a expressão facial e a linguagem corporal. Encontre-se pessoalmente ou fale por telefone para ajudar a construir intimidade emocional e discutir tópicos delicados.

CHECK-IN: QUAL É O SEU ESTILO DE APEGO?

Responda "sim" ou "não" às seguintes afirmações sobre seu estilo de apego.

1. Tenho a tendência de esconder meus sentimentos e não falar sobre eles.
2. Se sinto que alguém se distanciou de mim, reajo com raiva ou me recuso a me comunicar.
3. Não preciso necessariamente do contato regular do meu parceiro, familiares ou amigos.
4. Se não recebo notícias de alguém dentro de um determinado período de tempo, fico ansioso.
5. Se meu parceiro fosse embora, eu seguiria em frente com relativamente pouca tristeza.
6. Vivo com medo de que meu parceiro ou amigo termine o relacionamento.
7. Ser carinhosa com meu parceiro ou meus filhos não está no topo da minha lista de necessidades.
8. Eu naturalmente tendo a estender a mão para tocar os outros e isso me ajuda a me sentir próxima deles.
9. Sinto-me desconfortável com o contato físico prolongado com outras pessoas, inclusive quando elas se sentam muito perto de mim.
10. Às vezes, preciso ter pessoas perto de mim, ou fico ansiosa.

Se você respondeu "sim" principalmente às afirmações 1, 3, 5, 7 e 9, você pode ter um estilo de apego evitativo.

Se você respondeu "sim" principalmente às afirmações 2, 4, 6, 8 e 10, você pode ter um estilo de apego ansioso.

Se você respondeu "não" à maioria dessas afirmações, talvez tenha um estilo de apego seguro.

Você já conhece o seu estilo de apego — e agora?

Agora que você descobriu seu estilo de apego, o que deve fazer com essa informação? Se você percebeu que tem um estilo de apego inseguro, quero lhe assegurar que isso não é uma coisa ruim – seu estilo de apego é simplesmente uma maneira de explicar como você se relaciona com os outros. Depois de conhecer seu estilo, você pode perceber como ele afeta seus relacionamentos e suas escolhas de amigos e parceiros. Você pode descobrir que seus relacionamentos têm um padrão específico – você pode ter se reconhecido em algumas das descrições e citações das páginas anteriores. Ou, se você costuma ter um estilo de apego seguro, estar com uma pessoa ansiosa ou evitativa pode ter trazido à tona alguns de seus próprios comportamentos ansiosos ou evitativos.

Só porque você desenvolveu um estilo de apego específico, isso não significa que você está fadada a tê-lo para sempre! Quando você estiver consciente desses padrões, poderá começar a trabalhar para mudar para um estilo de apego seguro. Você também se torna mais consciente dos estilos de apego dos outros e entende por que eles podem se comportar de determinada maneira – e você pode tomar decisões mais fundamentadas sobre quanto tempo e energia gostaria de investir nesse relacionamento.

O primeiro passo para curar um estilo de apego inseguro é reconhecê-lo e assumi-lo.

Em seguida, aprenda estratégias de enfrentamento para seu estilo de apego. Você pode descobrir que seu estilo de apego afetou não apenas seus relacionamentos românticos, mas também seus relacionamentos com colegas de trabalho, familiares e amigos. Um terapeuta pode ajudá-la a descobrir a origem do seu estilo de apego, o que lhe permite curar essa mágoa e superá-la.

Se você tem um estilo de apego seguro, ainda pode querer consultar um profissional de saúde mental para manter esse estilo de apego intacto e funcionando. Você também pode querer verificar se os relacionamentos em sua vida trouxeram tendências ansiosas ou evitativas.

Abordaremos o trabalho com profissionais de saúde mental no próximo capítulo. Se você não está trabalhando atualmente com um profissional de saúde mental em quem confie ou prefere trabalhar nisso de forma independente, o restante deste capítulo mostra maneiras pelas quais você pode lidar sozinha com seu estilo de apego.

Estratégias de enfrentamento para estilos de apego inseguros

Depois de identificar seu estilo de apego, experimente uma das sugestões a seguir para avançar na direção de um estilo seguro.

Estratégias para o apego ansioso

1. Pratique a meditação da atenção plena. Concentre-se no aqui e agora.
2. Se você não teve notícias do seu parceiro ou amigo, reflita sobre sua ansiedade. Quais são suas preocupações?
3. Visualize como seria se esse relacionamento terminasse. Saiba que você ficaria chateada por um tempo, mas depois ficaria bem.
4. Esteja ciente de que o que alguém diz ou faz não é pessoal – é um reflexo de como essa pessoa é.
5. Tome consciência de comportamentos de autossabotagem, como afastar as pessoas para não sentir abandono.
6. Esteja ciente de que você provavelmente se sentirá inclinada a interpretar ou avaliar situações de maneira negativa ou nutrirá expectativas negativas com relação a eventos futuros.

Você supõe que o e-mail que acabou de receber será negativo ou o correio de voz do seu celular lhe transmitirá notícias terríveis. Pratique estratégias para deter pensamentos, como se lembrar de que você, na realidade, não conhece o conteúdo da mensagem até abri-la ou ouvi-la.

Estratégias para o apego evitativo

1. Permita-se sentir emoções em vez de evitá-las. Pode parecer muito desconfortável no começo; no entanto, sentir emoções desagradáveis faz parte da experiência humana.

2. Lembre-se de que, com um risco significativo, vem uma grande recompensa. Dê a si mesma a chance de se abrir com um parceiro, uma amiga de confiança ou um membro da família sobre uma preocupação que você vem alimentando. Considere os sentimentos das outras pessoas ao tomar decisões.

3. Pratique ser mais afetuosa fisicamente com seu parceiro ou filhos.

4. Procure retornar ligações e mensagens de pessoas emocionalmente saudáveis em tempo hábil. Reconheça quando você está se afastando de uma pessoa que tem expectativas razoáveis de comunicação e intimidade emocional.

5. Em vez de evitar a comunicação, comece com uma pergunta aberta. Perguntas abertas são aquelas que podem ser respondidas com mais de uma palavra. Por exemplo, "O que você fez hoje?" é uma pergunta aberta que convida à conversa, enquanto "Como vai você?" não é tão convidativo.

6. Admita que outras pessoas também podem ter opiniões válidas e até ter mais informações do que você.

Se você tem um estilo de apego desorganizado, os itens das listas de apego ansioso e evitativo podem ser úteis. Você pode se tornar mais ansiosa ou evitativa quando está com uma pessoa doentia ou abusiva. O importante é que você perceba isso e se empenhe para chegar a um estilo de apego seguro.

Mantenha-se em alerta máximo

Depois de sair de uma situação tóxica, você pode ter alguns sentimentos de *hipervigilância*, ou seja, ficar em "alerta vermelho", procurando sinais de que qualquer pessoa nova que você conhece ou qualquer pessoa ao seu redor não é saudável. Isso pode ser especialmente verdadeiro se você estiver começando a sair com alguém novamente.

Às vezes, quando estamos saindo da nossa zona de conforto, podemos nos sentir estranhos, tensos ou constrangidos. Isso não é necessariamente uma coisa ruim! Ir além da sua zona de conforto pode levá-la a crescer como pessoa. Você desenvolve habilidades quando tenta coisas novas ou conhece novas pessoas. Essas habilidades fazem com que fique mais fácil lidar com uma situação na próxima vez que você se deparar com ela. Conhecer e aprender coisas novas ajuda você a melhorar sua autoestima, sua autoeficácia e seu interesse por se conhecer. A autoestima é o modo como você avalia seu próprio valor como pessoa, enquanto a autoeficácia é a crença de que você é capaz numa variedade de contextos.[4] A autodescoberta, em parte, é a capacidade de ter um conhecimento preciso de suas habilidades e o esforço para colocar essas habilidades em ação.[5]

No entanto, quando você sente que seus limites ou direitos estão sendo violados, surge um sentimento de insegurança emocional ou física. Saiba que se sentir "desconfortável" é diferente de se sentir "insegura".

Há também uma diferença entre fazer algo por medo ou ansiedade e demonstrar uma cautela razoável diante de um problema real.

Lembre-se, como discutimos no capítulo anterior, a ansiedade geralmente congela você e a impede de agir. Quando você está tendo um ataque de ansiedade, pode se sentir paralisada. Sua adrenalina está bombeando e é difícil pensar no que fazer com suas preocupações. Quando você está demonstrando uma cautela razoável, geralmente é levada a *fazer* alguma coisa. Você pode criar opções para ajudar a resolver o problema e, em seguida, decidir qual curso de ação tomar.

Resumindo: confie em si mesma. Se algo não parece certo, provavelmente não é. É melhor terminar um encontro ou interação e correr o risco de parecer "grosseira" do que concordar com as coisas quando você está se sentindo insegura. Se você quiser conversar mais tarde sobre como estava se sentindo, uma pessoa razoável estará disposta a ter essa conversa com você. Se ela não estiver disposta a falar a respeito, isso provavelmente é um sinal de que você tomou a decisão certa ao se afastar. Você tem o direito de sair de uma situação a qualquer momento sem sentir culpa ou vergonha – esse é um limite saudável.

Como definir limites quando você não pode bloquear o contato

Como vimos no Capítulo 1, bloquear o contato geralmente é a melhor opção depois que você sai de um relacionamento ou uma situação tóxica. Porém, às vezes você simplesmente não consegue cortar a comunicação, como quando vocês têm filhos juntos, se veem em eventos familiares ou ainda trabalham para a mesma empresa. Existem maneiras de se proteger estabelecendo limites saudáveis.

Como definir e manter limites com o pai tóxico do seu filho

Estabelecer limites com o pai tóxico do seu filho é especialmente importante porque não é apenas sua segurança e seu bem-estar que estão em jogo; seus limites também protegem seus filhos. No Capítulo 1, descrevi algumas etapas que você pode seguir para estabelecer limites com seu ex, como usar um aplicativo para se comunicar e estabelecer um plano de coparentalidade. Como a coparentalidade pode significar que um ex-parceiro tóxico continuará fazendo parte de sua vida por anos, vamos um pouco mais longe e considerar como você pode manter esses limites a longo prazo.

Contrate um advogado de direito de família confiável

No Capítulo 1, recomendei que você contratasse um advogado experiente em direito de família para proteger seus interesses enquanto cuidava dos detalhes da coparentalidade. Um advogado de família é um defensor dos seus direitos legais e dos direitos dos seus filhos. Um bom advogado fornece informações para ajudá-la a tomar a melhor decisão para você e seus filhos, além de informar os limites e possíveis desvantagens. O advogado também informará o que ele recomenda como curso de ação. A frequência com que você precisa se encontrar com seu advogado depende da sua situação, da natureza belicosa do seu ex e do número de questões que você precisa resolver. Quando você se encontrar com o advogado pela primeira vez, dê a ele uma visão geral do motivo pelo qual você está procurando sua representação. Anote suas perguntas com antecedência e traga um documento com os nomes, informações de contato, local e data de nascimento sobre você e seu ex. Forneça também documentação das suas finanças, incluindo contas compartilhadas e separadas suas e do seu ex. Informe também a seu advogado:

- A idade dos filhos que você tem com seu ex.
- Se você tem filhos com necessidades especiais que podem precisar de cuidados adicionais.

- Suas prioridades, incluindo o tempo compartilhado, a pensão alimentícia, a escolha de permanecer na casa onde moravam quando estavam juntos ou de mudar de estado.
- Quanto tempo vocês ficaram casados e a data da separação (se for seu caso).
- O que você está buscando como solução, incluindo a quantidade de tempo compartilhado que você gostaria.
- Sua situação financeira, inclusive se você está pagando a maior parte das despesas de seus filhos e se seu ex se recusa a contribuir financeiramente.
- Os bens que você e o seu ex compartilham, incluindo veículos, casas ou uma empresa em que são sócios.
- Quem está morando atualmente na casa onde moravam antes da separação e se você discutiu com seu ex se a casa será vendida.
- Se o seu ex teve algum comportamento abusivo em relação a você ou seus filhos, incluindo assédio e perseguição.

O advogado vai dizer se ele precisa de alguma informação adicional. Você pode consultar alguns advogados para decidir qual é o mais adequado no seu caso. As perguntas que você pode querer fazer ao advogado incluem:

- Se ele pede algum adiantamento (valor que você paga adiantado) e o valor dos honorários por hora.
- Em quantos casos como o seu ele já trabalhou.
- Qual é o método de contato preferido dele e quando você pode esperar por uma resposta.
- Quem mais estaria trabalhando no seu caso.
- Quais são os resultados possíveis para o seu caso.
- Se ele prevê grandes problemas.
- Qual é a abordagem dele para casos como o seu.
- Se você está sendo razoável com o que deseja como resultado.

Contrate um coordenador de pais

Em muitos países, os coordenadores de pais são profissionais de saúde mental licenciados que receberam treinamento especial e certificação em coparentalidade de alto conflito. Os juízes podem nomear um coordenador de pais em casos de coparentalidade de alto conflito ou você pode contratar um em particular.

O coordenador de pais pode orientar você na elaboração de um bom plano de coparentalidade (mais sobre isso no Capítulo 1 e no próximo parágrafo). Você também pode ter discussões contínuas sobre outras questões de coparentalidade por meio do coordenador. Por exemplo, você pode ter um filho que vai começar a jogar beisebol num futuro próximo. Como cada um dos pais vai arcar com os custos dos jogos dele, quem vai assistir aos jogos e como dividirão a responsabilidade pela logística e os custos das viagens para fora da cidade? Quem pagará por qualquer treinamento adicional se o filho parecer promissor como jogador de beisebol? Você pode ter pais idosos que um dia se mudarão para a sua casa, e seu ex pode ter problemas com o contato dos seus pais com seus filhos. O número de horas que você trabalha com o coordenador parental depende da capacidade de ambos os pais de entrarem num acordo, do número de filhos que vocês têm juntos e do número de questões a serem resolvidas. Às vezes, os pais descobrem que contar com um coordenador de pais para resolver os problemas mais importantes é suficiente; alguns têm reuniões contínuas com o coordenador de pais.

Tenha um plano parental detalhado

No Capítulo 1, recomendei que você elabore um plano parental detalhado com o qual você e o outro genitor concordem. Quanto mais detalhado for o plano parental, menos provável será que o seu ex-

-parceiro propenso a criar conflito tente contorná-lo. Ele ainda pode tentar ultrapassar os limites, mas você pode recorrer ao plano parental como o "padrão" para seu relacionamento de coparentalidade. Mantenha seus limites estabelecidos em relação ao compartilhamento de tempo, à entrega das crianças e à comunicação.

Pode ser necessário revisar o plano parental à medida que seus filhos crescem. Isso é especialmente verdadeiro se você quiser que seu filho frequente uma escola específica, se houver tratamento médico esperado à medida que seu filho crescer ou quando seu filho já puder dirigir. Por exemplo, você pode querer que seu filho vá para uma escola de ensino médio específica, mas no momento ele só tem 10 anos. Você pode querer revisar o plano parental na época em que seu filho precisar de aparelho ortodôntico para determinar quem pagará esses custos e entrará em contato com um ortodontista. Você também pode querer revisar o plano parental quando seu filho fizer 18 anos para determinar se ele ganhará um carro, qual de vocês dois o providenciará e quem pagará o seguro e a manutenção. Você pode escrever em seu plano parental que revisará o plano na ocasião desses eventos ou quando seu filho atingir uma certa idade.

Você também pode entrar em contato com seu advogado sobre a alteração do plano parental se estiver se mudando ou se houver uma alteração em sua disponibilidade e você desejar aumentar o tempo compartilhado. Por exemplo, você podia ter um emprego em que viajava metade do mês, mas agora não viaja mais e gostaria que seu filho ficasse em sua casa com mais frequência. Você pode estar se mudando para mais perto da escola do seu filho e gostaria de levá-lo ou trazê-lo com mais frequência. Se você mudou de emprego e tem uma renda significativamente menor, fale com seu advogado se precisar de uma modificação na pensão alimentícia.

Quando um filho fica no meio da briga

Seria maravilhoso se os filhos não fossem envolvidos em nenhum conflito entre os pais – no entanto, um genitor tóxico pode envolver o filho em suas disputas. Você pode descobrir que está enfrentando uma alienação parental. Isso acontece quando o outro genitor tenta criar uma barreira entre você e seu filho e é considerado por muitos como uma forma de abuso infantil.[6] As maneiras pelas quais uma pessoa tóxica pode praticar a alienação parental incluem:

- Fazer com que seu filho se refira a você pelo seu primeiro nome e seu ex-cônjuge como "pai".
- Deixar documentos sobre o divórcio ou plano parental à vista da criança.
- Fazer comentários depreciativos sobre o ex na frente da criança.
- Fazer comentários à criança sobre a falta de dinheiro devido ao outro progenitor.
- Fazer acusações infundadas de abuso contra o outro progenitor.
- Orientar a criança a fazer declarações contra o outro genitor.
- Impedir que o outro genitor tenha seu tempo designado com a criança.
- Conversar com a criança sobre os motivos do divórcio ou separação, incluindo contar à criança que o outro genitor teve um caso.
- Ameaçar negar afeto ou comunicação com a criança não estiver alinhada com o outro genitor.

Lembre-se de não cair no nível do seu ex-cônjuge tóxico, não importa o quanto isso pareça tentador ou o quanto ele tente induzi-la a reagir. Qualquer coisa que você diga ou faça pode ser usada contra você pelo outro genitor ou apresentada em tribunal. Guarde a documentação de quaisquer incidentes em que seu filho tenha sido arrastado para assuntos que devem ser tratados apenas entre os pais e relate essas informações ao seu advogado.

A terapia pode ajudar seu filho a lidar com essa situação difícil. Os ludoterapeutas são especialmente treinados para ajudar as crianças a expressar seus sentimentos por meio de brincadeiras, pois a verbalização de algumas questões pode ser difícil, mesmo para adultos. Preste atenção ao que seu plano parental diz sobre levar seu filho a um terapeuta; pode dizer que você precisa da aprovação do outro genitor ou que vocês dois devem concordar com o provedor.

Como estabelecer limites no local de trabalho

Alguns limites no local de trabalho já são impostos por leis federais e estaduais, como o seu direito de não ser discriminada ou assediada. No entanto, existem muitas outras maneiras de testar seus limites.

Você pode ver pessoas tóxicas com os seguintes comportamentos em seu local de trabalho:

- Sabotagem do seu trabalho dando a você instruções erradas propositalmente ou recebendo crédito pelo seu trabalho.
- Recusa em assumir a responsabilidade pelo próprio comportamento.
- Falta de empatia, principalmente em relação a como o próprio comportamento afeta os outros.
- Falta de flexibilidade na resolução de problemas.
- Escolha de uma pessoa ou pessoas para intimidar ou assediar.
- Problemas de controle da raiva.
- Nunca ficar satisfeito com pessoas, processos ou resultados.

Se você acha que pode ser o alvo do comportamento tóxico de alguém no trabalho, primeiro verifique se a pessoa se comportou dessa maneira por ignorância ou por estar mal-intencionada. Mesmo quando uma pessoa age por ignorância, ainda se trata de uma violação de limites, embora a intenção não fosse prejudicar você. Quando alguém age por estar mal-intencionada, seu objetivo é prejudicar você. Talvez você queira adotar uma abordagem diferente para cada uma dessas situações. Manter limites saudáveis no trabalho pode ser complicado, principalmente se você sentir que alguém pode se vingar contra você ou pode haver outras repercussões. No entanto, para o seu próprio bem-estar, é fundamental que você se defenda, com calma e profissionalismo:

- Declare seus limites de forma clara e tranquila para a pessoa em questão.
- Continue anotando quaisquer problemas, incluindo data, hora e citações diretas.
- Revise as diretrizes do seu empregador para denunciar intimidação e assédio.
- Consulte um advogado especializado em questões trabalhistas.

Pode ser difícil saber quando um problema no trabalho pode ser resolvido e quando é mais provável que ele continue a afligi-la e sua melhor opção seja se demitir. Você pode achar útil escrever os prós e os contras de permanecer no emprego. Quanto poder você tem de mudar suas circunstâncias? Os relacionamentos saudáveis que você formou no trabalho superam os tóxicos? A situação do mercado de trabalho seria um impedimento para você pedir demissão no momento?

Alguns colegas de trabalho ou empregadores são tão tóxicos que não é provável que seu comportamento mude. Às vezes, a transferência para outro departamento ou andar é uma alternativa melhor do que pedir demissão. Seu empregador também pode estar disposto a aceitar uma jornada de trabalho híbrida, em que você trabalha em casa durante parte da semana. Faça um *brainstorming* das opções que você tem e seja clara sobre o resultado desejado. Se você deseja ter um ambiente de trabalho livre de estresse, isso pode não ser possível.

No entanto, poder ir entusiasmada para o trabalho novamente pode ser uma meta alcançável.

Se sua qualidade de vida é afetada a ponto de você perder o sono, comer demais ou não conseguir comer, ter crises de ansiedade e depressão, brigar com seus entes queridos, temer acordar de manhã ou ter pensamentos suicidas, pode ser hora de deixar seu emprego. Se você tem pensamentos suicidas, entre em contato com o Centro de Valorização da Vida (CVV)*.

Como estabelecer limites com a família e os amigos

Se você tem amigos em comum ou é parente de alguém tóxico, pode ser complicado impor limites, ainda que você mesma não esteja mantendo um relacionamento próximo com essa pessoa. Você ainda pode encontrá-la em ocasiões sociais ou feriados.

Se essa pessoa passar dos limites com você, declare seu limite com calma e intenção. É melhor que isso seja feito sem uma "plateia", a menos que você sinta que precisa de uma testemunha. Você não é obrigada a declarar por que esse limite existe – você tem o direito de estabelecer qualquer limite que desejar. Você pode precisar usar a técnica do "disco quebrado" para reafirmar seu limite repetidamente se a pessoa parecer estar ignorando seu pedido ou não ouvir o que você fala. Esteja pronta para se afastar da conversa ou da pessoa se seu limite não for respeitado.

Se você estiver participando de uma reunião de família em que pode encontrar um parente tóxico, considere a possibilidade de estabe-

---

* O CVV (Centro de Valorização da Vida) propicia apoio emocional e prevenção do suicídio, atendendo voluntária e gratuitamente todas as pessoas que querem e precisam conversar, sob total sigilo, por telefone, e-mail e chat 24 horas todos os dias. Caso você sinta que precisa de um suporte imediato e urgente, não deixe de entrar em contato pelo número 188. (N. da T.)

lecer um limite de tempo para sua participação e peça a um amigo ou membro da família saudável para lhe dar cobertura. Se a pessoa tóxica tentar se aproximar de você, seu amigo ou parente pode distraí-la.

Se você estiver recebendo mensagens de outros indivíduos que conhecem a pessoa tóxica (consulte "Sem macacos voadores" na página 56), estabeleça limites claros para que essa pessoa não seja o assunto da conversa. Se persistirem em transmitir uma mensagem ou mencionar a pessoa tóxica, considere afirmar calmamente: "Eu disse que este tópico está proibido" e vá embora.

Os limites são importantes em qualquer relacionamento, não apenas num relacionamento tóxico. Ao pensar sobre seus limites, considere se suas necessidades estão sendo atendidas em seus outros relacionamentos. Por exemplo, se você tem uma amizade saudável com alguém, mas percebe que está começando a "ter mais trabalho" na amizade, considere a possibilidade de bater um papo. Às vezes, apenas abordar as preocupações, por mais estranho que pareça, pode fazer uma grande diferença em seus relacionamentos.

· · · · ·

Limites são diretrizes que você coloca em seu comportamento e no comportamento dos outros quando eles interagem com você. Neste capítulo, você aprendeu sobre a importância de estabelecer e manter limites saudáveis, seja num relacionamento romântico, no local de trabalho ou com a família e os amigos. Lembre-se, você tem o direito de ter limites e não é obrigada a explicá-los a ninguém. Se você está tendo problemas para estabelecer ou manter limites saudáveis, um profissional de saúde mental pode ajudá-lo – e discutiremos como encontrar essa pessoa no próximo capítulo.

6

CONVERSE COM UM PROFISSIONAL

Como encontrar um profissional de
saúde mental e trabalhar com ele

SHARON ESTAVA NUM DILEMA. ELA E O MARIDO, GARY, ESTAVAM CASAdos há dez anos; o filho dela, Ryan, estava no ensino médio na época. O pai de Ryan não estava muito envolvido na vida do filho e Gary era um padrasto prático; na maioria das vezes, eles se davam bem. Mas houve alguns incidentes quando Ryan gritou e xingou Gary, e eles sabiam que o garoto bebia demais nas festas de fim de semana. No aniversário de 18 anos de Ryan, ele explodiu com o padrasto e saiu de casa.

Sharon sempre se sentia culpada após as explosões de Ryan, como se tivesse culpa pelo fato de o filho ter problemas em controlar a raiva. "Apenas dê a ele um tempo para se ajustar," ela implorou.

"Ele já teve três anos", disse Gary, acrescentando que achava que Sharon estava *facilitando* o comportamento de Ryan ao não aplicar suas regras.

Ryan se mudou quando foi para a faculdade e, com o passar dos anos, aquelas explosões de adolescente pareciam história antiga. Embora sua bebida tenha causado problemas, ele havia concluído um programa de tratamento. Sharon e Gary viram um futuro brilhante pela frente, planejando viagens e economizando para a aposentadoria, ansiosos para compartilhar as férias com a família. Mas então Ryan foi demitido do emprego e ligou para a mãe, dizendo que queria voltar para casa.

Ryan chegou na semana seguinte. Sharon não contou a Gary com antecedência porque não queria aborrecê-lo. Claro, Gary ficou chateado de qualquer maneira quando percebeu que seu enteado não estava lá apenas para uma visita. Ele não podia acreditar que Sharon nem sequer o havia consultado sobre isso.

O casal concordou que a mudança seria temporária, enquanto o filho procurava um novo emprego, seis meses no máximo, e, em troca de hospedagem e alimentação, Ryan ajudaria nas tarefas e ficaria sóbrio. Mas, um ano depois, Ryan ainda estava em casa e desempregado. Sharon e Gary estavam discutindo sobre Ryan não contribuir com as tarefas domésticas nem procurar um trabalho com afinco. Ele também voltou para casa bêbado algumas vezes. Sharon ficou aliviada por Gary não ter visto e optou por não contar a ele para manter a paz.

O ponto de ruptura aconteceu quando Ryan pediu 5.000 mil emprestados, depois que Gary e Sharon já haviam tirado dinheiro das economias de aposentadoria para ajudar a pagar o aumento das despesas domésticas. "É hora de ele encontrar outro lugar para morar", disse Gary. "Ele precisa se sustentar sozinho!"

Sharon estava dividida. "Não sei o que fazer", ela confidenciou em lágrimas à amiga Tina. "Sinto que devo ajudar meu filho como eu puder, depois do divórcio e de ter um pai tão distante. Mas Gary... ele acabou de passar dos limites.

A amiga assentiu com simpatia. "Já pensou em falar com alguém? Um profissional, quero dizer, como um terapeuta? Tina perguntou.

Ofendida, Sharon perguntou: "O que você quer dizer? Eu não sou *louca*!".

"Você não precisa ser louca para fazer terapia", disse Tina. "Todo mundo precisa de alguém para conversar de vez em quando. Eu fiz no ano passado. Sharon nem sabia que a amiga estava passando por algum problema. "Vou deixar com você o contato do meu terapeuta. Ou você pode encontrar outra pessoa. Mas eu realmente acho que conversar com um terapeuta pode ajudar.

● ● ● ● ●

Como mencionei muitas vezes ao longo deste livro, um dos passos essenciais para a cura é obter ajuda de um profissional treinado em questões de saúde mental. Agora é a hora de explorar essa etapa em detalhes.

Você pode já estar trabalhando com um profissional de saúde mental (PSM) ou ter consultado um no passado. Se você conseguir encontrar um, pode ser especialmente benéfico (e recompensador!) conversar com um PSM especializado em ajudar pessoas a se recuperarem de abuso narcísico e violência doméstica e que tenha experiência com problemas de relacionamento interpessoal. Neste capítulo, você aprenderá mais sobre PSM, como saber se encontrou um bom ajuste com um profissional de ajuda e os tipos de aconselhamento que eles podem fornecer.

Espero que você encontre um profissional com quem se identifique e tenha muitas sessões produtivas com ele! Dito isso, no final deste capítulo, também abordarei como saber quando é hora de diminuir a frequência da suas consultas. Mas, antes de chegarmos a tudo isso, vamos fazer uma breve pausa para refletir.

Sua dor é válida

Você está hesitando em dar este passo e começar a trabalhar com um profissional de saúde mental? Se você já está trabalhando com um, está evitando discutir o relacionamento tóxico com ele ou ela?

Se a resposta é sim, saiba que você não está sozinha. Às vezes, as pessoas sentem que sua situação não é tão ruim quanto "a de outras pessoas". De maneiras sutis e não tão sutis, as pessoas ouvem que não têm o direito de se sentirem chateadas com a vida delas porque "os outros estão passando por coisa pior" e "você é responsável por tudo isso". Principalmente as pessoas tóxicas podem dizer que você não tem do que reclamar. Elas estão tentando invalidar como você se sente e até mesmo impedi-la de procurar ajuda. Se você não procurar ajuda, a terrível verdade sobre o comportamento da pessoa tóxica ainda pode ser um segredo. Pessoas tóxicas odeiam ser expostas, pois muitas investem em sua imagem pública.

Sua dor e seu trauma são válidos, tanto quanto as experiências de qualquer outra pessoa. Você talvez sinta que as outras pessoas passaram por coisas piores e que a dor delas é mais "digna" de tratamento. Sentir-se assim pode ser um sinal do abuso que você sofreu de uma pessoa tóxica. Você pode ter se acostumado a ouvir que seus problemas eram "menores que" ou que você não tinha do que reclamar.

Você pode ter ouvido que deveria "ser grata pelo que tem" em vez de ficar se queixando dos seus problemas com um terapeuta. Você tem direito aos seus sentimentos, independentemente de quantas coisas "boas" estejam acontecendo em sua vida.

O processo de terapia ou aconselhamento pode parecer estranho ou desconfortável no início. Às vezes, as pessoas veem sessões de terapia dramatizadas em programas ou filmes e ficam com medo de que a vida delas seja "dissecada". Você pode não ter certeza sobre o que acontece nas sessões de terapia ou, como Sharon, pode ter crescido com a ideia de que apenas "pessoas loucas" vão à terapia. Saiba que a terapia é um processo normal em que você troca ideias com um profissional treinado. Todos nós algum dia precisamos de uma pessoa neutra para conversar sobre o que passamos, o que estamos fazendo, para onde estamos indo e para onde gostaríamos de ir. Pense na terapia como se fosse tomar um café com alguém que por acaso tem treinamento em comportamento humano. Uma das coisas boas da terapia é que você pode frequentar o quanto quiser. Você pode até tentar algumas vezes e não voltar, e tudo bem (embora eu espere que você tente novamente se sua primeira experiência não der certo).

> "Realmente me incomoda quando alguém diz 'ah, problema de quem não tem o que fazer' quando alguém fala sobre o próprio sofrimento. Todos nós temos nossos problemas com os quais lidar, e a dor de uma pessoa é tão válida quanto a de outra – apenas temos dores diferentes."
>
> — Nour, 35

Quem são os profissionais de saúde mental?

PSM (conselheiros, psicólogos, assistentes sociais e outros) são treinados para ajudar você a superar o luto e a reconstruir sua vida. Usarei esses títulos profissionais de forma mais ou menos intercambiável ao longo deste capítulo. Um bom terapeuta vê seus desafios pelo que eles são – importantes, únicos para você e dignos de serem levado a sério. Você já passou por muita coisa nesse relacionamento. Você pode sentir que as pessoas em quem você costuma confiar, embora a apoiem, têm dificuldade para realmente entender o que você está passando. Amigos e familiares de confiança normalmente estão do seu lado e podem não lhe dar o apoio objetivo de que você precisa. Um PSM é uma terceira pessoa neutra, que pode ajudá-la a ver quais opções estão disponíveis para você, principalmente quando você se sente "preso" após o rompimento de um relacionamento tóxico. Os PSM podem ajudá-la a estabelecer limites saudáveis e ensiná-la a aplicá-los, principalmente quando você está perto de pessoas tóxicas. Seu terapeuta pode ajudá-la a validar suas experiências e ajudá-la a descobrir estratégias saudáveis de autoconforto. Além do mais, ele pode apoiá-la enquanto você passa pelas etapas de cura apresentadas neste livro. É por isso que eu recomendo fortemente que você conte com a ajuda de um PSM – de qualquer tipo que melhor se adapte à sua situação específica.

PSM incluem:

- Psiquiatras.
- Profissionais de enfermagem psiquiátrica.
- Psicólogos.
- Conselheiros de saúde mental licenciados/conselheiros profissionais licenciados (CSML/CPL).
- Assistentes sociais.
- Terapeutas matrimoniais e familiares.

Cada um desses PSM pode ajudá-la; eles apenas diferem em treinamento e anos de experiência. Nos Estados Unidos, psiquiatras e enfermeiros psiquiátricos especializados prescrevem medicamentos. Psicólogos, CSML, assistentes sociais e terapeutas matrimoniais e familiares podem fornecer terapia e alguns também fornecem serviços de teste e avaliação. Enquanto psicólogos, CSML e assistentes sociais podem fazer terapia individual, terapia de casal e terapia familiar, os terapeutas matrimoniais e familiares receberam treinamento especial para trabalhar com casais e famílias (e podem atender pessoas na terapia individual). Se você está fazendo terapia de casal, geralmente é recomendado que você consulte outra pessoa para fazer uma terapia individual – e, como observei anteriormente, um parceiro tóxico também pode tentar manipular um terapeuta. Muitos terapeutas não atendem o mesmo cliente tanto para a terapia individual quanto para a terapia de casal, a menos que a terapia de casal tenha terminado.

O mais importante é encontrar um profissional adequado para *você*. Você pode precisar se encontrar com alguns terapeutas para encontrar o certo. Às vezes, sentimos afinidade com uma pessoa e às vezes não. Não é diferente ao encontrar um terapeuta. Obtenha referências de amigos, familiares ou clérigos confiáveis. Ou faça uma pesquisa na internet por terapeutas da sua região especializados em abuso narcisista e violência doméstica.

> "Consulto um teraputa para conversar e um psiquiatra para receber medicação para a minha ansiedade. Eu os chamo de minha 'equipe de saúde mental'."
>
> — Gemma, 35

CHECK-IN: ESSE É O TERAPEUTA CERTO PARA VOCÊ?

Quando você falar pela primeira vez com um terapeuta ao telefone ou após sua primeira sessão, faça este teste. Você concorda com as seguintes afirmações?

1. Sinto que posso falar com o terapeuta livremente e sem julgamento.
2. Sinto-me à vontade para conversar com o terapeuta.
3. O terapeuta parece gentil e amigável.
4. Sinto que este terapeuta me escuta.
5. O terapeuta responde às perguntas que tenho ou é aberto sobre não saber a resposta para as minhas perguntas.
6. O terapeuta é um PSM licenciado e responde apropriadamente quando peço um encaminhamento ou pergunto sobre seu diploma e certificações.

7. O terapeuta tem experiência em trabalhar com sobreviventes de abuso.
8. O terapeuta responde a e-mails e ligações em até 24 horas.
9. O terapeuta e eu compartilhamos um senso de humor semelhante.
10. O terapeuta me informou em nossa primeira sessão sobre confidencialidade e meus direitos no aconselhamento.
11. O terapeuta é conhecedor e sensível com respeito às minhas necessidades específicas relacionadas a minha cultura, meu gênero, minha orientação sexual, minha religião/espiritualidade e minha visão de mundo.
12. Este terapeuta me desafia de maneira saudável e encorajadora.

Quanto mais afirmações você responder que sim, melhor será o ajuste entre você e o terapeuta. Se você achar que não se identificou com essas declarações, entre em contato com outra pessoa e continue procurando a melhor opção. Se você já começou a trabalhar com esse terapeuta e está percebendo que não está funcionando como gostaria, consulte a seção sobre interrupção da terapia (página 162).

Uma palavra sobre *coaches*

Você pode ter visto anúncios ou pessoas nas mídias sociais afirmando que são *"coaches* de relacionamento" ou *"coaches* de vida". Esteja ciente de que o *coaching* não é uma profissão regulamentada ou licenciada. Enquanto alguns PSM são *coaches*, nem todos os *coaches* são PSM. Portanto, certifique-se de que a pessoa com quem você está trabalhando seja um PSM licenciado.

Um profissional licenciado tem pelo menos dois anos de rigoroso treinamento de graduação e muitas horas de estágio e residência para se qualificar, além de horas adicionais após a conclusão da graduação para se qualificar para a licença[*]. Os PSM licenciados não apenas têm leis estaduais e federais que precisam seguir, mas também têm um código de ética. Os PSM são responsabilizados por seus conselhos estaduais de licenciamento, seus conselhos de certificação e seu código

---

[*] No Brasil, a formação do psicólogo requer graduação de cinco anos em Psicologia, estágio supervisionado e registro no Conselho Regional de Psicologia. A pós-graduação é opcional. (N. da T.)

de ética profissional. Por exemplo, nos Estados Unidos, um profissional de saúde mental licenciado (chamado de "conselheiro profissional licenciado" em alguns estados norte-americanos) precisa seguir as leis e regras de seu estado, o código de ética e os requisitos do National Board of Certified Counselors e o código de ética do American Mental Health Counselors. Muitos PSM também receberam treinamento adicional em tratamentos terapêuticos específicos, e alguns alcançaram o mais alto *status* em sua profissão – sendo diplomados em seu campo. Isso é alcançado depois que um clínico mostrou contribuições substanciais para sua profissão. Peça para ver a licença e as credenciais do estado de um PSM. Você também pode procurá-las na internet. Muitos países exigem que um PSM exiba seu diploma em seu consultório. Se a pessoa com quem você está falando reage negativamente quando você pergunta sobre a formação dela, ela não é a pessoa certa para você. PMS legítimos terão prazer em fornecer essa informação.

> "Pedi a uma *coach* uma comprovação das credenciais dela, e ela me disse que não precisava me mostrar nada. Já comecei a procurar outro profissional!"
>
> —Jane, 22

Tipos de terapia

A terapia pode ser individual, de casal, familiar ou em grupo.

A terapia individual (às vezes chamada de psicoterapia) é quando você vê um terapeuta individualmente. É uma oportunidade de crescer e receber apoio para os momentos difíceis da vida.

Na terapia de casal, você e seu parceiro trabalham juntos com o mesmo terapeuta. Ele pode ser especializado em casamento e família ou ser outro tipo de PSM com treinamento em questões de casais. O terapeuta ajuda o casal a resolver o conflito e a obter informações sobre a dinâmica de seu relacionamento.

A terapia familiar costuma ser de curto prazo. Dá aos membros da família um espaço seguro para discutir questões. Todos os membros da família podem ir ou apenas aqueles que estão dispostos a participar. O terapeuta ajudará a família a desenvolver habilidades para aprofundar as conexões.

A terapia de grupo envolve um terapeuta que conduz entre cinco e quinze pessoas. A maioria é projetada para reunir pessoas que lidam com um problema comum específico, como lidar com a perda, superar o abuso de substâncias ou controlar a dor crônica, apenas para citar alguns exemplos. Compartilhar suas lutas com estranhos pode ser intimidador no começo, mas pode oferecer uma rede de apoio de pessoas que podem oferecer sugestões e ajudá-lo a manter seu compromisso com a terapia.

Depois de examinar esses diferentes tipos de terapia, Sharon decidiu que a terapia individual provavelmente era sua melhor opção e marcou uma consulta. A princípio, ela não se sentiu pronta para contar à sua terapeuta, Ann, tudo com o que vinha lidando. Mas nas sessões seguintes, Sharon se sentiu mais à vontade para compartilhar o que estava acontecendo em casa. Ela perguntou ao terapeuta o que deveria fazer.

"Não posso tomar essa decisão por você, mas certamente posso ajudá-la a explorar todas as opções. Conte-me mais sobre Ryan", disse Ann.

Sharon respirou fundo e contou a história. Depois que ela terminou, Ann disse diretamente: "Quer dizer que seu filho está morando em sua casa há seis meses, quando deveria se mudar, ele não se manteve sóbrio, não está ajudando em casa, não está procurando trabalho, foi desrespeitoso com Gary e agora está pedindo uma grande quantia de dinheiro quando você já pagou algumas despesas dele com sua renda de aposentadoria. Quando a terapeuta resumiu a situação com suas próprias palavras, Sharon soube o que tinha que fazer.

Quando chegou em casa, sentou-se com Gary e Ryan. Ela disse a Ryan que ele precisava encontrar outro lugar para morar dentro de duas semanas, eles não financiariam mais seu estilo de vida e ele precisava ficar sóbrio. Sharon esperava que Ryan tivesse um de seus acessos de raiva. Em vez disso, ele disse calmamente: "Tudo bem" e foi embora. Ele se mudou uma semana depois.

Daquele dia em diante, o trabalho de Sharon com Ann mudou. Ela não precisava mais trabalhar com os desafios imediatos do relacionamento com Ryan, mas descobriu que tinha muita dor e culpa para deixar de lado em relação ao divórcio. Sharon e Gary também começaram a fazer terapia de casal para ajudar a reparar alguns dos problemas que tinham surgido quando Ryan voltou para casa. Sharon sentiu que tinha passado a se entender um pouco melhor e se sentia mais preparada para lidar com problemas com a família no futuro.

Orientações terapêuticas

Os terapeutas têm diferentes tipos de treinamento, bem como as chamadas orientações teóricas, ou "lentes", por meio das quais eles veem os problemas do cliente. Quatro orientações terapêuticas são muito comuns: *terapia cognitivo-comportamental* (TCC), *terapia comportamental dialética* (TCD), *terapia focada na solução* (TFS) e *terapia de aceitação e compromisso* (TAC). A maioria dos terapeutas tem um estilo eclético que combina diferentes orientações.

Se você já fez terapia anteriormente e descobriu que uma orientação específica funcionou bem para você, pode ser útil continuar com um terapeuta que pratique o mesmo estilo. Caso contrário, você pode tentar trabalhar com um PSM que usa uma abordagem diferente.

Terapia cognitivo-comportamental

Epiteto, um filósofo grego, escreveu: "As pessoas não são perturbadas pelas coisas, mas pelas opiniões que têm delas". A TCC tem três conceitos básicos sobre como você pensa e como isso afeta o mundo ao seu redor. Primeiro, não é um acontecimento que a deixa chateada ou com raiva, é a maneira como você pensa sobre isso que faz a diferença. Em segundo lugar, você pode se conscientizar e mudar seu "diálogo interior". Em terceiro lugar, uma mudança em seu pensamento em seu diálogo interior pode mudar a forma como você vê as coisas e, por fim, mudar seu comportamento.

Na TCC, seu terapeuta pode conversar com você sobre "distorções de pensamento" ou formas de pensar que funcionam contra você. Às vezes, nosso diálogo interior não é muito gentil conosco e pode nos dizer coisas sobre os acontecimentos e sobre nós mesmos que não são verdadeiras. Vários tipos de distorções de pensamento incluem o seguinte:

Ampliação e minimização. Ampliação é como o ditado "tempestade em corpo de água". Isso significa que você está desproporcionalmente chateado com algo que, na realidade, é relativamente pequeno. Um exemplo seria pensar que você será demitido por chegar tarde ao trabalho simplesmente porque não consegue encontrar as chaves do carro. A minimização é o oposto. É pegar um grande acontecimento e fazê-lo parecer pequeno e sem importância. Um exemplo é o comportamento viciante clássico, em que você diz a si mesmo ou aos outros que o fato de ter se drogado na noite anterior "não é grande coisa".

Supergeneralização. A supergeneralização acontece quando pensamentos sobre um acontecimento único são aplicados a todos os acontecimentos no futuro. Um exemplo seria se sua amiga dissesse que não pode ir almoçar com você hoje e seu diálogo interior respondesse: "Não tenho amigos".

Personalização. A personalização acontece quando você pensa que os acontecimentos ou as atitudes de outras pessoas são um reflexo de você. Muito raramente na vida as coisas são pessoais – mesmo quando parecem profundamente pessoais. O modo como uma pessoa trata você tem a ver com ela, não com você. Um exemplo de personalização seria um amigo parecendo zangado com você ao telefone, então você se pergunta o que fez para aborrecê-lo. Na realidade, seu amigo estava apenas passando por um dia ruim.

> "Por meio da TCC, percebi que o que as pessoas faziam e diziam para mim não era um ataque pessoal, e o comportamento delas dizia mais sobre quem elas eram do que sobre mim."
>
> — Jamal, 28

Terapia comportamental dialética

A TCD é um tipo de TCC. Os objetivos da TCD incluem melhorar a tolerância ao estresse, manter as emoções sob controle e encontrar um equilíbrio entre aceitação e mudança. Um dos princípios da TCD é que é perfeitamente normal ter emoções conflitantes. Você pode sentir simultaneamente raiva e apego por uma pessoa tóxica. Pode parecer confuso, pois muitas pessoas aprendem que sentimos uma emoção de cada vez.

Na TCD, o acrônimo ACCEPT ("aceitar" em inglês) é usado como uma forma de ajudá-lo a lidar com os estressores em sua vida.

A = Activities [Atividades] – Seja ativa e faça tarefas simples para se distrair de um acontecimento perturbador.

C = Contribute [Contribua] – Ajude os outros para colocar seu foco fora de si mesmo. Para obter mais informações sobre o poder de cura do altruísmo, consulte o Capítulo 10.

C = Comparisons [Comparações] – Veja como sua vida é diferente daqueles que têm muito menos do que você. Mais uma vez, concentrar-se fora de si mesmo ajuda a lidar com acontecimentos perturbadores. Um diário de gratidão, em que você escreve tudo pelo que é grato e o que está dando certo, é uma maneira de se concentrar em tudo de bom em sua vida, em vez de se concentrar nas partes perturbadoras.

E = Emotions [Emoções] – Aja de forma oposta a qualquer emoção que esteja sentindo. Se você está se sentindo cansada, mantenha-se ativa. Se você está se sentindo triste, assista a um filme engraçado. Essa prática mostra que as emoções são temporárias e você tem o poder de mudá-las.

P = Push away [Afaste] – mantenha os sentimentos negativos sob controle, visualizando-se e sentindo-se competente e tendo influência sobre sua própria vida.

T = Thoughts [Pensamentos] – Concentre-se mais na parte lógica do seu pensamento. Emoções não são fatos. Veja o que é verdade sobre sua situação, em vez de se concentrar em especulações. Concentre-se no que aconteceu e não no que você acha que aconteceu.

Terapia focada na solução

Na terapia focada na solução, seu terapeuta pode perguntar o que está indo bem agora ou quando você sente uma diminuição no estresse, na ansiedade ou na depressão. Seu terapeuta também pode perguntar: "Como seriam as coisas se tudo estivesse bem?". Na terapia focada na solução, isso é conhecido como a "pergunta mágica". É uma forma de estabelecer metas para o seu tratamento e lhe dar esperança. Um terapeuta focado na solução ajuda você a definir seus pontos fortes e métodos para direcionar sua energia para curar a si mesma. Quando você está num relacionamento tóxico, pode sentir que não consegue fazer nada certo ou que nunca estará num relacionamento saudável. Na terapia focada na solução, você encontra maneiras pelas quais já demonstrou que é forte e capaz e conseguiu formar relacionamentos saudáveis no passado.

Um dos conceitos-chave da terapia focada na solução é que, quando você muda apenas uma coisa em sua vida, pode resultar uma cascata de benefícios positivos. Por exemplo, você tem dificuldade para sair da cama de manhã porque a vida parece opressiva e você não sabe se conseguirá enfrentar o dia. Você ficará deitada na cama por uma ou duas horas antes de se levantar e só vai fazer isso porque precisa ir ao banheiro. Seu terapeuta pode lhe dizer que, assim que acordar, você deve se sentar. Nada mais precisa mudar agora – apenas sente-se. Quando você começa a se sentar logo de manhã, fica mais fácil sair da cama e começar o dia.

> "Eu realmente adorei quando meu terapeuta perguntou o que estava indo bem na minha vida. Acho que ninguém me perguntou isso antes. "
>
> — Liesl, 45

Terapia de aceitação e compromisso

A terapia de aceitação e compromisso (TAC) se concentra em vivenciar seus sentimentos, em vez de ignorá-los ou encontrar uma distração para eles. É um comportamento normal evitar emoções desagradáveis. No entanto, quando você não lida com eles, eles aparecem novamente e, às vezes, de forma mais intensa. Na TAC, você observa seus sentimentos, os vivencia e depois os deixa ir. Você também trabalha na formação de seus valores fundamentais e aprende como navegar no mundo com esses valores em mente. Parte da TAC se concentra na atenção plena, a capacidade de permanecer no momento presente. (Revisitaremos o conceito de atenção plena no Capítulo 7.)

Diminuir sua conexão emocional com seus pensamentos por meio de um conceito chamado *desfusão cognitiva* é um princípio fundamental da TAC. A desfusão cognitiva mostra que seus pensamentos não mudam quem você é, nem você precisa acreditar neles. Você pode entreter um pensamento e descartá-lo como não sendo verdadeiro. Uma etapa desse processo é identificar um pensamento negativo, como o de que você não tem valor como pessoa. Quando você rotula isso apenas como um pensamento negativo, ele perde seu poder emocional. Você também pode tentar repetir pensamentos negativos com uma voz boba para se distanciar deles emocionalmente. Você pode ainda tentar "externalizar" os pensamentos negativos dizendo: "Ah, é só o meu cérebro fazendo sua rotina de 'eu não quero'". Quanto mais distância você colocar entre suas emoções e seus pensamentos, maior será a aceitação e mais espaço para a cura.

Espero que uma dessas modalidades lhe agrade e lhe dê um ponto de partida para procurar um terapeuta com cujo estilo você se identifique. Se você quiser saber mais, faça uma pesquisa sobre os diferentes modos de terapia. Verifique a seção de Recursos no final deste livro.

O pagamento das sessões

Depois de encontrar um terapeuta com quem esteja interessada em trabalhar, a próxima pergunta é como você cobrirá o custo das sessões. É verdade que a terapia pode ser um investimento substancial.

Mas não deixe que o custo seja um impedimento para procurar ajuda! Você pode ter mais opções do que imagina. Você pode pagar por sessões do próprio bolso ou com um plano de saúde. Além disso, seu terapeuta pode oferecer uma escala variável de taxas ou você pode se qualificar para tratamento a um custo reduzido. Também existem opções que você pode explorar se tiver dificuldades financeiras; mais sobre isso a seguir.

O pagamento com plano de saúde

Vamos falar sobre o plano de saúde primeiro. Se você tiver plano de saúde ou um seguro saúde, verifique seu resumo de benefícios e cobertura para saber se você tem benefícios de saúde mental e o que seu seguro cobre. Você também pode ligar para a operadora e pedir informações. Certifique-se de obter a confirmação da cobertura por escrito do corretor representante. Você pode enfrentar dificuldades para fazer com que seu seguro cumpra uma declaração verbal de um corretor representante. Você também precisará confirmar se seu terapeuta aceita seu plano de saúde específico.

Mesmo com plano de saúde, talvez você tenha que cobrir uma parte do custo das sessões. Pergunte quantas sessões seu plano cobrirá e em que porcentagem, bem como, se você tem um plano com coparticipação, quanto terá que pagar. No caso de um seguro-saúde, pergunte também sobre franquias, pois pode ser necessário atingir um limite específico antes que o seguro cubra suas visitas.

Lembre-se de que, nos Estados Unidos, se você estiver entrando com sua seguradora, as informações de sua solicitação vão para uma central de informações nacional chamada Medical Information Bureau (MIB) (mib.com). O MIB diz que eles existem para combater a fraude de seguros. Ainda assim, seu histórico de informações de reivindicação pode mudar suas chances de obter seguro de vida, invalidez e seguro de longo prazo (e até o Affordable Care Act, um seguro médico). Você pode solicitar uma cópia do seu arquivo no site do MIB. Revise seu arquivo para garantir que todas as informações nele contidas estejam corretas. Caso contrário, o consultório do seu médico pode enviar uma correção ao MIB.

Se houve um erro de codificação, por exemplo, um diagnóstico errado por um dígito, isso pode alterar suas chances de obter seguro no futuro.

Serviços de atendimento psicoterápico em universidades

Muitos *campi* universitários fornecem atendimento psicológico individual e em grupo para os alunos e a comunidade. Esses serviços costumam ser gratuitos. Os departamentos de Psicologia do campus podem fornecer sessões de terapia gratuitas como parte do treinamento exigido de seus alunos de pós-graduação. O que você discute em suas consultas no campus é confidencial, o que significa que as informações não serão compartilhadas com funcionários ou professores da universidade, seus pais (a menos que você tenha menos de 18 anos) ou qualquer outra pessoa, a menos que você assine um comunicado de informações. Exceções à confidencialidade incluem se você é suicida ou homicida – os PSM podem ter uma obrigação legal e ética de hospitalizá-lo involuntariamente, mas em geral oferecem a internação voluntária primeiro. Seus registros de psicoterapia no *campus* não fazem parte de seu registro acadêmico ou administrativo. No início do atendimento, você deve receber um formulário de consentimento que detalha seus direitos como aluno usando os serviços de atendimento psicológico da universidade.

O pagamento com um programa de funcionário ou conta de gastos

Você também pode obter serviços – para você e sua família – sem nenhum custo no programa de assistência ao empregado (PAE) do seu empregador. Os PAEs são especialmente comuns em organizações maiores, embora muitas empresas menores os ofereçam como uma vantagem para os funcionários. Seu PAE também pode oferecer uma referência ou compilar uma lista de possíveis PSM para você.

Sua empresa também pode oferecer uma conta de poupança de saúde (CPS) ou uma conta de gastos flexíveis (CGF). Muitos serviços de saúde mental, nos Estados Unidos, incluindo algumas formas de terapia *on-line*, podem ser pagos com seu CPS ou CGF.

Pagamento com base na sua renda

Se você não tem seguro, considere ir a um terapeuta que oferece sessões *pro bono* (sem custo) ou taxas de escala variável. As taxas de escala variável são baseadas em sua renda ou capacidade financeira. No entanto, é importante observar que nem todos os profissionais utilizam essa abordagem e que as políticas de precificação podem variar de um profissional para outro.

Como encontrar outros benefícios

A terapia *pro bono* (sem custo) é uma prática comum na área de saúde mental. Normalmente, ele é destinado a pessoas que enfrentam dificuldades financeiras e não têm condições de arcar com os custos dos serviços de um profissional. As pessoas que geralmente podem se candidatar à terapia *pro bono* incluem: indivíduos de baixa renda; grupos vulneráveis, vítimas de violência, abuso, discriminação ou pessoas em situação de rua; desempregados; voluntários e profissionais de ajuda, que trabalham com ONGs ou organizações sem fins lucrativos. Lembrando que a disponibilidade de terapia *pro bono* pode variar de acordo com a região, a instituição e os profissionais envolvidos. Ver a sessão Recursos no final deste livro para mais informações.

> "Consegui fazer terapia gratuitamente por meio de uma instituição que oferece terapia a pessoas afetadas pela violência armada. Não sei se teria condições de pagar de outra forma."
>
> — Brady, 32

Confidencialidade

Os terapeutas precisam manter altos padrões éticos. Um deles é garantir a confidencialidade do cliente. Isso significa que o que você diz a um terapeuta fica entre você e o terapeuta, com algumas exceções. Essas exceções incluem:

- Ele é intimado por um juiz para testemunhar ou apresentar o histórico sobre seu caso.
- Você é suicida ou homicida.
- Você assinou uma autorização permitindo que seu terapeuta converse com uma pessoa específica.

> "Minha mãe deixou uma mensagem longa e incoerente para meu terapeuta. Minha terapeuta me contou sobre a mensagem e me disse que não respondeu nada à minha mãe, pois ela não tinha autorização para isso – e, mesmo que tivesse, teria conversado sobre isso comigo em profundidade primeiro. Em seguida, conversamos sobre como o fato de minha mãe ter deixado uma mensagem era mais uma prova de que ela violava meus limites."
>
> — Rick, 58

Confidencialidade significa que, se um membro da família ou seu ex-parceiro entrar em contato com o terapeuta e o terapeuta não tiver uma autorização assinada por você, ele não poderá falar com essa pessoa. Ele nem tem permissão para confirmar que você é um cliente.

Algumas pessoas tóxicas tomam para si a responsabilidade de entrar em contato com o PSM de alguém, por isso é recomendável que você não conte à pessoa tóxica da sua vida que está fazendo terapia, nem dê o nome do seu terapeuta a ela. A pessoa tóxica quase sempre usará essa informação contra você. Quando você for à terapia pela primeira vez, deixe claro para o seu terapeuta que você está preocupada com o fato de essa pessoa entrar em contato com ele. Seu terapeuta pode conversar com você sobre suas preocupações.

Você recebe da terapia o que você investe nela

Então, você encontrou um terapeuta e descobriu como pagará pelas sessões de uma maneira que possa administrar. Deve ser fácil a partir daqui, certo?

Se você nunca fez terapia antes, quero ser sincera: ela pode ser um trabalho árduo. Você pode sair de uma sessão de terapia sentindo-se esgotada e cansada; às vezes você vai se perguntar se vale a pena. É desafiador falar sobre seus problemas e o relacionamento tóxico ao qual você sobreviveu. Mas lembre-se de que, embora seja bom para você e seu PSM que vocês tenham afinidade um com o outro e até o mesmo senso de humor, a terapia não deve ser divertida. O esforço que você coloca nela geralmente é igual ao que você recebe. Pode haver momentos de superficialidade durante as sessões, é claro, mas no geral você sente que fez um bom esforço durante a hora que passou com seu terapeuta. Você também pode ter sessões em que seu relacionamento com ele pareça mais leve e em que as questões pareçam menos problemáticas. É totalmente normal que a seriedade do que você e seu terapeuta falam varie de sessão para sessão.

Dito isso, se você estiver preocupada com seus sentimentos após uma sessão, fale com seu terapeuta na próxima vez que o vir. Seu terapeuta pode responder a perguntas sobre o processo de terapia. Se você não estiver satisfeita com a res-

> "Às vezes, depois das sessões, eu sentia que precisava tirar uma soneca. Meu terapeuta disse que isso era normal e que eu deveria praticar um bom autocuidado nos dias seguintes à minha consulta."
>
> —Sam, 38

posta que recebe, pode ser hora de interromper o tratamento com esse terapeuta para que você possa passar para outro PSM.

MOMENTO DE REFLEXÃO: O QUE VOCÊ GOSTARIA DE ABORDAR NA TERAPIA?

Ao ir à terapia, pode ser útil ter uma lista ou descrição das preocupações sobre as quais você gostaria de falar. Escreva onde você gostaria de ver melhorias em sua vida, não importa se as soluções possam parecer impossíveis. A terapia é o seu momento de falar sobre o que você quer falar. (Pelo menos, após a sessão inicial, que é menos direcionada ao cliente porque o terapeuta precisa saber mais sobre você.) Às vezes, falar sobre as coisas em voz alta na terapia ajuda você a encontrar novas soluções. Se você tentou resolver os problemas sozinha, anote também o que tentou e diga se o que você tentou melhorou ou piorou o problema. Leve essa lista com você para o terapeuta ou, se estiver fazendo uma teleconsulta, envie-a pelo canal eletrônico que ele indicar.

CRIANÇAS E TERAPIA

Se você está procurando um terapeuta e tem filhos que também estão lidando com as consequências de uma situação tóxica, considere a possibilidade de encontrar um PSM para eles também. Muitos PSM são especializados no tratamento de crianças e adolescentes.

Interrupção da terapia

A terapia é totalmente voluntária. Você pode decidir a qualquer momento que não deseja mais tratamento – e nem precisa de um motivo. Às vezes, as pessoas simplesmente não sentem afinidade com o terapeuta. Outras vezes, elas sentem que já resolveram seus problemas e não precisar de mais ajuda. Foi o que aconteceu com Kealoha.

Kealoha começou a terapia quando percebeu que sua raiva estava ficando fora de controle; ela havia contribuído para o fim de dois relacionamentos. Ela vinha fazendo terapia todas as semanas por alguns meses, depois a cada duas semanas por um mês. Na terapia, ela descobriu as raízes de sua raiva; ela não apenas suportou o abuso do pai, mas também se sentiu impotente contra a marginalização contínua dos povos indígenas em seu estado natal. Seu terapeuta a ajudou a aceitar como a raiva afetou os relacionamentos dela. Eles também discutiram maneiras pelas quais Kealoha poderia se tornar mais ativa na defesa da preservação de sua cultura. Com o tempo, Kealoha descobriu que era capaz de identificar quando estava começando a sentir raiva e expressá-la de maneira mais saudável. Ela tinha cada vez menos sobre o que falar nas sessões. Ela e o terapeuta revisaram seus objetivos originais para a terapia e parecia que Kealoha era capaz de lidar com as complexidades da vida de maneira satisfatória, sem precisar de muita ajuda do seu PSM. Eles concordaram mutuamente que era hora de encerrar as sessões – mas, seu terapeuta disse a ela, ele sempre estaria lá se ela precisasse falar com ele novamente no futuro.

Todos os terapeutas tiveram clientes que interromperam a terapia em algum momento. Portanto, informar seu terapeuta de que você não sente mais necessidade de fazer terapia é algo sobre o qual eles já conversaram com outros clientes. Você não precisa se preocupar em ferir os sentimentos dele ou deixá-lo em apuros sem um cliente para ver; muitos terapeutas têm listas de espera de novas pessoas que desejam iniciar o tratamento.

Se você estiver tendo dúvidas ou problemas com seu terapeuta, converse com ele sobre isso. Bons PSM sempre querem saber se você tem dúvidas. Informe seu terapeuta se você quiser um encaminhamento para falar com outro profissional ou se tem alguma dúvida sobre a terapia. Embora os terapeutas sejam bons ouvintes, eles não leem a mente dos seus clientes; você precisa avisá-los quando tiver dúvidas.

Quais são as maneiras de abordar isso com seu terapeuta? Tente uma das seguintes:

- "Acho que não preciso mais vir à terapia."
- "Não tenho certeza se estou conseguindo o resultado de que preciso na terapia."
- "Não tenho certeza se nós temos afinidade."
- "Acho que posso lidar melhor com as coisas agora."
- "Acho que preciso mudar para um terapeuta especializado em _____."
- "Acho que fiz todo o trabalho que poderia fazer com a terapia."
- "Acho que estou bem por enquanto e não preciso mais vir."

Bons terapeutas sempre responderão a você com gentileza e profissionalismo. Na grande maioria das vezes, seu terapeuta apreciará que você foi direto sobre seus sentimentos. Os terapeutas apoiam a autonomia – isso significa que os clientes têm a liberdade de exercer suas próprias escolhas, incluindo a interrupção do tratamento. O objetivo da terapia é sentir que você pode lidar com as complexidades da vida sem precisar da orientação do seu terapeuta. Você sempre pode entrar em contato com seu terapeuta se precisar dele no futuro.

Se o seu terapeuta responder de outra maneira, considere que você fez a escolha certa ao decidir encerrar as sessões. Uma ressalva é se você estiver encerrando a terapia devido à pressão de outra pessoa.

Durante o tratamento, seu terapeuta pode recomendar outro PSM. Pode ser que ele esteja encaminhando você a um psiquiatra para uma avaliação de medicação. Seu terapeuta também pode encaminhá-lo ou transferir seus cuidados para outro terapeuta. Seu terapeuta pode achar que outro PSM está mais bem equipado para ajudá-la. Isso não é pessoal – a ética do PSM afirma que, se alguém for mais capaz de fornecer os cuidados de que você precisa, o terapeuta deve encaminhá-la.

CHECK-IN: É HORA DE TERMINAR AS SESSÕES COM SEU TERAPEUTA?

Você pode estar pensando em terminar o tratamento com seu PSM. Para avaliar se você está pronta, leia a lista a seguir. Com quais afirmações você se identifica?

1. Sinto que não estou avançando na terapia. Ainda preciso fazer algum trabalho, mas não estamos chegando a lugar nenhum.
2. Sinto que posso enfrentar a vida sem a ajuda do meu terapeuta.
3. Sinto que alcancei meus objetivos na terapia.
4. Acho que pode haver um conflito de personalidade com meu terapeuta.
5. Acho que outro terapeuta pode ter mais treinamento para ajudar pessoas que estiveram em relacionamentos tóxicos.
6. Discordo de algumas opiniões do meu terapeuta.
7. Meu terapeuta geralmente se atrasa ou não aparece nas minhas consultas.
8. Acho que meu terapeuta e eu não somos a pessoa certa um para o outro.
9. Meu terapeuta violou um ou mais dos meus limites.

Se você se identificou com alguma dessas afirmações, talvez seja hora de encerrar sua relação terapêutica. Se o seu terapeuta violou os limites, leia a próxima seção sobre o que fazer.

MOMENTO DE REFLEXÃO: O QUE VOCÊ DESCOBRIU NA TERAPIA?

Se você está pensando em encerrar a terapia ou interromper suas sessões, pode ser útil relembrar tudo o que descobriu. Que mudanças você fez em sua vida como resultado da terapia? Como você mudou como pessoa? Você acha que é mais capaz de lidar com as complexidades da vida? Anote todas as maneiras pelas quais você se beneficiou da terapia, incluindo benefícios inesperados, como perceber que seu relacionamento com seu parceiro melhorou.

E se houver uma violação de limite com seu terapeuta?

Suponha que você sinta que algo inapropriado ocorreu com um terapeuta. Primeiro, como eu disse antes, pode ser uma boa ideia conversar com ele sobre isso. Se o problema não for resolvido de forma satisfatória, você pode relatar o acontecimento a uma associação profissional, como o Conselho Regional de Psicologia do seu estado. Você pode ser procurado pelo conselho para fornecer informações adicionais. Enquanto isso, interrompa as sessões com o terapeuta.

No entanto, se você sentir que discutir o problema com seu terapeuta coloca você em perigo iminente ou se a violação for grave, considere apenas denunciá-lo em vez de conversar com ele primeiro.

Saiba que a grande maioria dos profissionais de saúde mental tem apenas os melhores interesses dos seus clientes em mente. Infelizmente, assim como em qualquer área profissional, alguns não deveriam estar na profissão e podem causar danos. E, como os clientes são vulneráveis e falam sobre questões pessoais, existe o potencial de causarem mais danos. Você tem caminhos para buscar uma solução.

● ● ● ● ●

Conversar com uma terceira pessoa neutra, como outro profissional de saúde mental, pode ajudá-la a lidar com seus sentimentos e com o possível trauma que você pode ter sofrido durante um relacionamento tóxico. Neste capítulo, você aprendeu sobre o processo de terapia e o que pode ganhar com isso. Mais importante, você aprendeu que sua dor e suas experiências são válidas e que você merece expressar esses sentimentos a alguém treinado para ajudá-lo.

Um bom PSM também encontrará estratégias para você mesma se acalmar em momentos de desconforto emocional e maneiras de você cuidar de si mesma quando não estiver no consultório. Tudo isso faz parte de um bom autocuidado – e esse é o tópico do próximo capítulo.

7

PRATIQUE O AUTOCUIDADO

Como garantir que suas necessidades
sejam atendidas e incluir o cuidado por si
na sua rotina diária

UMA PESSOA TÓXICA PODE TER DITO A VOCÊ, POR MEIO DE PALAVRAS
ou ações, que suas necessidades não eram importantes. Se você
está se recuperando de um relacionamento ou uma situação tóxica, é
hora de tratar muito bem você mesma e, se ainda não faz isso, começar a praticar um autocuidado amoroso.

O autocuidado não é um luxo que você pode adicionar à sua vida
às vezes. É uma necessidade. É comum acreditar que o autocuidado
é mimo ou um excesso, pois devemos co-
locar as necessidades de outras pessoas
antes das nossas, mas isso não poderia
ser mais falso! Quando praticamos o autocuidado, garantimos que temos a energia e a mente calma de que precisamos
para realmente nos curar. Este capítulo
esclarece equívocos comuns sobre o au-

> "Minha terapeuta me disse
> que o autocuidado, quando
> você é cuidador, é como quan-
> do você está num avião e eles
> dizem para você colocar sua
> máscara de oxigênio antes da
> do seu filho – você precisa se
> cuidar bem primeiro para po-
> der cuidar dos outros".
>
> — Meghan, 35

tocuidado e explora algumas das muitas maneiras de praticar esse autocuidado.

O que é autocuidado?

O autocuidado não significa ser mimado ou receber "tratamento especial". É o ato de tratar a si mesma tão bem quanto trataria seu melhor amigo. É procurar ter saúde e bem-estar em várias áreas da sua vida, incluindo seu bem-estar físico, emocional, espiritual e social. Se você está se perguntando o que significa bem-estar em cada uma dessas áreas, vamos esclarecer isso.

Físico: o bem-estar físico é aquilo em que a maioria de nós pensa primeiro quando considera a ideia de "saúde". As práticas de autocuidado no aspecto físico incluem ir a consultas médicas e odontológicas regulares, fazer exercícios físicos, ter bons hábitos de sono, manter uma boa higiene e ter uma alimentação balanceada.

Emocional: o bem-estar emocional é reconhecer seus sentimentos e permitir-se senti-los. Quando você vivencia uma emoção forte, em vez de se sentir fora de controle, você sabe que os sentimentos fazem parte da experiência humana. Você sabe quando precisa tirar uma folga para recalibrar quando está se sentindo estressada ou esgotada. Você pratica o autocuidado proativo em vez de reativo – o que significa que você cuida de si mesmo de forma consistente, não apenas como uma reação ao se sentir estressada.

Espiritual: bem-estar espiritual significa que você se sente conectada a algo maior do que você. Isso não significa necessariamente que você siga uma religião; significa que você tem um código de ética ou princípios pelos quais vive e que fundamentam suas decisões. Você pode sentir uma conexão com o meio ambiente e outros seres vivos.

Praticar o autocuidado espiritual pode envolver ir a um local de culto, orar, meditar ou ficar em meio à natureza.

Social e familiar: o bem-estar social e familiar significa que você se sente conectado com outras pessoas, é ativa em sua comunidade e mantém o equilíbrio entre outras áreas da sua vida e o tempo que passa com seus amigos e familiares. Você é capaz de dizer "não" a compromissos e responsabilidades sociais sem sentir culpa. Você é empático com os outros e estabelece limites saudáveis. Praticar o autocuidado aqui significa saber quando você precisa de apoio social e procurar outras pessoas – além de reconhecer quando precisa de um tempo para si mesma e reservá-lo.

MOMENTO DE REFLEXÃO: COMO VAI O SEU BEM-ESTAR?

Para cada uma das áreas de bem-estar da seção anterior, dê a si mesma uma nota de 1 a 10. Um 1 indica uma área na qual você precisa de muita ajuda adicional. Um 10 indica que você está muito satisfeita com o andamento dessa área da sua vida.

Escolha uma das áreas em que você acha que poderia melhorar. Em seguida, pense em algumas maneiras de chegar lá. Por exemplo, se você disse que seu bem-estar físico é 2 e gostaria que fosse 8, as etapas que você pode seguir incluem caminhar todos os dias, usar um organizador de comprimidos para não esquecer de tomar a sua medicação e ir para a cama às 22 horas toda noite. Se você acha que pode fazer com constância uma ou duas dessas coisas por um mês, experimente. Quando você começa a ver as mudanças positivas que está fazendo, é mais provável que continue com essas mudanças a longo prazo. Mas dê um passo de cada vez – não sinta que precisa mudar totalmente seus hábitos em todas as áreas de bem-estar de uma só vez!

	ESTADO ATUAL 1–10	ONDE VOCÊ GOSTARIA DE ESTAR	PASSOS A DAR
Físico			
Emocional			
Espiritual			
Social			

> *Depois de um mês, volte a esta atividade. Como você está se sentindo nessa área agora? Pronto para enfrentar outra? Faça o mesmo com as outras áreas em que deseja melhorar. Com o tempo, você verá grandes melhorias em sua qualidade de vida geral.*

O autocuidado não é igual para todo mundo

Enquanto você lê este capítulo, algumas práticas de autocuidado podem ser interessantes para você e outras... não muito. Isso é normal! O que funciona para uma pessoa pode não funcionar para você. Sua amiga pode achar que um dia de jardinagem é a melhor maneira de se desconectar das tensões do dia a dia, enquanto você prefere ficar em casa e ler. Ela pode tomar um longo banho para relaxar, mas você fica entediada e quer sair logo da banheira. Isso não significa que você está cuidando de si mesma de forma incorreta – significa apenas que as pessoas têm maneiras diferentes de relaxar. Você pode precisar experimentar outras técnicas antes de encontrar algumas que funcionem. Pense num momento em que você estava estressada e sentiu algum alívio. O que você estava fazendo na época? Tente recriar isso e veja se funciona agora para ajudá-la a relaxar e recarregar as energias.

CHECK-IN: COMO ESTOU ME SAINDO COM O AUTOCUIDADO?

Uma maneira eficaz de avaliar como você está se saindo com o autocuidado é observar a si mesma. Quantas destas afirmações lhe parecem verdadeiras?

1. Estou atendendo às necessidades de todos antes das minhas.
2. Sinto que não faço muita diferença.
3. Estou fazendo as mesmas coisas todos os dias e me sentindo esgotada.
4. Simplesmente não tenho energia suficiente.
5. Acordo me sentindo cansada, em vez de revigorada.

6. Penso em sumir e recomeçar minha vida em outro lugar.
7. Acho difícil dizer "não" aos outros.
8. Normalmente não reservo um tempo do meu dia apenas para aproveitar a vida.
9. Não sou muito ativa fisicamente.
10. Não tenho uma técnica de relaxamento que costume usar.

Quanto mais respostas "sim", mais você precisará atualizar suas estratégias de autocuidado. De novo, dê um passo de cada vez – tente encontrar uma prática de autocuidado que você possa seguir.

Reserve um tempo para se divertir

Alguém tóxico pode ter lhe dito que se divertir era algo que você tinha que "merecer" e que você estava constantemente ficando aquém das expectativas impossivelmente altas dele. Você merece ser feliz. Você pode se divertir sem que nada de terrível aconteça a você.

Portanto, faça algo todos os dias apenas para se divertir. Você pode fazer o que quiser, desde que não prejudique você ou outra pessoa. Você não precisa mais ouvir da pessoa tóxica que seus *hobbies* e interesses não são importantes.

Pode ser útil você sair de casa para se divertir. Quando você está em casa, pode começar a pensar em fazer faxina ou cumprir tarefas domésticas. Ficar ao ar livre pode ser uma maneira poderosa de mudar seu foco das tarefas para apenas se divertir. A natureza tende a ter um ritmo mais lento do que a vida diária, então seus pensamentos podem desacelerar naturalmente.

Você pode se divertir sozinho ou pode incluir amigos e familiares. Certifique-se de que eles estejam totalmente de acordo com um momento relaxante e concorde em deixar tópicos desafiadores de conversa para outra hora. Caso contrário, você pode tentar acalmá-los em vez de se divertir!

Quando estiver se divertindo, observe o que está fazendo que lhe dá alegria. Você está jogando um jogo com sua família? Você está cozinhando, cuidando do jardim ou saindo com os amigos? O que você está fazendo quando esquece o estresse e está aproveitando o momento? Pode parecer bobo, mas eu realmente recomendo que você escreva essas coisas. Quando precisar de uma pausa, pegue a lista de atividades divertidas que você fez e escolha uma.

> "Foi difícil para mim me soltar e me divertir porque meu ex-namorado sempre me dizia que nunca levei nosso relacionamento a sério. Descobri que posso me divertir sem sentir culpa e vergonha."
>
> — Sara, 50

Para se divertir, você não precisa necessariamente gastar; há muitas atividades divertidas que você pode fazer de graça. Procure eventos que estão acontecendo em sua cidade que são de baixo custo ou gratuitos.

Coma bem

Muitas das estratégias de autocuidado neste capítulo são úteis para todos, mas principalmente se você estiver num relacionamento tóxico ou se libertando dele. Alimentar-se de forma saudável é outra daquelas estratégias de autocuidado que devem fazer qualquer pessoa se sentir melhor, mas é especialmente importante quando você está enfrentando perdas e estresse crônico de alto nível. O alimento é um remédio e um combustível para o nosso corpo. Enquanto você lida com as consequências de um relacionamento tóxico, precisa do melhor remédio e combustível possível. Priorize refeições regulares. Coma quando estiver com fome e pare quando se sentir satisfeita.

Quando não estamos nos sentindo bem, tendemos a gravitar em torno de carboidratos e alimentos açucarados e podemos desenvolver dependência alimentar.[1] Comer compulsivamente ou restringir sua alimentação são duas coisas que têm maior probabilidade acontecer quando você está sob forte estresse, principalmente se tem um histórico de transtorno alimentar. Por favor, consulte o seu médico ou um profissional de saúde mental se sentir que pode estar voltando ao comportamento de transtorno alimentar. É muito fácil ter uma recaída, portanto, certifique-se de resolvê-la o mais rápido possível.

Considere a possibilidade de consultar uma nutricionista para discutir um plano de alimentação saudável. Se você gosta de cozinhar, encontre uma nova receita saudável para experimentar. Tente comer conscientemente (consulte a página 179).

Mantenha sua higiene física

Geralmente não temos dificuldades para seguir os nossos hábitos do dia a dia, a menos que estejamos passando por depressão, ansiedade, trauma, estresse extremo ou luto; e todos eles são reações comuns após deixarmos um relacionamento ou uma situação tóxica. Podemos nos esquecer de cuidar do básico, como tomar banho, trocar de roupa, dormir ou comer. Essas coisas podem parecer muito óbvias, mas, quando você está lutando, as coisas mais simples podem parecer terrivelmente difíceis. Esses pequenos passos podem ajudar.

Pode ser muito tentador ficar na cama quando você não está se sentindo bem. Mas o simples ato de sair da cama pode fazer uma grande diferença e fazer você se sentir melhor. Assim que você acordar de manhã, sente-se e saia da cama.

Em seguida, troque o pijama por uma roupa limpa e confortável.

Se você está tendo dificuldade em se concentrar no que precisa fazer pela manhã, coloque uma lista de suas rotinas matinais e noturnas em algum lugar que você possa ver, como no espelho do banheiro.

Se você estiver omitindo a higiene pessoal, considere a possibilidade de consultar um profissional de saúde mental (reveja o capítulo anterior para obter mais informações, se necessário). Pode ser útil falar sobre suas experiências com alguém, e você também pode se beneficiar de uma consulta ao psiquiatra para verificar se precisa de medicamentos.

Exercícios

O movimento é uma parte essencial para se manter saudável. Se você não se exercita regularmente, pode parecer assustador e desconfortável começar uma rotina de exercícios. No entanto, uma vez que você cómece a se mover e constatar os benefícios, como redução do estresse, aumento da energia e menos dor, o exercício poderá se tornar menos parecido com algo que você precisa fazer e mais como uma maneira divertida de cuidar de si mesmo.

Concentre-se mais no "movimento" do que no "exercício" – e qualquer tipo de movimento conta. Você pode considerar subir as escadas em vez de usar o elevador no trabalho ou fazer uma festa dançante com seus filhos.

Aqui estão algumas outras maneiras de se mover:

- Faça uma caminhada na hora do almoço.
- Sente-se numa grande bola de pilates enquanto estiver em sua mesa ou ao telefone.
- Faça tarefas domésticas, principalmente uma faxina completa.
- Vá de bicicleta a lugares aonde normalmente vai de carro.
- Cuide do seu jardim ou dos seus vasos.
- Envolva-se em atividades rápidas enquanto assiste a um vídeo, entre os episódios ou durante os comerciais.
- Caminhe enquanto fala ao telefone.
- Convide amigos para uma atividade que exija movimento, como uma aula de dança juntos.

- Invista na realidade virtual e caminhe pelo mundo todo ou use um aplicativo de realidade virtual em que possa fazer exercícios.
- Dance ao som das suas músicas favoritas.
- Pratique seu esporte favorito ou treine um time infantil.

Para obter o máximo benefício de um treino, faça-o logo pela manhã. Você receberá mais benefícios da liberação maior de dopamina e endorfina que o exercício provoca, como o aumento do foco e relaxamento. Praticar exercícios logo pela manhã também pode ser uma opção melhor porque a prática de exercícios depois de um dia todo de trabalho pode ser mais difícil.

A prática regular de exercícios não apenas reduz o estresse, mas também melhora o humor. Você ainda tem uma sensação de domínio sobre a atividade que está realizando, o que melhora seus sentimentos de autoeficácia.[2] Autoeficácia é a crença de que você pode ter sucesso em fazer algo. Neste momento, pode ser especialmente impactante para você sentir que está progredindo em aprender algo novo e dominando essa nova habilidade, principalmente se uma pessoa tóxica disse repetidamente que você não conseguia fazer nada sozinha.

> "Eu não queria fazer nada rotulado como 'exercício'. Mas então descobri que caminhar na praia com meus amigos contava como exercício. Agora o exercício ficou fácil."
>
> — Sarah, 42

Mantenha um diário

Com todas as sugestões ao longo deste livro, você provavelmente percebeu que sou uma grande defensora do registro no diário. O registro no diário ajuda você a processar suas emoções e oferece uma maneira de olhar para trás e ver seu crescimento pessoal, tanto emocional quanto espiritualmente. Manter um diário ajuda a sua saúde emocional e física. Se você esteve num relacionamento tóxico, pode ter notado surtos de problemas de saúde devido ao nível de estresse crônico que sofreu.

Ao fazer um diário, você despeja pensamentos e sentimentos na página. Seu cérebro agradece por poder extravasar tudo isso. Ao exteriorizar seus pensamentos e sentimentos, ele tem menos peso para carregar.

Você pode pensar que o diário significa escrever seus pensamentos num caderno. Esse é um clássico, mas há muitas maneiras diferentes de fazer um diário – esse não é um tipo de prática de autocuidado igual para todo mundo. Qualquer nível de habilidade de escrita é suficiente para um diário pessoal. Se você prefere falar em voz alta sobre suas ideias como forma de processá-las, ou se simplesmente não gosta de escrever, considere ditar seus pensamentos para alguém ou gravá-los. Você pode fazer algo tão simples quanto apenas falar sobre seus pensamentos no celular por alguns minutos enquanto está sentado no seu carro, no estacionamento, durante o intervalo para o almoço. Um diário também não precisa consistir em palavras – você pode fazer desenhos e até pintar.

Também não há uma quantidade "certa" de tempo para o diário. Embora haja evidências de que, quanto mais você registrar, melhor você se sentirá, o fato de estar registrando é significativo. Progresso é progresso.

De vez em quando, revise seus diários. Você pode querer fazer esse processo com a ajuda de um terapeuta, principalmente se for um sobrevivente de um trauma. Ao examinar o que escreveu, concentre-se no quanto você cresceu como pessoa ao longo do processo de cura. Tendemos a não notar tanto as mudanças quando estamos no meio delas. Mas, quando olhamos para trás, podemos ver grandes momentos de progresso. Também podemos ver momentos em que pensamos que não conseguiríamos passar por alguma coisa, mas aqui está você, superando as probabilidades.

Algumas recomendações aqui: se você ainda estiver em contato com uma pessoa tóxica, ela pode tentar acessar seu diário. Você pode manter um diário num arquivo criptografado protegido por senha em seu dispositivo, em vez de numa versão em papel. No entanto, alguém com determinação e habilidades suficientes pode acessar qualquer coisa num dispositivo eletrônico. Se você está atualmente em litígio sobre a custódia dos filhos ou acha que há uma chance de ir ao tribunal no futuro, entre em contato com seu advogado para saber se você deve manter um diário. Em alguns países, um diário que faça parte do tratamento designado pelo seu terapeuta não pode ser "encontrado" em termos legais, mas diários mantidos para uso privado (que não fazem parte da terapia) podem ser descobertos. Isso significa que uma parte contrária pode solicitar a visualização do seu diário por meio de um processo legal.

> "Sempre que sinto que estou sendo levado de volta ao contato com meus amigos tóxicos, volto a dar uma olhada nos meus diários e vejo que tenho me sentido muito melhor desde que os bloqueei. É um bom lembrete do quanto eu já progredi."
>
> — Javier, 26

DIÁRIO: ESCREVA COMO VOCÊ ESTÁ SE SENTINDO NESTE MOMENTO

Se você está começando o seu diário ou apenas gostaria de se concentrar no momento presente, escrever como está se sentindo agora pode ser uma prática útil. Descreva seu humor com o máximo de detalhes possível. Como você está se sentindo? Se você está se sentindo triste, tente aprofundar seu sentimento. Você está se sentindo desapontada, infeliz, perturbada, com o coração partido, abatida, pessimista ou deprimida? Se você está se sentindo feliz, você está se sentindo eufórica, alegre, satisfeita, contente, tranquila, encantada, extasiada ou otimista? Às vezes, as pessoas descrevem seu humor com cores, comparam-no com lugares e experiências de sua vida e até comparam seu humor com animais. Por exemplo, uma pessoa pode descrever sua raiva "como um tigre, pronto para atacar. É um vermelho raivoso. É um sentimento de injustiça, de as coisas não serem justas". Desenhar o seu estado de espírito pode ajudá-la a pensar nele de uma maneira diferente.

> *Faça disso uma prática regular em seu diário. Observe como você é mais capaz de processar e deixar de lado o que está sentindo quando escreve.*

Meditar

A meditação é a prática de permanecer no momento presente. Pode ser tão simples quanto se concentrar na sua respiração: perceber sua inspiração e expiração. Em algumas técnicas de meditação, você fica sentada ou deitada. Algumas pessoas praticam a meditação *mindfulness*, em que ser ativo durante a meditação não é apenas algo bem--vindo, mas recomendado.

Às vezes, quando você está meditando, pode vivenciar o que se costuma chamar de "cérebro de macaco": muitos pensamentos cruzam sua mente, assim como um macaco balança de galho em galho. É perfeitamente normal vivenciar o cérebro do macaco. O objetivo da meditação não é esvaziar a mente – mesmo as pessoas que meditam há anos dirão que isso é praticamente impossível. O objetivo é ter mais consciência de si mesma e permanecer no momento presente. Quando está meditando, você pode ver um pensamento flutuando em sua mente. Reconheça o pensamento e, em seguida, deixe-o ir. Quanto mais você medita, mais você tem facilidade para deixar seus pensamentos irem quando eles entrarem em sua mente.

Alguns aplicativos e gravações podem guiá-la durante a meditação. Consulte a seção de Recursos no final deste livro.

Atenção plena

Mindfulness, ou atenção plena, é um tipo de meditação em que você se mantém ativa enquanto simplesmente se concentra no momento presente. As distrações são bem-vindas na prática da atenção plena, pois nossa vida tende a ser agitada.

Uma prática de atenção plena que você pode tentar é comer conscientemente. Quando você se sentar para uma refeição, desligue todos os dispositivos, incluindo a televisão. Concentre-se apenas em comer sua comida. Enquanto come, mastigue cada pedaço pelo menos dez vezes, concentrando-se na textura, no sabor e no aroma. Você pode descobrir que, quando come conscientemente, come menos e ainda se sente satisfeita. Você também pode começar a dar preferência para alimentos mais saudáveis, já que agora está prestando atenção total à alimentação.

Cite três coisas

Quando você estiver se sentindo estressada ou começar a ter *flashbacks* do abuso, experimente a técnica de "citar três coisas". Você nem precisa se mover para praticá-la – fique exatamente onde está, se quiser. Cite três coisas que você pode ouvir, três coisas que você pode ver e três coisas que você pode sentir. Continue citando três coisas até perceber que voltou a se sentir como você mesma. Você pode citar as três coisas em voz alta ou mentalmente. Você pode citar as mesmas coisas todas as vezes ou escolher coisas diferentes. Essa prática é conhecida como *técnica de aterramento*. A técnica de aterramento ajuda a distrair o cérebro e fazer com que ele se concentre no momento presente. Quanto mais você praticar a técnica de "citar três coisas" ou outra técnica de aterramento, mais fácil será lembrá-la quando estiver estressada.

Experimente a visualização criativa e as meditações orientadas

Aproveite a capacidade criativa do seu cérebro e use-a para produzir sensações de relaxamento. Existem muitas gravações e vídeos disponíveis na internet que podem ajudá-la a se transportar para uma cena relaxante. Algumas farão uma contagem regressiva para um ambiente relaxante e, em seguida, uma contagem regressiva quando for a hora de acordar ou retornar às atividades regulares. Outras gravações farão uma contagem regressiva para um estado relaxante e depois a deixarão dormir.

Você pode ter que experimentar gravações diferentes antes de encontrar uma que funcione para você. As vozes de alguns narradores podem ser mais atraentes do que outras; algumas imagens podem ser mais reconfortantes para você do que outras.

Durma o suficiente

Ter uma boa noite de sono é uma maneira de nosso cérebro se curar e torna muito mais fácil lidar com a vida cotidiana. Praticar bons hábitos de sono é essencial para a cura de relacionamentos tóxicos. Um parceiro tóxico pode ter mantido você acordada à noite propositalmente como uma forma de controlá-la e intimidá-la. Pode fazer anos desde que você teve uma noite de sono tranquila.

Existem várias maneiras de você ter uma boa noite de sono, o que é especialmente importante se você estiver dormindo sozinho pela primeira vez depois de um tempo.

- Ouça uma gravação relaxante antes de dormir.
- Desligue todos os aparelhos eletrônicos pelo menos uma hora antes de dormir.
- Tire sua televisão do quarto.
- Adquira um colchão novo se o seu for velho ou desconfortável.

- Mantenha os animais de estimação fora do quarto.
- Use a cama apenas para dormir e fazer sexo, não para trabalhar.
- Faça da sua cama e do seu quarto um local relaxante e confortável, reduzindo a desordem e usando uma iluminação suave.

Fale com o seu médico se tiver problemas para dormir. Informe-o se você tem um histórico familiar de insônia. Você pode precisar de medicação para ajudá-la a dormir, pelo menos temporariamente. Tomar medicamentos (prescritos) para dormir pode ajudá-la a controlar melhor seu humor e o estresse no dia seguinte. Dormir o suficiente também permite que você se recupere e tenha mais esperança de reconstruir sua vida.

> "Comecei a desligar meu telefone e o tablet uma hora antes de dormir e me senti muito mais descansada pela manhã."
>
> — Sade, 28

Use dispositivos eletrônicos com moderação

Como mencionei na seção anterior, geralmente é recomendável desligar os dispositivos eletrônicos pelo menos uma hora antes de dormir. Por quê? Seu cérebro precisa de uma chance para relaxar. Quando você olha para dispositivos retroiluminados antes de dormir, a luz que eles emitem suprime a melatonina em seu cérebro.[3] A melatonina é um hormônio que ajuda a regular o sono. Você pode pensar que usar o recurso de escurecimento ou "noite" em seu celular ajuda, mas, infelizmente, não melhora a supressão da melatonina.[4] Portanto, isso significa dar uma pausa em computador, tablet, telefone ou TV antes de dormir. Se você acordar no meio da noite, não os ligue.

Considere ter uma regra de "nada de eletrônicos depois das nove da noite", que se aplicará a você e a outras pessoas da sua casa. Se uma hora inteira for muito difícil, primeiro tente desligá-los quinze minutos antes de dormir. Você pode descobrir que se sente mais revigorada pela manhã. Em seguida, trabalhe para desligar os aparelhos eletrônicos trinta minutos antes de dormir, depois 45 minutos e depois uma hora inteira. Cultivar um hábito é o mesmo que *moldar um comportamento* e é uma maneira útil de facilitar a mudança.

Limite o tempo nas redes sociais

Limite suas interações nas redes sociais por enquanto. Cada vez mais, profissionais de saúde mental e outros estão percebendo que as redes sociais têm algumas desvantagens sérias. Quanto mais tempo você passa nas redes sociais, maiores são suas chances de apresentar sintomas de depressão e ansiedade.[5] Existem alguns motivos para isso e eu gostaria de destacar dois.

Primeiro, quando vemos as postagens ou fotos de pessoas com uma aparência feliz, é fácil começar a comparar nossa vida com a delas e nos perguntar por que a nossa parece ser muito mais difícil. Como diz o ditado, "a grama do vizinho sempre parece mais verde". Sempre haverá pessoas que têm mais ou menos do que nós. Também é importante lembrar que muito do que as pessoas postam não é um reflexo preciso do seu dia a dia. Nunca sabemos realmente o que se passa *offline*. Você pode ter vivido isso no seu relacionamento tóxico; você e seu ex-parceiro podem ter aparentado felicidade, mas seus amigos ou seguidores nas redes sociais nunca souberam o que você realmente estava passando.

Segundo, nosso senso de valor próprio pode estar vinculado a quantas curtidas ou quantos comentários positivos recebemos numa postagem. Receber um sinal de positivo ou um coração numa postagem é muito bom. Trata-se apenas da química do cérebro – curtir ou comentar nas redes sociais desencadeia uma liberação de dopamina em seu cérebro, ativando seu "sistema de recompensa" interno.[6] Isso é bom para qualquer um, principalmente para alguém que acabou de sair de uma situação tóxica e que pode não ter obtido muita validação. Nosso cérebro se acostuma com isso. E, então, não receber tanto *feedback* numa postagem pode arruinar seu dia. Lembre-se, a quantidade de *feedback* que você recebe numa postagem ou num vídeo não é um reflexo do seu valor como pessoa. Você pode saber disso racionalmente, mas seu cérebro envia outros sinais.

As redes sociais também criam uma distância que permite que as pessoas façam comentários rudes que nunca fariam numa interação cara a cara.

Se achar difícil evitar as redes sociais, pode ser necessário desinstalar aplicativos do seu celular ou tablet ou desativar ou excluir suas contas. (Parece drástico, mas vale a pena se proteger – e você pode aproveitar o tempo que passa a ter no seu dia!) Se você precisa ficar nas redes sociais por questões de trabalho, considere desligar os comentários se for difícil para você evitá-los completamente. O envolvimento com os seguidores ajuda, mas considere o custo para você ao ler comentários negativos.

Se você ainda estiver usando a mídia social, certifique-se de bloquear as pessoas associadas ao seu ex-parceiro. Se o bloqueio de uma pessoa causar problemas ou até mesmo reacender o contato com pessoas tóxicas, apenas silencie-as. Se houver postagens que você acha que podem provocar reações negativas em você ou lhe parecerem provocativas, você pode bloquear postagens que contenham palavras específicas, como "abuso", "automutilação" e "narcisista".

> "Eu ficava muito chateada comigo mesma, me perguntando por que todos estavam tendo uma vida tão boa enquanto eu lutava para reconstruir a minha. Vi todas as fotos de relacionamentos felizes, bebês e viagens exóticas que as pessoas postavam. Então percebi que todas aquelas pessoas também tinham dificuldades; elas simplesmente não postavam essas coisas nas redes sociais."
>
> — Constança, 40

Não troque um vício por outro

Após a sensação inicial de alívio que você sente ao terminar um relacionamento doentio, pode surgir uma sensação de vazio. Mesmo quando você sabe que tomou a decisão certa, você ainda sente falta de alguém com quem você costumava passar o tempo, conversar e ter intimidade física. Essa perda pode parecer esmagadora. Darby poderia lhe contar tudo sobre isso.

Darby e seu ex, Micah, se separaram após um relacionamento de um ano que começou promissor, mas aos poucos se tornou insalubre. As coisas desmoronaram depois que Micah entrou em outra fúria narcisista. Darby percebeu que ser solteiro seria melhor do que ter um relacionamento com alguém que estava fora de controle – então ele rompeu a relação e não fez mais nenhum contato. Embora Darby já tivesse vivido relacionamentos mais longos antes, a dor foi mais difícil do que depois de qualquer outra separação pela qual ele havia passado. Nos seis meses depois da separação, Darby teve alguns encontros, mas ninguém realmente despertou seu interesse. Ele estava morando sozinho e se sentia realmente cansado de pensar em Micah, imaginando quem Micah realmente era e, pior de tudo, como ele ainda sentia falta de seu ex depois de como ele havia se comportado. Darby sentiu que apenas tomar um ou dois drinques o impediria de ruminar sobre isso. Mas com o tempo, Darby percebeu que precisava beber um pouco mais para não se sentir sozinho. Ele começou a ficar mais em casa, e namorar parecia inútil – além disso, e se o sujeito acabasse sendo igual a Micah? Um ou dois drinques por noite estavam se transformando em quatro ou cinco, e Darby tinha dificuldade em passar uma noite sem uma garrafa de vinho.

Depois de deixar um relacionamento com tendências viciantes (pense no fenômeno "atrair e afastar" que descrevi na página 119), muitas pessoas substituem um comportamento ou processo viciante por outro –, buscando a euforia que uma vez obtiveram da reconciliação com um parceiro tóxico por meio de outra coisa. Essa substância ou atividade viciante pode ser álcool, drogas, pornografia, comida ou até exercícios excessivos; é qualquer coisa que está tendo um efeito negativo em sua vida que você acha difícil de parar. O vício serve a dois propósitos. Acalma sentimentos de perda, ansiedade e depressão e nos livra de ter que lidar com coisas que preferiríamos não enfrentar.

Um dia, a amiga de Darby, Heather, ligou para ele, comentando que ele parecia estar bebendo mais do que o normal.

Darby ficou na defensiva. "Você não sabe do que está falando, Heather," ele disse.

Heather balançou a cabeça. "Darby, meu pai era alcoólatra. Eu posso ver os sinais. Estou preocupada com você e com o que pode acontecer se você não parar. Darby não falou com Heather por duas semanas depois disso. Mas por fim ele percebeu que a amiga o confrontou porque ela se importava com ele. E ele não estava bebendo apenas para evitar se sentir mal com o rompimento e a solidão; ele estava bebendo para não sentir *nada*. Ele marcou uma consulta com seu médico para conversar sobre como fazer mudanças.

Resumindo: trocar um vício por outro é comum, mas você tem o poder de identificá-lo e controlá-lo. Se você sente que pode estar trocando um vício por outro, tente usar algumas das estratégias de autocuidado deste capítulo como formas mais saudáveis de se acalmar. Você também pode se beneficiar de uma terapia. Veja a seguir:

CHECK-IN: VOCÊ INICIOU OU REINICIOU UM COMPORTAMENTO VICIANTE?

Pense em uma substância ou atividade viciante que você pode ter usado ou praticado recentemente. Com quantas das seguintes afirmações você se identifica?

1. Estou achando difícil controlar o meu vício.
2. Tive problemas legais devido ao meu vício.
3. Familiares e amigos expressaram preocupação com meu vício.
4. Já tentei controlar meu vício, mas não está funcionando.
5. Fiquei endividado devido ao meu vício.
6. Perdi acontecimentos importantes da minha vida devido ao meu vício.
7. Priorizei meu vício em detrimento de pessoas essenciais em minha vida.
8. Não consigo me ver livre do meu vício.
9. Tive sintomas de abstinência, como ansiedade e agitação.
10. Estou pensando em voltar para a pessoa tóxica em minha vida para ter mais acesso ao que estou usando.

Se você respondeu sim a pelo menos uma dessas afirmações, pode estar sofrendo com vício e dependência. Se você acha que está se apoiando numa substância ou num comportamento para superar sentimentos complicados, converse com um profissional de saúde mental que tenha treinamento em vícios. Releia o capítulo anterior para obter mais informações sobre como encontrar apoio.

Reserve tempo para o autocuidado

Você pode sentir que não tem tempo para praticar o autocuidado. Espero que, depois de ler este capítulo, você possa priorizar o autocuidado nas coisas que provavelmente precisa fazer, de qualquer maneira, como dormir o suficiente, comer bem e manter sua higiene. Para adicionar algumas práticas diárias de autocuidado, como registro no diário, meditação ou exercícios, experimente o seguinte:

- **Reserve apenas cinco.** Até mesmo praticar o autocuidado por alguns minutos de cada vez conta – é melhor do que nada!
- **Divida em pequenos blocos.** Acha que não tem uma hora para se exercitar? Que tal tirar dez minutos agora e mais alguns minutos depois? Tudo ajuda.
- **Agende uma consulta de autocuidado.** Pode ser necessário marcar um horário de autocuidado em sua agenda e dizer "não" a outras atividades durante esse período definido. Quando você

estabelece limites para sua disponibilidade, as pessoas tendem a respeitar mais seu tempo.

- **Faça uma viagem ou reserve alguns dias para o autocuidado.** Se você tiver recursos, uma viagem de lazer pode ajudar a distanciá-la das distrações cotidianas que você prioriza. Se você não pode viajar, considere a possibilidade de reservar alguns dias só para o descanso e atividades saudáveis.
- **Faça disso um ritual.** Se você designar a mesma hora todos os dias ou todas as semanas para fazer a mesma prática, ela se tornará um hábito. Por exemplo, você pode escrever ou desenhar em seu diário todos os dias às seis da tarde.

Quando você começa a praticar o autocuidado e vê como isso melhora seu humor, sua perspectiva e o modo como você interage com o mundo ao seu redor, isso reforça positivamente esse comportamento – então você pode ser naturalmente levada a reservar mais tempo para o autocuidado.

• • • • •

Cuidar bem de si mesma é essencial para a sua cura. Neste capítulo, exploramos estratégias de autocuidado, como dormir o suficiente, fazer exercícios, escrever um diário e reservar um tempo para ficar consigo mesma por meio da meditação. Quando pratica o autocuidado proativo, você se mantém saudável antes de uma crise. Quando você cuida de si mesma, pode cumprir melhor as outras responsabilidades em sua vida e estar presente e disponível para os outros. No próximo capítulo, exploraremos como a reconexão com pessoas saudáveis pode ajudá-la a reconstruir a sua vida.

8

RECONECTE-SE

Como voltar a travar relacionamentos
com pessoas emocionalmente saudáveis

JULES ACHAVA QUE TINHA UM SISTEMA DE APOIO BASTANTE SÓLIDO: ELA se dava muito bem com a família e tinha alguns amigos muito próximos. Mas, ultimamente, os amigos de Jules andavam ocupados com os filhos e ela não os via com a frequência que gostaria. Um dia, Jules decidiu se inscrever em uma aula de culinária para conhecer pessoas. Ela imediatamente se deu bem com uma das outras participantes, Sandy, que era nova na cidade. As duas mais tarde se encontraram para tomar um café, e não demorou muito para que saíssem todos os fins de semana. "Nunca tive uma melhor amiga", disse Sandy, "mas passar um tempo com você faz eu me sentir completa".

"Isso é tão fofo!" Jules exclamou. "Sinto falta de passar tempo com os amigos e estou feliz por ter conhecido você também." Sandy deve ter tomado isso como um sinal, porque ela começou a contar muitas histórias de amizades passadas que não deram certo. Parecia que ela tinha um padrão de deixar suas necessidades de lado para ajudar os amigos apenas para que eles se aproveitassem dela e depois se afastassem. Em particular, Jules achava um pouco estranho que uma mulher contasse tanto da própria vida assim tão cedo, mas, raciocinou, pelo menos era legal que Sandy se sentisse confortável em compartilhar seu passado depois de ter sido magoada.

Algumas semanas depois, uma amiga de Jules, Meghan, ligou para conversarem. Jules concordou alegremente, acrescentando: "E você tem que conhecer minha nova amiga, Sandy!", Meghan se dava bem com todo mundo, pensou Jules, então seria bom apresentar as duas para que Sandy conhecesse mais alguém na cidade.

As três se encontraram na nova cafeteria em que Jules e Sandy costumavam ir. Sandy parecia estar excluindo a outra mulher da conversa, à certa altura virando a cadeira de costas para Meghan. Mais tarde naquela noite, Meghan ligou para Jules. "Não sei como dizer isso", ela começou, "mas há algo realmente estranho na sua amiga".

"Não sei", respondeu Jules. "Ela provavelmente ficou nervosa por conhecer alguém novo; ela passou por muita coisa. Talvez você esteja sendo um pouco crítica. As duas desligaram com um tom muito mais frio do que o normal.

Na manhã seguinte, Sandy ligou. "Eu só quero ser uma boa amiga", disse ela. "Então, me sinto obrigada a contar o que Meghan disse sobre você. Ela disse que você é pegajosa e exige muito tempo dela. Jules brevemente se perguntou quando as duas tinham se falado à sós, mas, depois da conversa da noite anterior, a revelação de Sandy deixou-a com a pulga atrás da orelha. Com muita raiva para abordar o assunto com sua velha amiga, ela parou de falar com Meghan.

Algumas semanas depois, Jules convidou Sandy para jantar com sua família. Tudo parecia correr bem. Mas, quando Sandy foi para casa, a mãe de Jules virou-se para ela com raiva. "Eu não tinha ideia de que você era tão ingrata." Jules não tinha ideia do que a mãe estava falando, mas a mãe não quis ouvir.

Depois disso, ela e a mãe começaram a passar menos tempo juntas. Com o tempo, Jules estava apenas socializando e conversando com Sandy. Até que um dia na cafeteria, quando Jules voltou do banheiro, pegou Sandy enfiando algo apressadamente em sua bolsa. Mais tarde, Jules percebeu que faltava dinheiro em sua carteira. E seus brincos favoritos também haviam sumido da sua cômoda. Foi um grande alerta para ela – como ela podia não ter dado ouvido aos avisos?

Ela se distanciou de Sandy e acabou cortando a amizade. Mas Jules se sentia totalmente sozinha. A perda da sua nova "amiga" divertida tinha deixado um grande buraco em sua vida. Ela ansiava por ter as antigas conexões com sua família e seus amigos de volta, mas se sentia culpada e envergonhada por ter caído na manipulação de Sandy e se separado deles. Depois de todo esse tempo, ela não sabia como restabelecer o contato.

•   •   •   •   •

Quando você estava num relacionamento ou numa situação tóxica, pode ter se isolado dos seus amigos e familiares. Como Sandy, uma pessoa tóxica pode ter provocado conflitos entre você e seus outros amigos. Você pode ter ouvido falar que alguém pensa que você é louca ou muito dependente. Essas mentiras podem ter abalado sua confiança em outras pessoas. Essa é uma parte comum do objetivo de uma pessoa tóxica – isolá-la o máximo possível e fazê-la desconfiar dos outros, para que você passe a depender dela.

Como parte do seu processo de cura, procure amigos e familiares que sejam emocionalmente saudáveis. Você saberá que eles são emocionalmente saudáveis porque você se sente relativamente tranquila e pode ser você mesma quando está perto deles. Seus entes queridos ficarão felizes em saber de você. E se eles julgarem você ou causarem problemas quando se reconectar com eles, vá viver a sua vida! Quando você se esforça para passar tempo com outras pessoas, pode redescobrir que consegue confiar nos outros e fazer amizades que não são tóxicas. Neste capítulo, descreverei algumas coisas específicas a serem observadas ao se reconectar socialmente. Também darei algumas sugestões de lugares e maneiras de encontrar pessoas emocionalmente saudáveis que compartilhem seus interesses e gostem de passar o tempo com você.

> "Meu ex me colocava contra outras mulheres, dizendo que elas dariam em cima dele o tempo todo e outros comentários que pretendiam atiçar minhas inseguranças. Como parte da minha recuperação, estou me esforçando para fazer amizade com outras mulheres. Isso me faz perceber cada vez mais que a grande maioria das pessoas está do seu lado, não está tentando prejudicar você."
>
> — Jamie, 28

Você não precisa se reconectar com todo mundo

Ao voltar e se reconectar, lembre-se, às vezes entramos em relacionamentos tóxicos porque é o que conhecemos ao longo da nossa vida. Não para incentivá-la a ser hipervigilante, mas certifique-se de que os relacionamentos que você está restabelecendo sejam saudáveis.

Existem outras pessoas em sua vida, além do indivíduo tóxico ou abusivo, que a trataram mal? Você conhece amigos ou familiares que a depreciaram para outras pessoas no passado? Alguém foi rápido demais em acreditar num boato que ouviu sobre você – e nunca se preocupou em perguntar a você sobre isso? Deixe essa pessoa fora de sua lista!

Faça uma verificação extra de qualquer um que tenha agido como um macaco voador para a pessoa tóxica (conforme descrito no Capítulo 2). Se ele transmitiu mensagens da pessoa tóxica para você depois que você cortou o contato, há uma chance de que seu abusador ainda esteja em seu círculo social. Ou o próprio macaco voador pode ter se aproveitado desse drama. Isso não quer dizer que as pessoas não possam mudar. Mas você deve perguntar. Seja direta e clara sobre esse limite se decidir se reconectar. Muitos que são recrutados para levar mensagens de abusadores para suas vítimas não percebem o mal que estão causando. Só você pode dizer se seu amigo ou membro da família é, em geral, uma pessoa boa e saudável. Você não está procurando a perfeição – você está procurando alguém atencioso e respeitoso com você, que reconhece e pede desculpas quando comete um erro e muda seu comportamento daí em diante.

CHECK-IN: ESTA PESSOA É SAUDÁVEL?

As seguintes afirmações se aplicam ao amigo ou parente que você deseja contatar?

1. Sinto-me culpada e envergonhada diante dessa pessoa.
2. Essa pessoa me disse que preciso "merecer" para voltar a fazer parte da vida dela.
3. Já fui perseguida ou intimidada por essa pessoa no passado.
4. Sinto-me sem energia depois de ficar perto dessa pessoa.
5. Depois de passar um tempo com essa pessoa, questiono se sou boa ou se mereço amor.
6. Ela me conta detalhes íntimos sobre a vida de outras pessoas.
7. Essa pessoa ameaçou se machucar ou se matar se eu terminar o relacionamento
8. Não me sinto eu mesma quando estou perto dessa pessoa.
9. Ela me humilhou, inclusive na frente de outras pessoas.
10. Sinto-me melhor quando não tenho contato com ela.

Se você respondeu sim a uma ou mais dessas afirmações, provavelmente está lidando com uma pessoa tóxica. Reconsidere se deseja se reconectar com essa pessoa. Às vezes, é melhor deixar esse relacionamento para lá. Se uma pessoa que você conhece ameaça se suicidar, ligue para o serviço de emergência.

Navegando em sua nova visão dos outros

Depois de sair de uma situação tóxica, você pode adquirir comportamentos pouco saudáveis muito mais rapidamente do que antes. Isso pode levar a todos os tipos de dúvida: *Será que atraio comportamentos tóxicos? Sempre tive relacionamentos tóxicos e só agora estou percebendo? Ou sou eu que estou vendo toxicidade onde não existe?*

Obtenha as respostas fazendo mais perguntas a si mesma. Por que você está se sentindo assim? Parece que você está estabelecendo uma conexão saudável ou tem uma sensação de medo ou desconforto em torno dessa pessoa? Essa pessoa está apresentando comportamentos não saudáveis? Como mencionei no Capítulo 5, confie em seus instintos. Se algo não parece certo para você, provavelmente não é. Não fique conectada a alguém que não tem os seus melhores interesses em mente só porque você acha que deveria ser "legal". Ouça a sua intuição. Uma pessoa tóxica pode ter lhe dito que sua intuição era falha, mas ela acerta quase 100% das vezes. Se precisar de mais orientação, revise as descrições de relacionamentos prejudiciais no Capítulo 1 e de estilos de apego seguros e inseguros no Capítulo 5. Os mesmos critérios aplicados ao seu relacionamento tóxico se aplicam a qualquer pessoa com quem você possa passar algum tempo. Também abordaremos outros sinais de alerta e sinais de dinâmica não saudável, como a codependência, no Capítulo 11.

> "Depois que aprendi na terapia como é um relacionamento saudável, fiquei mais capaz de 'eliminar' as pessoas tóxicas da minha vida. Minha vida é melhor porque gasto menos energia com pessoas que não me fazem bem."
>
> — Chandra, 38

Cuidado com grupos insalubres

Pode soar alarmista, mas preciso advertir você contra um perigo que pode não ter considerado. Na minha prática, testemunhei pessoas vulneráveis deixando uma situação tóxica apenas para serem atraídas por organizações prejudiciais, como cultos, grupos extremistas ou esquemas de marketing multinível. Lembre-se de que ficamos muito vulneráveis depois de sair de um relacionamento ou uma situação tóxica. Nossa necessidade de conexão e pertencimento pode ser tão forte que nos tornamos suscetíveis.

Líderes de grupos extremistas se concentram em pessoas que estão tentando reconstruir sua vida ou se curar. Grupos extremistas sabem que, se alguém se sente vulnerável, é menos provável que questione suas táticas. Sinais de um grupo extremista incluem:

- Instilar uma mentalidade de "nós" contra "eles".
- Declarar que possuem informações "secretas".
- Status divino do líder.
- Chamar as pessoas do grupo de "seguidores".
- Desencorajar os seguidores a buscar informações fora do grupo.
- Manter e regulamentos disponíveis apenas para membros "avançados" do grupo.
- Explorar sexualmente os seguidores.
- Manter as pessoas presas dentro dos edifícios do grupo.
- Ameaçar de excomunhão ou violência quem sair.

Outra forma de grupo não saudável são as organizações de marketing multinível (MMN). Esses grupos geralmente exigem um "investimento inicial" para participar e geralmente envolvem a venda de um produto ou serviço. A maior parte do dinheiro de um MMN vai para as pessoas que estão no topo, enquanto 99% dos participantes perdem dinheiro.[1] Qualquer empresa que exija que você pague adiantado pelo "privilégio" de vender seus produtos deve ser encarada com ceticismo. Se você se distanciou da sua família tóxica, eles podem ter cortado seu apoio financeiro. MMN podem ata-

> "Finalmente senti que pertencia a algum lugar, mas descobri que depois que, você entrava no grupo, as pessoas nunca saíam. Elas eram dedicadas ao líder do grupo e as pessoas agiam como se ele não pudesse fazer nada de errado. Rapidamente descobri que, sem saber, tinha entrado em outro relacionamento abusivo."
>
> — Kirk, 38

car pessoas que são vulneráveis e que podem estar com dificulda-des financeiras. Se você ainda está pensando em se envolver com um MMN, verifique o site do procurador-geral do seu estado* para ver se há reclamações contra eles. Se houver algum contrato que a empresa exija que você assine, peça a um advogado para analisá-lo primei-ro. Verifique também se a empresa possui uma política de reembolso para produtos que você não vendeu. A melhor opção é simplesmente não se envolver com um MMN.

CHECK-IN: VOCÊ SE ENVOLVEU NUM GRUPO OU CULTO EXTREMISTA?

Se você está preocupada com a possibilidade de ter se envolvido com um grupo de pessoas não saudáveis, ou se seus amigos ou familiares estão lhe dizendo que um grupo é prejudicial, veja quantas destas afirmações se encaixam.

1. Finalmente sinto que pertenço a este grupo.
2. O líder me disse que preciso abrir mão de minhas posses.
3. O líder me incentivou a dar controle financeiro à organização.
4. Disseram-me que sou má, pecadora ou perversa e que o grupo vai me curar.
5. Sou encorajada a interromper a comunicação com entes queridos que não estão no grupo.
6. Não tenho permissão para fazer perguntas sobre a liderança do grupo.
7. Fui ameaçada de violência ou excomunhão.
8. Houve *gaslighting* do líder em relação aos membros.
9. Há extremo favoritismo em relação a certos membros do grupo.
10. Somos encorajados a odiar um determinado grupo de pessoas.

Quanto maior o número dessas afirmações com que você concorda, mais prová-vel é que tenha se envolvido com esse tipo de grupo. Tente entrar em contato com ajuda externa, seja de amigos de confiança, familiares ou uma autoridade. Consulte o Capítulo 6 para obter informações sobre profissionais de saúde mental – é recomen-dável que você faça terapia depois de deixar esse tipo de grupo.

---

* No Brasil, seria o caso de consultar o site Reclame Aqui. (N. da T.)

Encontre um grupo saudável

Seja um grupo de terapia (consulte o Capítulo 6 para saber mais sobre isso!) ou um grupo de interesse, participar de um pode ajudá-la a se reconectar com outras pessoas. Uma das melhores maneiras de conhecer novas pessoas é por meio de um *hobby* compartilhado. Se você estiver num grupo com um interesse comum, a conversa pode fluir de forma mais tranquila. Se você tem ansiedade social, juntar-se a um grupo com interesses semelhantes pode diminuir seu estresse, pois você pode facilmente discutir algo sobre o qual já sabe muito. (Quando estamos bem informados sobre algo, a conversa provoca menos ansiedade do que se estivéssemos falando sobre um assunto totalmente novo para nós.)

Pode parecer um pouco intimidante no começo, mas tenha certeza de que todos no grupo enfrentaram alguns sentimentos de ansiedade quando chegaram. Se você estiver com um grupo de pessoas saudáveis, provavelmente elas irão fazer você se sentir bem-vinda e seus sentimentos de ansiedade devem diminuir quanto mais você interagir com elas. Se você continuar a sentir ansiedade depois de se encontrar com um grupo várias vezes, reflita e analise se o problema é os membros do grupo não serem emocionalmente saudáveis ou se você tem problemas de ansiedade para resolver dentro de si.

Outras opções para você conhecer pessoas:

- Seu bairro.
- Eventos culturais.
- Aulas (dança, culinária, ginástica, artes etc.).
- Aplicativos para fazer amigos.
- Clubes do livro.
- Festivais.
- Fóruns.
- Jogos.

- Corrida.
- Parques para cães.
- Grupos de *networking* profissional.
- Grupos religiosos.
- Centros comunitários.
- Grupos de viagem.
- Grupos de 12 passos.
- Ativismo social.
- Times esportivos.
- Organizações sem fins lucrativos (leia sobre os benefícios do voluntariado no Capítulo 10).

Se você gostaria de socializar com pessoas num grupo, cabe a você fazer um convite. Tente não se preocupar em ser rejeitado. Ouvir um "não" pode ser doloroso, mas é uma parte inevitável da vida. Se alguém não consegue se reunir, essa pessoa pode ter ansiedade sobre a socialização ou pode ter muita coisa acontecendo na vida dela – geralmente não tem nada a ver com você!

Os prós e contras de se conectar pela internet

Temos relativamente sorte de viver numa era moderna, em que a tecnologia torna tão fácil estar em contato com nossos amigos e familiares e conhecer novas pessoas. Antes das redes sociais, muitas pessoas conheciam outras por meio de amigos e familiares. No entanto, essa forma de fazer conexões está se tornando coisa do passado – agora, muitas vezes conhecemos pessoas na internet.[2] (Se você vem de uma família disfuncional, pode ter medo de conhecer alguém por meio dos seus familiares!) Embora possa ser útil formar conexões presenciais, você também *pode* encontrar conexões saudáveis e duradouras por meio da internet.

Existem sites e aplicativos onde você pode pesquisar grupos por interesse e localização. Você também pode encontrar grupos de apoio, incluindo grupos de 12 etapas para se recuperar de pais, famílias ou outros entes queridos disfuncionais. Veja se existe um grupo que corresponda aos seus interesses e necessidades. Tente se encontrar pessoalmente em algum momento, pois ver as pessoas pode ajudar a fortalecer as amizades, principalmente nos estágios iniciais.[3]

Existem algumas armadilhas em usar a internet ou aplicativos para conhecer pessoas. Se você se conectou com pessoas *on-line*, observe o tempo gasto fazendo isso. Ficar na internet pode consumir seu tempo rapidamente e, como mencionado no capítulo anterior, passar muito tempo nas redes sociais pode piorar os sentimentos de depressão e ansiedade. Um limite que você pode definir é ter um bom gerenciamento de tempo e ser capaz de priorizar. Um cronômetro pode ajudá-la a lembrar quando sair da internet.

Tenha cuidado para que as pessoas com quem você está falando sejam quem dizem ser. Não dê nenhuma informação pessoal. Tenha em mente que você está vulnerável agora, e algumas pessoas podem sentir isso e se aproveitar. Portanto, se você se encontrar com alguém que conheceu na internet, leve outra pessoa com você e sempre se encontre num local público.

Lembre-se, como mencionei brevemente no Capítulo 5, não há realmente nenhum substituto para telefonemas e contatos presenciais quando se trata de construir intimidade emocional. Para ajudar a reconstruir conexões positivas com pessoas saudáveis, conhecer e se comunicar pela internet pode ser um bom ponto de partida, mas sugiro que você volte a se encontrar com as pessoas no mundo real.

Como se reapresentar

Quando você se reconecta com um amigo ou familiar, pode ser um desafio saber o que dizer. Tanta coisa aconteceu, mas você acha difícil saber por onde começar. Considere o seguinte ao se "reapresentar".

"Eu sei que não estivemos muito em contato ultimamente. Espero que você e eu possamos voltar a ter um relacionamento. Se magoei você de alguma forma, peço desculpas. Vamos começar de novo?"

Isso é o que funcionou para Jules (do início deste capítulo). Ela decidiu ligar primeiro para a mãe, imaginando que seria mais fácil restabelecer um relacionamento com um membro da família. Ela foi ver a mãe num sábado, imaginando que um fim de semana seria um período menos estressante para as duas. Ambas choraram e compartilharam um grande abraço. Isso deu a Jules a coragem de ligar para Meghan. Como Jules, apenas dê um passo de cada vez.

A maneira como você faz essa declaração depende do seu relacionamento. Como você se comunicava antes? Às vezes, enviar uma mensagem de texto pode ser mais fácil do que entrar em contato por telefone ou pessoalmente, mas você perde muita comunicação não verbal. É compreensível se você quiser entrar em contato de maneira menos direta, principalmente se estiver preocupada em ser rejeitada. Para esses primeiros contatos, o jeito que você achar melhor é o jeito certo. Se a outra pessoa se ofender com a forma como você a procurou, reconsidere se realmente deseja um relacionamento com essa pessoa.

Esteja ciente de que nada garante que uma pessoa vá aceitar seu pedido de desculpas e se reconectar. Às vezes, por vários motivos, as pessoas não vão aceitar um convite para reatar um relacionamento com você. Saiba que isso não tem nada a ver com você, mesmo que pareça profundamente pessoal. Às vezes, as pessoas têm uma política de "tolerância zero" quando se trata de relacionamentos. Não é uma maneira saudável de passar pela vida, mas serve a um propósito para essa pessoa ao não se permitir que a magoem.

No entanto, isso também significa que ela deixa de restabelecer amizades, como com você. Lembre-se, o modo como as pessoas tratam você diz mais sobre elas do que sobre você.

> "Eu ficava nervosa ao pensar em me reconectar com minha irmã, mas, quando começamos a conversar, foi como se o tempo não tivesse passado."
>
> — Maria, 54

Pelo que você deve e não deve se desculpar

Quando você se reconecta com os entes queridos, pode sentir vontade de pedir desculpas por tudo o que aconteceu entre vocês. É totalmente normal se sentir assim. No entanto, pedir desculpas por coisas que não são sua culpa pode criar uma dinâmica doentia em seu relacionamento. Você pode estar acostumada a se desculpar profusamente com seu parceiro, chefe ou amigo tóxico.

As coisas pelas quais você não deve se desculpar incluem como você se sente, manter um limite ou defender seus direitos como pessoa (se precisar de uma atualização sobre isso, revise o Capítulo 5).

Quando você deve se desculpar com alguém?

- Quando você cometeu um erro na forma como tratou alguém.
- Quando você forneceu informações falsas a alguém, consciente ou inconscientemente.
- Quando você mentiu para alguém, consciente ou inconscientemente.
- Quando você se comportou de maneira contrária às suas crenças e aos valores.
- Quando uma pessoa diz que você a magoou.
- Quando você ofendeu alguém.

- Quando você omitiu informações que a pessoa tinha o direito de saber ou que teria sido útil para ela.

Quando sentir vontade de pedir desculpas, pergunte-se se um pedido de desculpas é necessário. Isso não significa que você não deve se desculpar quando magoa alguém; significa que muitas vezes na vida usamos desculpas quando elas não são realmente necessárias ou apropriadas.

Às vezes, um pedido de desculpas deve ser uma declaração. Por exemplo, "Sinto muito por tomar seu tempo" poderia ser dito de forma mais assertiva como "Obrigado por ser paciente"; "Sinto muito, minha opinião é diferente da sua" poderia ser reformulado como "Obrigada por ouvir meu lado da história". Quando você reformula um pedido de desculpas como uma declaração, você é mais assertiva e se defende.

Declarações do tipo "Eu sinto"

Quando você precisa compartilhar suas preocupações ou seus sentimentos ou estabelecer um limite com alguém, uma declaração usando o pronome "eu" ou a construção "eu sinto" é uma maneira de informar a pessoa sem culpá-la. Você pode ter ouvido falar desse recurso, pois é uma recomendação de terapeutas familiares e conselheiros de relacionamento, e por um bom motivo.

Essa é a estrutura básica de uma declaração do tipo "eu sinto":

Quando (tal coisa ocorre), eu sinto (emoção) porque _____. Acho que deveríamos (solução).

Por exemplo: "Quando ligo e, por algumas semanas, minha ligação não é atendida, fico ansiosa porque sinto como se tivesse feito algo errado. Acho que seria uma boa ideia mantermos contato uma vez por semana.

Ao usar a declaração do tipo "Eu sinto", a chave é evitar usar o pronome "você", porque a outra pessoa pode se sentir culpada e ficar na defensiva. Em vez disso, ao declarar as *suas* necessidades e o que *você* gostaria que acontecesse, você terá mais chances de ter um diálogo construtivo com a outra pessoa sobre seus sentimentos e preocupações. Se você está preocupada com a possibilidade de a conversa parecer estranha, diga o óbvio: "Isso é realmente estranho, mas...", pois isso pode ajudar todos a se sentirem mais confortáveis.

Ao declarar a solução que você propõe usando o pronome "nós", você está claramente convidando a outra pessoa a participar da busca por uma solução. Você também está deixando-a saber que a resposta é um esforço de equipe – são duas pessoas contra um problema, não uma contra a outra.

Lembre-se de que usar a declaração do tipo "eu sinto" não é uma garantia de que a outra pessoa estará aberta para ouvir sua preocupação ou buscar uma solução com você. Mas você saberá que tentou e não querer cooperar com você é problema dela, não seu.

MOMENTO DE REFLEXÃO: COMO PREPARAR SUAS DECLARAÇÕES DO TIPO "EU SINTO"

Você provavelmente tem relacionamentos em que gostaria de apontar um problema, mas não tem certeza de como fazer isso sem causar constrangimento, ou está preocupada que a outra pessoa a julgue. Quando você cria o hábito de escrever antes o que vai dizer a alguém, a situação real pode ficar muito menos estressante. Pense em alguém com quem você geralmente se dá bem, mas em cuja amizade houve um ponto crítico para você que foi difícil de superar. No caso de um colega de quarto ou parceiro, pode incomodar você que ele deixe cair pasta de dente na pia. Embora você possa limpá-la, está ficando irritada com isso e só quer que ele mesmo se encarregue da limpeza. Primeiro, pergunte a si mesma se esse é um pedido razoável. Sim, os adultos devem deixar a pia do banheiro limpa como um ato de cortesia e respeito pelo espaço onde vivem. Em seguida, escreva como resolver esse problema usando o formato "Eu sinto". Por exemplo: "Quando você deixa cair pasta de dente na bancada do banheiro, fico frustrada porque gosto de ver a bancada limpa e não quero que a pasta de dente me suje. Que tal cada um de nós fazer uma limpeza rápida na pia quando terminarmos de usar o banheiro?

> *Agora é a sua vez! Escreva algumas frases "Eu sinto" sobre problemas que você pode estar vivenciando em seus relacionamentos. Às vezes, as pessoas não têm ideia de que algo está incomodando você, a menos que você tome a iniciativa de dizer algo sobre isso. Você pode ensair antes a possível interação com um amigo ou parente de confiança para que possa ajustar sua comunicação e se dessensibilizar para a conversa real.*

Sentir-se na defensiva com os outros

Quando alguém lhe diz que o seu comportamento o incomodou, pode ser difícil aceitar isso, principalmente se a pessoa tóxica da sua vida a menosprezava constantemente. Uma crítica e você sente que está de volta à situação abusiva. Saiba que essa reação pode decorrer do fato de você só ter recebido críticas da pessoa tóxica.

A maneira como você está se sentindo é totalmente compreensível. Você está dando grandes passos em direção à cura e pode se sentir vulnerável por vários motivos; é natural que queira se proteger enquanto ainda se sente emocionalmente frágil. Mas o importante é lembrar que nem todo mundo é tóxico. Essa pode ser a sua impressão no começo, mas saiba que você pode e com certeza vai conhecer pessoas saudáveis. Essas pessoas podem expressar preocupações com seus amigos e entes queridos, porque é isso que as pessoas saudáveis fazem: abordam abertamente questões e conflitos para que possam ser resolvidos e ninguém fique ressentido com ninguém. A comunicação aberta (que é transparente, mas não brutal) ajuda as pessoas a crescerem e saírem da sua zona de conforto.

É bom que alguém se importe e tenha maturidade para resolver um problema com você, desde que seja feito de maneira gentil e cortês. A crítica construtiva é quando uma pessoa lida com uma situação demonstrando bondade. Um exemplo de preocupação saudável pode ser: "O tom de voz que você usou esta manhã me deixou desconfortável. Podemos conversar sobre isso?".

Se você estivesse na defensiva, poderia dizer: "Não faço ideia do que você está falando" ou "Não, não vamos falar sobre isso". Em vez disso, uma resposta saudável é "Sinto muito por ter magoado você – sim, vamos conversar". Saiba que mesmo que você discorde de como alguém está se sentindo, a outra pessoa tem direito a ter esses sentimentos.

CHECK-IN: VOCÊ ESTÁ NA DEFENSIVA?

Com quantas destas afirmações você concorda?

1. Quando alguém me diz que eu o aborreci, automaticamente sinto que essa pessoa não tem o direito de se aborrecer.
2. Quando recebo críticas construtivas, penso comigo mesma que a outra pessoa é uma idiota.
3. Guardo rancor depois que as pessoas me dizem que estão chateadas comigo.
4. Evito outras pessoas para não ter que lidar com possíveis críticas.
5. Deixei um emprego ou uma atividade depois de receber críticas construtivas.
6. Tenho reagido a críticas gritando ou berrando.
7. Saí da sala com raiva ou evitando as pessoas depois que alguém falou sobre uma preocupação comigo.
8. Falei mal de alguém para outras pessoas depois que essa pessoa expressou uma preocupação comigo.
9. Quando recebo críticas, quase imediatamente começo a chorar.
10. Quando alguém menciona um problema, eu faço uma piada sobre isso.

Se você respondeu "sim" a uma ou mais dessas afirmações, pode estar usando um mecanismo de defesa para se proteger. Se precisar de ajuda para superar o medo ou a raiva em reação a críticas construtivas, converse com seu terapeuta sobre isso. Ela pode até encenar algumas conversas com você para que você possa praticar uma resposta atenciosa e não defensiva num ambiente neutro.

Cerque-se de uma equipe de apoio

Como você pode ter ficado isolada dos seus amigos e familiares, pode não ter conseguido construir uma rede de apoio. É essencial que você tenha pessoas com quem possa conversar se tiver problemas ao longo da vida (e todo mundo tem!). Mesmo que você não se sinta particularmente sociável ou simplesmente não goste de pessoas, ajuda ter pelo menos uma pessoa em sua vida com quem possa processar ideias e preocupações. A pessoa ideal para lhe dar apoio é alguém para quem você possa ligar a qualquer hora – mesmo às três da manhã, quando você estiver em crise. (Lembre-se de que é uma boa ideia estender a mesma cortesia a ela!)

Você pode já ter uma rede de apoio e só não perceber devido ao seu isolamento anterior. Procure pessoas no trabalho, em sua vizinhança, na internet ou em seu local de culto a quem você já recorre em busca de apoio. Você pode ter mais ajuda disponível do que imagina. Anote o nome dessas pessoas numa lista para procurar quando precisar falar com alguém. Se você não consegue pensar em ninguém que esteja em sua rede de apoio, tudo bem. Procure pessoas que o aceitem como você é e que também sejam boas ouvintes.

MOMENTO DE REFLEXÃO: ENCONTRE A SUA REDE DE APOIO

Como Jules no início deste capítulo, você pode agora sentir que está sozinha no mundo, sem muito apoio. No entanto, sua rede pode ser maior do que você pensa. Pegue uma folha de sulfite e desenhe um alvo – três círculos concêntricos. No meio do círculo, escreva as pessoas com quem você pode entrar em contato a qualquer hora, mesmo às três da manhã, se precisar de algo. No próximo círculo, anote os nomes das pessoas com quem você se sentiria à vontade para ligar durante o dia, mas ainda não as conhece bem o suficiente ou sabe que elas têm limitações que excluem chamadas tarde da noite. No círculo mais externo, anote os conhecidos – pessoas com quem você esbarra às vezes na loja, pessoas em sua casa de culto, pessoas às quais você não necessariamente se referiria como "amigos", mas você gosta delas. Agora, dê um passo para trás e conte o número de pessoas que você escreveu. Tire uma foto do alvo e marque-a como favorita em seu telefone. Dê uma olhada quando estiver se sentindo sozinha ou precisando de algum contato social. Considere a possibilidade de conhecer algumas das pessoas em seus círculos externos e trabalhe para manter relacionamentos saudáveis com as pessoas no centro do alvo. Você também pode transferir esses nomes para o seu diário.

Não se apegue aos resultados

Uma palavra final sobre a reconexão: desista do seu apego ao resultado. Isso significa não colocar pressão em si mesma (e nos outros) para fazer essa conexão acontecer. Em vez disso, observe o que você está aprendendo com a experiência.

Por exemplo, você pode ter aprendido que, mesmo depois de ficar isolada das pessoas, conseguiu fazer com que as coisas voltassem a entrar nos eixos. Você pode ter redescoberto sua confiança. Você provavelmente saiu da sua zona de conforto. Sucesso leva a mais sucesso. A maneira como a outra pessoa respondeu não afeta sua capacidade de se conectar com outras pessoas; o mais importante é que você tentou. Tenha muito orgulho disso.

• • • • •

Neste capítulo, exploramos por que se reconectar com as pessoas das quais você estava isolada é uma parte essencial da cura. Uma pessoa doente separa você da família e dos amigos para ter controle sobre você. No entanto, você pode se reconectar com sua família e seus amigos e estabelecer novas conexões. Você aprendeu o que fazer com sentimentos de ansiedade e medo de se reconectar com as pessoas em sua vida. Você também descobriu maneiras de conhecer novas pessoas, principalmente se agora percebe que as pessoas em sua vida são tóxicas.

Ter um sistema de apoio é vital agora, porque ser capaz de conviver com outras pessoas pode ser muito útil quando você está passando por sentimentos de luto e perda. É o que abordaremos no próximo capítulo.

9

ENFRENTE O LUTO

Como superar o sentimento de perda
para poder se curar

U M DOS PRIMEIROS SENTIMENTOS QUE AS PESSOAS TÊM QUANDO SAEM de um relacionamento tóxico é um alívio avassalador. Pode parecer que você finalmente está livre para viver a sua vida. Mas, com o fim de qualquer relacionamento, também vem o luto.

O luto é uma coisa difícil de processar, mesmo que você tenha um relacionamento saudável. Acrescente uma pessoa tóxica à mistura e isso pode parecer um tormento. Também pode ser confuso porque você sente que tomou a decisão certa ao eliminar essa pessoa da sua vida e, ainda assim, se sente desolada. Enquanto você está de luto, pode estar sentindo uma variedade de emoções, às vezes todas ao mesmo tempo. Sentimentos de alívio, frustração, raiva, fúria, ansiedade, euforia e tristeza são completamente normais.

Há tanta coisa que torna o luto complicado depois de um relacionamento tóxico! Você sentiu apego e amor por aquela pessoa, por mais doentia que ela pudesse ser. Isso não significa que algo está errado com você; significa que você é um ser humano e sofreu uma perda. Além do mais, você está sofrendo não apenas pela perda do seu relacionamento, mas também pelo amigo ou parceiro que pensava ter; sua dor é agravada pelo fato de a pessoa com quem você se relacionou não ser a pessoa que ela acabou mostrando ser. Pessoas tóxicas podem ter uma maneira muito hábil de parecer algo que não são. Pessoas tóxicas começam a mostrar seu verdadeiro eu quando você já está envolvida no relacionamento e, quando essa máscara de bondade e comportamento amoroso cai pela primeira vez, pode ser um choque.

Você pode estar sofrendo pelo fato de ter um filho com uma pessoa conflituosa pelo resto da vida. Você pode ter deixado seu emprego, aquele pelo qual trabalhou tanto, porque ele colocava sua saúde emocional em risco. Você pode estar passando por várias perdas ao mesmo tempo se precisa interromper o contato com seus familiares pelo bem da sua saúde mental. Você pode estar passando por várias transições na vida ao mesmo tempo.

Você também pode estar sofrendo por quem *você* era antes que o relacionamento ou a situação tóxica a mudasse. Você podia ser uma pessoa mais sorridente e tranquila antes de conhecer a pessoa tóxica ou antes de sua amizade azedar. Você pode ser essa pessoa novamente, até mesmo uma versão melhor dessa pessoa. Mas leva algum tempo para a ferida cicatrizar.

Avance no seu próprio ritmo

Você pode querer se livrar da dor o mais rápido que puder. O luto pode parecer terrível. No entanto, ele é uma coisa engraçada: quanto mais você tenta se livrar dele, mais ele crava as garras em você.

Você pode ter ouvido falar que as pessoas descrevem o luto como algo semelhante a ser atingido por ondas enormes. As ondas são constantes no início, depois, com o tempo, elas vão ficando menores e você é derrubada por períodos mais curtos. De vez em quando, uma enorme onda de tristeza a atinge do nada. Essas ondas gigantes de tristeza podem aparecer quando você encontra seu ex ou o ex-chefe ou assiste a um programa que traz à tona questões sobre relacionamentos tóxicos. Se uma pessoa tóxica morreu, a morte dela lhe proporcionou a sensação de um fechamento definitivo, mas você ainda pode se lembrar dela enquanto segue sua vida. Às vezes, você não saberá o que desencadeou a lembrança. A questão é que a cura da dor e da perda é um processo contínuo.

Na verdade, o luto não tem um dia certo para acabar. Qualquer pessoa que lhe diga que existe um período de tempo específico em que você deve começar a "se sentir melhor" ou começar a namorar novamente não conhece a profundidade ou brevidade de sua dor. As pessoas podem dizer que é muito cedo para começar a namorar ou que você já está sofrendo "há tempo suficiente". Não deixe ninguém julgá-la ou apressá-la. Só você pode dizer o que é certo para você.

Você pode precisar meditar sobre a sua dor ou conversar sobre ela para conseguir superar. Caso contrário, pode sublimar sua dor em comportamentos prejudiciais, como cultivar um vício. Pode ser útil conversar com um profissional de saúde mental que possa orientá-la no processo de luto. Se você ainda não está trabalhando com um terapeuta, revise o Capítulo 6, onde descrevo como encontrar um profissional e pagar por suas sessões. É um investimento que vale a pena, principalmente enquanto você está enfrentando o luto.

Os estágios do luto de Kübler-Ross

Você já deve ter ouvido falar dos cinco estágios do luto: negação, raiva, barganha, depressão e aceitação. Esse é um modelo que a psiquiatra Elisabeth Kübler-Ross introduziu no final dos anos 1960 e agora é citado com frequência na cultura pop. Esses estágios de luto se aplicam sempre que você passa por alguma perda, seja uma separação, morte, problema de saúde ou perda de um sonho. Embora muitas vezes pensemos nesses estágios como um processo linear comum, você não passa necessariamente por eles numa ordem específica e pode experimentar mais de um por vez. Você pode até pular etapas ou voltar a etapas anteriores. É simplesmente uma estrutura para o que você pode encontrar e ajuda as pessoas a verem que o processo de luto, embora único para cada pessoa, também é universal. Saber que todo mundo vivencia o luto em algum momento pode ajudá-la a não se sentir tão sozinha.

Choque e negação

Você não pode acreditar que seu relacionamento acabou. Se uma pessoa tóxica terminou com você, você pode ter se dissociado quando lhe disseram que as coisas haviam acabado. A dissociação acontece quando você sente que não está presente. Seu cérebro "desliga". Se você rompeu o relacionamento, pode ter sentido alegria ao ir embora. Pode sentir muito pouca culpa ou pouco remorso.

Raiva

Sua raiva durante o processo de luto pode ser direcionada a você, seu ex, um amigo ou membro da família. Você pode estar com raiva por ter passado tanto tempo na situação ou por ter sido tratado com crueldade e injustamente. Você pode estar com raiva por não ter se expressado mais durante o relacionamento (mesmo que falar abertamente pudesse ter levado a atritos). Você pode estar com raiva de familiares e amigos que a incentivaram a deixar o relacionamento.

Barganha

Você diz a si mesma que fará qualquer coisa para restabelecer o relacionamento. Se você acredita num poder superior, pode rezar ou até mesmo implorar, dizendo que abriria mão de qualquer coisa se seu antigo amigo ou parceiro voltasse. Você pode desejar poder trocar seu novo emprego pelo que tinha antes.

Depressão

Você pode ter dificuldade para sair da cama ou não ter interesse em coisas que costumavam atrair sua atenção. A depressão nem sempre se parece com tristeza; ela também pode fazer com que seus sentimentos pareçam silenciados a ponto de você não sentir nada.

Na depressão, algumas pessoas podem pensar em se ferir ou se matar. Se isso acontecer com você, entre em contato com um profissional de saúde mental. Você também pode entrar em contato com o 188, o número do CVV (Centro de Valorização da Vida).

Aceitação

Você aceitou o fato de que seu relacionamento acabou. Você sabe que tudo por fim ficará bem, você acabará encontrando um novo "normal" e se sentindo mais como era antigamente. Embora a aceitação possa ser vista como um bom avanço no processo do luto, isso não significa que você esteja totalmente livre dele ou que não possa retornar a um estágio anterior – e isso é completamente normal. Você já avançou e ainda está progredindo.

Luto complicado

Os cinco estágios do luto terminam com a aceitação, e aceitar um "novo normal" geralmente é o que acontece. No entanto, e se os sentimentos de perda parecem não desaparecer ou melhorar com o tempo, mas, em vez disso, eles a atormentarem a ponto de ser difícil pensar em outra coisa? Isso é o que os profissionais de saúde mental chamam de "luto complicado" e acontece com uma pequena porcentagem de pessoas que estão sofrendo (entre 7 e 10%). É a dor que está acima e além do que se espera que uma pessoa sinta após uma perda. No luto complicado, o cérebro reage a uma perda da mesma forma que reagiria ao abandonar repentinamente uma substância viciante.[1]

Muitas vezes, as pessoas que sofreram traumas causados por pessoas ou relacionamentos tóxicos desenvolvem um luto complicado porque, como discutimos nos capítulos anteriores, a pessoa tóxica ainda pode estar tentando atraí-la de volta e você não consegue pôr um ponto-final nessa história. Quando você tem um luto complicado, pode vivenciar uma das seguintes alternativas:

- Preocupação excessiva.
- Pensamentos obsessivos.
- Costume de evitar locais que a lembrem da sua perda.
- Uso de substâncias ou outros comportamentos viciantes para evitar sentir tristeza.
- Mudanças de humor.
- Supressão ou repressão das emoções.
- Incapacidade de aceitar a perda.
- Dificuldade em praticar autocuidado ou higiene.
- Dificuldade em imaginar uma vida ou futuro significativo sem a pessoa.
- Sentimentos profundos de raiva.

- Dificuldade em lidar com as atividades diárias.
- Pensamentos suicidas.

Alguns fatores aumentam o risco de desenvolver luto complicado. Se você já tem depressão e/ou ansiedade, problemas de abuso de substâncias, problemas de saúde física, sentimentos de dependência de outras pessoas, sentimentos de culpa, percepção de falta de apoio social ou conflito familiar, você pode estar em risco.[2] Você também pode estar mais vulnerável a situação de luto complicado se tiver uma visão negativa de si mesma e tiver um relacionamento hostil ou conflituoso com a pessoa que perdeu – portanto, um relacionamento tóxico por sua natureza pode torná-la mais suscetível.[3]

Se você está vivendo um luto que parece não passar ou que está causando dificuldades no seu dia a dia, converse com um profissional de saúde mental especializado em luto e perda (reveja o Capítulo 6 se precisar de mais apoio sobre isso).

> "Quando precisei interromper o contato com a minha família por negarem o abuso que sofri, senti que estava sofrendo assim como as outras pessoas normalmente sofrem nessa situação. Mas então passei pelo que chamo de uma 'mudança brusca' e me senti debilitado. Acabei ficando sem comer por vários dias e senti como se fosse morrer de dor de cabeça. Por sorte, um bom amigo foi bem direto comigo e disse que minha dor parecia mais intensa do que a de outras pessoas e que eu precisava de ajuda."
>
> — Victor, 40

Perda em vida e perda ambígua

Se você teve que cortar o contato com amigos ou familiares devido a um comportamento tóxico, provavelmente está sofrendo por pessoas que ainda estão vivas – o que pode fazer com que sua dor pareça incompleta e interminável. Quando as pessoas experimentam um luto que não se deve a uma morte, isso é chamado de *perda em vida* ou *ambígua*.

Com a perda ambígua, você pode ficar em uma espécie de limbo. A pessoa não está morta, então você pode esperar que um dia ela volte para você ou que a situação mude. Ou, mesmo que não queira vê-la novamente, isso pode ser necessário porque vocês têm filhos ou trabalham na mesma empresa. Isso complica o processo de luto; é mais difícil finalmente aceitar que o relacionamento acabou e seguir em frente com sua vida.

Como exploramos no Capítulo 3, às vezes você precisa chegar a um desfecho por conta própria ou aceitar o fato de que talvez nunca consiga o desfecho que deseja. O Momento de Reflexão a seguir é outra maneira de processar essas experiências e encontrar alguns sentimentos pacíficos.

> "Como posso obter qualquer tipo de cura quando o vejo dia sim, dia não?"
>
> — Chandra, 28

MOMENTO DE REFLEXÃO: CRIE SEU PRÓPRIO FINAL

Quando você não consegue o final que queria ou precisava para um relacionamento ou uma situação, pode criar seu próprio final. Anote os detalhes do relacionamento tóxico, incluindo como ele terminou. Agora, escreva o resto da história. O que você realizará agora que não tem mais um relacionamento emocionalmente prejudicial? O que você terá tempo agora que não tinha antes porque passou o tempo antecipando o que a outra pessoa queria? Como você crescerá com essa experiência? Talvez você consiga viajar ou fazer atividades que de outro modo estariam "fora de alcance", porque a pessoa tóxica não aprovava. Anote todas as maneiras pelas quais você se tornará uma pessoa melhor com essa experiência.

Quando uma pessoa tóxica morre

Jessie cresceu com três irmãs e uma mãe que colocava as filhas uma contra a outra. Sua mãe e irmãs a viam como uma "garota má" porque ela frequentemente se metia em encrenca por se comportar mal na escola. Sua mãe a punia ainda mais, mas enquanto isso enchia as irmãs com elogios e presentes.

Num Natal, Jessie desceu as escadas animada e olhou debaixo da árvore. Para sua surpresa, ela não ganhou nada – embora as irmãs pareciam haver ganhado ainda mais presentes do que o normal. Jessie começou a chorar. "Engole esse choro", a mãe disse friamente. "Por que você esperava alguma coisa sendo uma criança tão problemática?" Jessie nunca esqueceu como se sentiu ao ouvir essas palavras.

À medida que Jessie chegava à idade adulta, ela diminuía cada vez mais o contato com a mãe e as irmãs. Com a ajuda do seu terapeuta, Jessie viu que não era culpada pela forma como a mãe a tratava. Com vinte e poucos anos, ela finalmente cortou toda a comunicação com elas.

Cinco anos depois, ela recebeu uma ligação de um número que não conhecia. Era uma das irmãs, dizendo que a mãe estava à beira da morte e que Jessie tinha "mais uma chance de agir direito com a mãe".

Jessie sentiu que estava sendo jogada de volta ao papel de "menina má". Ela estava em conflito – parte dela não queria nada com a mãe ou as irmãs, enquanto parte dela queria algum tipo de desfecho. Então, Jessie decidiu que faria uma visita para se despedir da mãe.

Quando ela chegou ao quarto da mãe no hospital, ficou chocada ao ver como ela estava diferente. Na memória de Jessie, a mãe era uma figura grande e imponente. Agora ela parecia menor, encolhida numa cama de hospital. Jessie prendeu a respiração – ela meio que esperava que a mãe se desculpasse pela maneira como tratou Jessie por todos aqueles anos. Mas a mãe deu uma olhada nela e zombou: "Ah, olha só como somos abençoadas por ela ter aparecido". Jessie ficou meia hora até que não aguentou mais os comentários farpados. Sentindo raiva, mas estranhamente arrasada, Jessie saiu do hospital e voltou direto para casa.

Quando ela se encontrou com o terapeuta no final daquela semana, Jessie começou a chorar. A terapeuta disse: "Jessie, mesmo que as coisas não tenham saído do jeito que você queria, você se esforçou. Fez o que achou certo. Não quero ser ríspida, mas, por favor, lembre-se de que acontecimentos ruins não transformam pessoas malvadas em pessoas melhores". Ela também conversou com Jessie sobre como Jessie se tornou uma mulher corajosa, saudável e independente, apesar da sua criação.

Jessie não compareceu ao funeral da mãe e, em vez disso, fez uma viagem que há muito tempo esperava fazer. Jessie ainda está trabalhando sua dor por causa do seu relacionamento com a mãe e as irmãs, mas se sente em paz.

Como Jessie, você pode ter tido um pai, uma mãe ou um parceiro tóxico à beira da morte – e você está se sentindo muito em conflito. Você sente uma perda, mas não como seus amigos sentiram quando seus pais ou parceiros emocionalmente saudáveis morreram. Você também lamenta o pai ou o parceiro que deveria ter tido, alguém que a apoiasse e a amasse de verdade. Sentir-se em conflito ou ter sentimentos contraditórios sobre uma pessoa tóxica que faleceu é completamente normal. Você pode sentir raiva, alívio, tristeza, desapontamento, euforia e muitos outros sentimentos, às vezes de uma só vez. Você pode se lembrar de bons momentos, seguidos por memórias que prefere apagar completamente.

> "Quando alguém me diz: 'Ela está num lugar melhor', não quero que ela esteja num lugar melhor. Ela fez da minha vida um inferno. Mas dizer que você está feliz por sua mãe ter morrido não é o que esperam que eu diga."
>
> – June, 22

Registrar num diário e expressar oralmente suas experiências com essa pessoa, principalmente com um profissional de saúde mental (PSM), pode ser muito útil para classificar seus sentimentos e expressá-los. Quanto mais você processa seu luto falando, escrevendo ou expressando-o de outras maneiras, menos chance você tem de desenvolver um luto complicado.

MOMENTO DE REFLEXÃO: PROCESSE OS SENTIMENTOS SOBRE UM AMIGO OU FAMILIAR FALECIDO

Você está com raiva, triste, desapontada, aliviada – ou tudo isso? Escreva os sentimentos que está percebendo neste momento, tantos quanto possível. Ao escrever, não se julgue pelo que está escrevendo, não há maneira certa ou errada de se sentir quando alguém que lhe causou dor morre. Ao passar pelo processo de luto, faça questão de refazer esse exercício. Se você sente que o sentimento de luto não está diminuindo, reveja o que escreveu semanas ou meses antes. Você pode descobrir que seu crescimento pessoal foi maior do que pensava.

MOMENTO DE REFLEXÃO: ESCREVER UMA CARTA PARA A PESSOA FALECIDA

Como você não pode mais dizer à pessoa tóxica como ela afetou sua vida, pode ser útil expressar seus sentimentos em formato de carta. Escreva para a pessoa sobre suas lembranças dela, como ela impactou sua vida e como ela mudou a maneira como você vê o mundo ao seu redor – qualquer coisa que você ainda queira dizer a ela. Anote também como você se curou do legado de comportamento doentio dela. Você pode manter a carta em seu diário para revisá-la à medida que avança no processo de luto, ou pode simbolicamente deixá-la ir, rasgando-a com a mão e jogando-a fora ou queimando-a.

Sofrimento por deixar seu emprego

Se você deixou seu emprego porque uma pessoa tóxica tornou sua vida profissional insuportável, você pode ter desistido de um emprego que lhe proporcionaria uma ótima carreira. Mesmo que sair do emprego tenha ajudado a diminuir o estresse emocional e físico, você ainda enfrenta uma perda. É muito injusto que o comportamento de outra pessoa tenha feito você desistir de uma oportunidade que você conquistou a duras penas.

Uma das melhores maneiras de se curar é começar a procurar um novo emprego. Entre em contato com pessoas com quem você gostou de trabalhar no passado e veja se a empresa delas está contratando. Antes de ingressar numa nova empresa, pergunte aos funcionários antigos e atuais sobre suas experiências. Algumas pessoas se afastaram de ambientes de trabalho tóxicos e abriram negócios próprios, passaram a trabalhar como consultores ou até mesmo como concorrentes da sua antiga empresa. Verifique seu contrato de funcionário para ver se há uma cláusula de não concorrência. Consulte um advogado se não tiver certeza se pode trabalhar para um concorrente devido ao seu contrato.

Você pode considerar a possibilidade de mudar de área. Um orientador vocacional é um psicólogo diplomado e treinado para ajudar a descobrir quais carreiras podem se adequar melhor a você. Ele também pode ajudá-la a superar esse luto, falar sobre como seu trabalho afetou seu bem-estar ou sua autoestima ou como acontecimentos do seu passado influenciaram a sua escolha profissional. Você pode se encontrar com um orientador vocacional pessoalmente ou fazer uma consulta *on-line* – qualquer um dos formatos é igualmente eficaz.[4] Você também pode achar útil um grupo de apoio. Pergunte a um orientador vocacional se ele conhece algum grupo específico para pessoas que passaram por um ambiente de trabalho tóxico. Se você está procurando um orientador vocacional, saiba que *não* estou falando aqui de um *coach* de carreira. O *coach* de carreira pode ajudá-lo com seu currículo ou sua entrevista de trabalho, mas ele não é um psicólogo diplomado e, como tal, não é treinado para ajudá-la com as questões mais profundas do luto.

> "Achei que estava fazendo uma ótima escolha profissional. Em vez disso, ganhei um chefe que me atormentou. Tive que me demitir e sinto que não houve justiça."
>
> — Maricela, 35

> **MOMENTO DE REFLEXÃO: REVISE SUA EXPERIÊNCIA DE TRABALHO TÓXICO**
>
> *Pode ser útil para você escrever o que vivenciou em seu local de trabalho tóxico. Quando escrevemos sobre as nossas experiências traumáticas, isso pode nos ajudar a processá-las até chegarmos ao ponto em que conseguimos deixar esses pensamentos de lado. Escrever sobre as suas experiências não faz com que os acontecimentos desapareçam da sua memória, mas pode tornar suas lembranças desagradáveis menos intrusivas e mais gerenciáveis.*
>
> *Você também pode anotar o que gostou no seu trabalho para saber o que procurar no futuro. Talvez seu chefe fosse agressivo, mas você gostava de trabalhar em equipe com seus colegas de trabalho. Você pode ter tido um colega que sabotou seu trabalho, mas sentiu que a empresa combinava com seus valores. Anote também o que você aprendeu com a experiência. Se você estiver consultando um orientador vocacional, considere compartilhar o que escreveu para que ele possa ajudá-la melhor.*

O luto na coparentalidade

Quando você está cuidando de uma pessoa conflituosa, pode passar por diferentes níveis de sofrimento e estresse. Você está sofrendo pelo relacionamento saudável e funcional que pensou que teria. Seu ex-parceiro pode ser uma pessoa que você não reconhece mais. Ele certamente não é a pessoa que você conheceu e com quem conviveu nos estágios iniciais do relacionamento. Você pode estar lamentando que ele não seja o pai que você sente que seus filhos realmente merecem. Você pode estar com raiva não apenas dele, mas também de si mesma. Se você está com dificuldade para perdoar a si mesma, consulte o Capítulo 4.

Embora possa ser difícil reconhecer ou admitir, você também pode estar sofrendo pelo fato de ter tido filhos com essa pessoa. Se você está arrependida de ser mãe, não está sozinha. Muitas pessoas hesitam em falar sobre isso por medo de parecerem uma "mãe desnaturada" ou serem julgadas. Não é algo sobre o qual se fala abertamente, mas deveria ser. Ser oprimida e atirada numa situação de coparentalidade, possivelmente não por sua escolha, pode levar a muitos sentimentos conflitantes. Você tem direito aos seus sentimentos, mesmo aqueles que parecem assustadores e cruéis.

Enfrentar sozinha o luto da coparentalidade pode afetar seu relacionamento com seu ex e até mesmo com seus filhos. Você talvez se beneficie de uma conversa com um profissional de saúde mental especializado em questões de coparentalidade com uma pessoa propensa a criar conflitos. Um profissional de saúde mental pode ajudar a orientá-lo a lidar com os problemas com essa pessoa à medida que eles surgem.

> "Se eu soubesse na época o que sei agora, nem teria tido um primeiro encontro com ele. Agora eu tenho que lidar com ele pelo resto da minha vida."
>
> — Marie, 40

Além de um profissional de saúde mental, um coordenador parental pode facilitar a coparentalidade com um ex conflituoso. Para obter mais informações sobre coordenadores de pais, consulte os Capítulos 1 e 5.

CHECK-IN: FILHOS COM UMA PESSOA CONFLITUOSA

Responda sim ou não às seguintes afirmações:

1. Sinto-me ressentida com meus filhos.
2. Tenho raiva do pai dos meus filhos na maior parte do tempo.
3. Estou questionando minha capacidade como mãe após interações com meu ex.
4. Eu gostaria que meu ex desaparecesse da face da Terra.
5. Eu me descobri não querendo que meus filhos passem tempo com o pai.
6. A maioria das minhas interações com o pai dos meus filhos resulta em brigas.
7. Sinto que o pai dos meus filhos está me assediando.
8. O pai dos meus filhos não está pagando a pensão alimentícia.
9. Sinto que meu ex está constantemente testando os limites do nosso plano parental.
10. É difícil para mim não falar mal do pai dos meus filhos na frente deles.

> Se você respondeu "sim" a qualquer uma dessas afirmações, considere a possibilidade de procurar a orientação de um profissional de saúde mental e de um coordenador de pais. Muitos dos que tiveram filhos com pessoas propensas a criar conflitos tiveram esses mesmos sentimentos e muito mais. Obter apoio para uma situação difícil, como ter um ex tóxico, pode ajudar você e seus filhos a alcançarem uma certa estabilidade, mesmo quando o pai deles age mal.

Apoie-se enquanto passa pelo luto

Além de trabalhar o luto com seu terapeuta, há coisas que você pode fazer para ajudar a criar um ambiente estimulante para a cura. Conecte-se com outras pessoas que podem confortá-la e garantir que suas necessidades sejam atendidas.

Deixe os outros saberem

Se você está passando pelo luto, deixe amigos e familiares de confiança saberem disso. Se você está se empenhando para restabelecer conexões após seu relacionamento tóxico, revise o último capítulo para obter alguma orientação; você quer ter certeza de que está se cercando de pessoas saudáveis enquanto está vivendo o luto. Diga aos outros do que você precisa, seja de alguém para ouvi-la ou ajudar a formular soluções, ou apenas ficar sozinha. Se você não sabe do que precisa, informe seus entes queridos também. Não se espera que você saiba o que quer enquanto estiver na montanha-russa do luto.

Deixe amigos e familiares saberem que você não quer falar sobre a pessoa ou situação tóxica, a menos que você toque no assunto primeiro. Quando familiares e amigos vivem mencionando a pessoa, isso pode impedir seu processo de cura. Quando você diz aos outros com antecedência que não vai falar sobre a pessoa tóxica, a menos que você a mencione, isso diminui as chances de ouvir comentários prejudiciais.

Às vezes, as pessoas dizem coisas estúpidas para você enquanto você está de luto, principalmente porque não sabem o que dizer. Elas podem não ter más intenções, mas suas palavras ainda assim podem ferir. Você já se sente com os nervos à flor da pele, e amigos e familiares em quem você confiava, mas que parecem julgar o modo como você lida com seu luto, podem lhe causar muita dor.

Às vezes, pode ser difícil dizer se alguém tinha segundas intenções quando lhe disse algo idiota ou malicioso. Observe o padrão de comportamento da pessoa. Ela é uma pessoa que já disse coisas rudes, insensíveis ou cruéis no passado? Nesse caso, ela pode ser uma pessoa tóxica da qual você só precisa se afastar, sem nem explicar o motivo. Se for uma pessoa que parecia bem-intencionada no passado, pode ser útil dizer a ela: "Sei que você está apenas tentando ajudar. Mas ouvir você dizer o que devo fazer enquanto estou sofrendo está me causando mais mal do que bem. O que eu preciso agora é apenas de alguém para me ouvir". Ao declarar o problema e o que você precisa, você está sendo proativa e se concentrando em como você e seu amigo ou membro da família podem avançar a partir daí.

Mantenha limites saudáveis

Estabelecer limites com os outros é essencial neste momento. Assim como muitos que deixaram situações tóxicas, você pode sentir que não sabe impor bons limites. Você provavelmente teve bons limites ao longo da vida – eles podem ter sido sistematicamente desmantelados nesse relacionamento ou nessa situação particular. Uma das melhores maneiras de cuidar de si mesmo é dizer "não". Lembre-se, "não" é uma frase completa. Embora seja socialmente mais aceitável dizer: "Não, mas obrigado por perguntar", você não é obrigada a dizer por que está recusando um pedido. Revisite o Capítulo 5 se quiser mais orientações sobre como restabelecer limites.

Priorize sua rotina de autocuidado

Reservar um tempo para si mesma é crucial quando você está de luto. Você precisa colocar sua saúde, emocional e física, acima de tudo para se curar. Se você se sente melhor fisicamente, como quando dorme o suficiente e se exercita, é mais provável que se sinta melhor mental e emocionalmente. O exercício reduz até mesmo a inflamação e a neuroinflamação que podem desencadear um transtorno depressivo maior.[5] Interrupções no sono podem ocorrer quando você está enfrentando ansiedade e transtorno de estresse pós-traumático (TEPT).[6]

Trate a si mesma como trataria seu melhor amigo – essa prática de autocompaixão pode nos ajudar a tornar um dia difícil um pouco mais fácil, nos dá permissão para descansar quando precisamos e pode nos fornecer motivação para seguir em frente. Se precisar, dê uma olhada no Capítulo 7, que contém muitas sugestões de como praticar o autocuidado.

Além de fazer exercícios, considere a possibilidade de ingressar num grupo de apoio, fazer terapia e escrever num diário. Muitas pessoas acham que criar algo, seja por meio de carpintaria, artes plásticas ou qualquer outra atividade prática, ajuda a acalmar a mente enquanto estão passando pelo luto. E às vezes você só precisa "sentir" os sentimentos para superá-los. Quando estiver no auge da dor, lembre-se de que, por pior que seja esse sentimento, ele é temporário. Haverá dias em que você se sentirá melhor.

Envolva-se numa causa

Quando você começar a se sentir mais equilibrada e seguir em frente com sua vida, ofereça-se como voluntário num grupo ou numa causa em que acredita. Reconecte-se com as pessoas, veja o que há de bom na vida e desenvolva um senso de propósito e significado.

• • • • •

Quando experimenta algum tipo de perda, você passa por um processo de luto. No entanto, quando essa perda envolve um relacionamento ou uma situação doentia, a dor pode ser mais intensa e complicada. Embora aceitar sua perda seja o objetivo final, o luto de uma pessoa tóxica, principalmente uma que ainda está viva, pode ser estressante. Neste capítulo, exploramos estratégias para você superar sua dor até que se sinta mais como você mesma outra vez. Quando você se sentir pronta, o voluntariado pode ajudar a resgatar seu senso de propósito na vida. No próximo capítulo, você descobrirá por que o voluntariado pode ser uma ótima opção e obterá algumas ideias sobre como se envolver nessa atividade.

10

FAÇA TRABALHO VOLUNTÁRIO

Como recuperar seu propósito por meio
do altruísmo

Você percorreu um longo caminho para se curar do seu relacionamento tóxico. Você bloqueou ou minimizou o contato e estabeleceu limites. Talvez esteja fazendo um bom progresso na terapia. Pode ter se reconectado com amigos e familiares com quem não convivia há muito tempo. Você está se dando um tempo para viver seu luto. Tem se tratado com amor e perdão e priorizou o autocuidado. Portanto, este próximo passo no processo de cura pode pegá-la de surpresa. Voluntariado? Sério?

Você pode achar que não tem tempo ou energia para ser voluntária, especialmente agora. Mas se voltar para sua comunidade e doar seu tempo é realmente uma das melhores maneiras de reconstruir sua vida. Quando você está em crise, a pergunta "Como posso ajudar?" pode ser uma ação muito poderosa. Quando você ajuda os outros, você também se ajuda. Por quê? Bem, o voluntariado tem muitos benefícios que irão ajudá-la em seu processo de cura. Ele lembra que você tem valor e um propósito na vida. É uma excelente maneira de se conectar com sua comunidade e conhecer pessoas novas. Ele a lembra das suas paixões na vida. E, num nível muito básico, oferece uma maneira saudável de mantê-la ocupada.

Além de explorar esses benefícios, neste capítulo você aprenderá como encontrar oportunidades de voluntariado, bem como coisas importantes a serem lembradas.

Você está pronta para o voluntariado?

Se você acha que não tem tempo ou energia para adicionar o voluntariado à sua agenda, eu entendo. Todos nós temos uma vida ocupada e, quando você está lidando com o luto, pode se sentir esgotada, física e emocionalmente. Você também pode sentir que não tem disposição para fazer outra tentativa de ser forte, pois já teve que ser forte demais para sobreviver emocionalmente.

No entanto, a empatia e o altruísmo estão fortemente relacionados à resiliência diante do estresse; trabalhar para desenvolver essa compaixão pelos outros pode ajudá-la a desenvolver força interior.[1] Além do mais, você já demonstrou que é resiliente, então há boas chances de você também ter um alto nível de altruísmo. Altruísmo é o ato de ajudar os outros sem esperar nada em troca. Praticar intencionalmente o altruísmo e a empatia pode ajudar a aumentar sua resiliência e satisfação com a vida.

Cultivar um sentimento de compaixão pelos outros por meio do voluntariado pode ajudar a criar uma espécie de "amortecedor" entre nós e o trauma que sofremos.[2] Isso é especialmente importante se a situação tóxica em que você se encontrava a deixou indiferente e deprimida sobre quanto poder você tem para mudar sua vida. Quando você é voluntária, vê em tempo real como está ajudando os outros. Quando ajudamos os outros, ajudamos a nós mesmos. Quando você está doando seu tempo, isso aumenta seu nível de satisfação com a vida.[3] Você pode ter sido uma pessoa generosa muito antes de estar num relacionamento ou numa situação tóxica. Se um parceiro tóxico a impediu de participar de qualquer atividade independente, isso pode ter causado sentimentos de raiva e tristeza. Se você for excepcionalmente altruísta, não ser capaz de ajudar os outros pode causar especialmente problemas como ansiedade e depressão.[4]

Uma ressalva aqui. Você pode descobrir que está se programando demais porque já faz muito tempo desde que teve controle total do seu tempo. Para não diminuir o tempo dedicado ao descanso e ao autocuidado, você pode querer facilitar o voluntariado, principalmente se estiver aprendendo a restabelecer limites e reafirmar seus direitos e desejos como pessoa. (A terapia e outros trabalhos introspectivos, como o registro no diário, podem ajudar.)

> "Estar perto de pessoas que trabalham em prol de um objetivo comum me ajudou a tirar o foco do que estava acontecendo na minha vida."
>
> — Debra, 56

Mantenha-se ocupada

Num nível básico, oferecer seu tempo é uma maneira saudável e produtiva de se manter ocupada, o que ajuda no seu processo de cura. O fato de estruturar o seu dia pode ajudar a reduzir a ansiedade e a depressão. Além do mais, ajudar outras pessoas pode ser uma distração bem-vinda para reduzir o tempo que você passa pensando na sua situação atual. Às vezes, quando passamos por algo traumático, ficamos *ruminando* sobre isso. Saiba que você vai pensar a respeito várias vezes e não será capaz de esquecer. Quando está ocupada ajudando os outros, pode perceber que sua mente naturalmente deixa de lado o que a está incomodando. Libertar sua mente do passado, mesmo que temporariamente, pode ajudá-la a ficar mais aberta a experimentar coisas novas e conhecer novas pessoas.

Dito isso, é importante encontrar o equilíbrio certo para que você possa processar suas emoções e lidar com o luto, conforme abordamos no último capítulo. Seja sincera consigo mesma sobre sua motivação para se envolver. Você está preenchendo sua agenda com o intuito de se manter ocupada para evitar sentir a dor do luto? Embora estar ocupada possa ser útil para reconstruir sua vida e mantê-la distraída, é importante perceber seus sentimentos e vivenciá-los.

> "Passei a maior parte do meu dia pensando no meu ex e no que ele me fez passar. Quando comecei o voluntariado, percebi que o tempo passava mais rápido e ele não ocupava tanto espaço na minha cabeça."
>
> — Sherry, 50

Considere se dedicar ao voluntariado por um número limitado de horas e veja como isso se encaixa na sua vida. Você sempre pode aumentar a quantidade de horas depois!

Encontre seu propósito e reconstrua sua autoestima

As pessoas tóxicas têm um jeito de menosprezar você que pode fazê-la chegar ao ponto de desistir de quem você queria ser e do que queria fazer da vida. Você também pode estar lutando contra a baixa autoestima ou o sentimento de desvalor, como se não tivesse muito a contribuir para seu próprio bem-estar ou para o mundo ao seu redor.

O voluntariado nos lembra de que tudo que fazemos tem valor e cada um de nós tem muito a dar. Você tem algo a contribuir, mesmo que sinta que não tem. Suas habilidades e seu tempo são valiosos e nada deixa isso mais claro do que usá-los para o bem. Quando você oferece um pouco de si aos outros por meio do voluntariado, também obtém uma visão do seu propósito na vida. Encontrar significado na vida, em grande parte, é contribuir para sua comunidade ou pessoas.

É importante ter em mente que, ao sair de uma situação tóxica, você pode não recuperar sua autoestima imediatamente – será uma série de pequenos passos para resgatá-la. Conectar-se com outras pessoas por meio do voluntariado é uma ótima maneira de dar pequenos passos em direção à independência. Quanto mais você realiza na vida por esforço próprio, mais isso aumenta sua autoestima. Também mostra que você é capaz não apenas de ajudar os outros, mas também de ajudar a si mesma. Você pode descobrir que sua saúde em geral melhora quando você é voluntária – não apenas sua saúde mental, mas também sua saúde física.[5] Já se demonstrou que o trabalho voluntário é capaz de aumentar a autoeficiência e a autoestima. Quanto mais se sente melhor consigo mesma, mais tempo e energia você tem para continuar melhorando a sua qualidade de vida.

Se você deixou um local de trabalho tóxico e está procurando emprego ou fazendo uma pausa no trabalho, o voluntariado pode ser uma ótima maneira de preencher o seu tempo. Às vezes, ele leva a oportunidades que você não teria visto. Você está construindo uma rede de pessoas que podem ajudá-lo a encontrar um novo emprego. Ser voluntário depois de sair do emprego lhe dá algo positivo para colocar no currículo. Também é melhor dizer que passou seu tempo fazendo voluntariado depois de largar o emprego do que explicar por que há uma lacuna em seu currículo.

> "Quando cortei contato com minha família tóxica, senti que não tinha nada para contribuir com ninguém. Agora estou cercada de pessoas que me dizem o quanto estou ajudando, e isso me faz sentir muito bem."
>
> — Joshua, 26

Reconecte-se e ajude-se a sair do isolamento

Como discutimos nos capítulos anteriores, situações tóxicas podem isolar você das outras pessoas. Se você vê a si mesma e as pessoas ao seu redor como parte de um plano maior, isso pode ajudá-la a se sentir mais conectada à sociedade em geral. Quando você está doando seu tempo e sua energia, está se conectando com os outros ao seu redor, sejam pessoas ou animais.

Se você ainda não se sente pronta para ser uma pessoa sociável, pode escolher o quanto deseja se expor ao convívio com os outros, onde e como prefere se oferecer para o trabalho voluntário. Se você deseja aumentar lentamente o contato social, procure oportunidades de voluntariado em que possa trabalhar num escritório ou outro trabalho com contato pessoal limitado. Você pode aumentar as interações pessoais à medida que sua confiança nas pessoas aumenta.

É importante ressaltar que o voluntariado nos lembra que não estamos sozinhos. Quando você acaba de sair de uma situação tóxica, pode parecer que é a única pessoa que passou por esse tipo de abuso. Você pode até sentir que todo mundo está melhor do que você. Quando você faz trabalho voluntário com pessoas necessitadas, isso a ajuda a perceber que todos nós temos dificuldades. Você não está sozinha em seu sofrimento. Embora possa pensar que isso seria deprimente, pode ser um consolo ver outras pessoas passando por dificuldades e mostrando resiliência.

Redescubra suas paixões e encontre novos interesses

Alma sempre gostou de costurar. Ela se lembrou da sua avó ensinando-a quando ela era uma garotinha. Era uma forma de ela se expressar, e ela costumava presentear seus amigos e familiares com seu trabalho. Ela costurou uma colcha para o namorado, Liam. Durante uma de suas muitas discussões, Liam disse a ela que a colcha era feia, que colchas eram "para velhinhas", e parecia que a quantidade de tempo que ela gastar nela era equivalente à quantidade de tempo que ela gastava no relacionamento deles, ou seja, "esforço quase zero". Alma parou de costurar depois disso. Apenas olhar para sua máquina de costura a lembrava do abuso verbal de Liam.

Um dia depois que Alma finalmente deixou Liam, ela foi até a máquina de costura e tirou a capa. Fazia pelo menos dois anos desde que a usara pela última vez. Foi como se reconectar com um velho amigo. Dia após dia, Alma começou a costurar novamente, reconectando-se com uma parte há muito escondida de si mesma. Ela também sentiu que estava se reconectando com sua família por meio da costura ao se lembrar dos momentos maravilhosos que passou com a avó na máquina de costura. Alma decidiu que queria compartilhar seu conhecimento de costura com outras pessoas. Ela encontrou uma instituição que ensinava costura para mulheres que haviam sobrevivido à violência doméstica e estavam aprendendo uma nova habilidade comercializável. Alma achou que isso seria perfeito – ela poderia compartilhar seu amor pela costura com outras pessoas e ajudar outras mulheres a adquirir habilidades e independência. E acima de tudo, ela sentiu orgulho e conexão por estar ensinando outras pessoas como sua avó havia lhe ensinado muito tempo antes.

Você, como Alma, tinha um interesse ou uma paixão que seu ex-parceiro tóxico, amigos ou um familiar ridicularizavam ou a impediam de buscar?

Agora é a hora de recomeçar ou até mesmo tentar algo novo. Você não precisa dar satisfação a ninguém, então apenas aproveite seu tempo. O trabalho voluntário pode ser uma oportunidade para restabelecer o contato com suas paixões na vida ou experimentar coisas novas com risco limitado para você. O voluntariado é uma ótima maneira de aprender habilidades. Se você está se voluntariando para alguma coisa, a instituição vai ensinar a você a melhor maneira de ajudá-los. Pesquise algumas organizações que podem ser adequadas para você com base em suas paixões e habilidades. Por exemplo, se você ama

> "Meu ex me dizia que meus *hobbies* eram 'idiotas' e tomavam o tempo que eu deveria estar passando com ele. Com o voluntariado, aprendi que há muitas outras pessoas que compartilham os mesmos interesses que eu."
>
> — Janice, 70

animais e é um escritor habilidoso, entre em contato com um abrigo local para ver se ele precisa de ajuda para escrever biografias convidativas para animais de estimação que aguardam adoção.

Como se envolver numa causa

A esta altura, espero que você já tenha entendindo por que recomendo o voluntariado: não existe nada melhor para ajudá-la a se curar e crescer. Então, agora vamos falar um pouco sobre como fazer isso.

Há muitas maneiras de fazer um trabalho voluntário, mas acho que você sentirá mais satisfação se dedicar seu tempo a algo de que realmente goste ou que faça a diferença para uma causa ou um problema importante para você. Então, que ideias isso pode lhe dar? Você tem um interesse particular, como bem-estar animal? Ou você gosta de trabalhar com uma faixa etária específica? Aqui estão algumas ideias para você começar:

- Realize uma campanha de doação para arrecadar itens para uma cozinha solidária, um abrigo ou uma escola.
- Ajude seus vizinhos nas necessidades do dia a dia, como levar e trazer as crianças da escola, cuidar do gramado de um vizinho idoso, passear com cachorros ou tirar fotos durante eventos.
- Doe sangue ou plasma.
- Ofereça sua ajuda numa escola ou dê aulas gratuitas em algo em que você seja habilidoso.
- Acompanhe os alunos de uma escola a uma viagem de campo.
- Procure oportunidades de voluntariado numa biblioteca, centro comunitário, abrigo de animais, grupo de artes cênicas ou cozinha solidária.
- Entre em contato com uma instituição do seu bairro onde você possa contar histórias para as crianças.
- Torne-se um docente ou guia num museu local ou local histórico.

Verifique na internet um site especializado em oportunidades de voluntariado (ver Recursos, p. 279). Além disso, peça recomendações a amigos e familiares de confiança.

Examine as oportunidades de voluntariado

Você não precisa ser voluntário numa instituição – há muitas maneiras de fazer serviço comunitário por conta própria (por exemplo, recebendo pedidos de supermercado para seu vizinho doente ou doando alguns materiais de artesanato para uma escola primária local). Dito isso, se decidir ingressar numa instituição, saiba que assim fica muito mais fácil se conectar com outras pessoas e fazer novos amigos. Se você se envolver no trabalho de uma instituição, veja que tipo de investimento de tempo eles pedem de um voluntário e certifique-se de que tem esse tempo disponível. Agora é um excelente momento para estabelecer limites sobre o que você está interessada em fazer, como vai dedicar seu tempo e quantas horas por semana deseja dedicar ao voluntariado.

Encontre uma mentora

Quando você está se oferecendo para fazer um trabalho voluntário, pode encontrar uma pessoa que exemplifique o que você gostaria de ser quando se sentir de volta a si mesma. Ter uma mentora pode ajudá-la no processo de crescimento. Você pode já ter alguém em sua vida que admira e gostaria de obter alguma orientação deles em sua jornada para o bem-estar. Existem instituições que colocam os novatos sob a orientação de um mentor, com base em seus interesses. Você também pode entrar em contato com uma pessoa que você conhece ou com uma colega de trabalho para perguntar se ela pode ajudá-la na sua experiência profissional, incluindo o voluntariado. Foi o que Elena fez após o divórcio.

Elena estava nervosa com a perspectiva de voltar ao mercado de trabalho. A última vez que tinha trabalhado em tempo integral ela estava grávida do seu primeiro filho, vinte anos atrás! Seu advogado recomendou uma instituição para mulheres que voltam ao mercado de trabalho após uma transição de vida. A instituição ajudaria Elena com seu currículo e forneceria informações sobre empregos que combinassem com suas habilidades, pois oferecia apoio para mulheres como ela. Além do mais, Elena teria a chance de contar com uma mentora, que seria alguém que se encaixasse em seus interesses e área de trabalho.

Elena esperava encontrar uma mulher que atualmente fosse uma administradora executiva, assim como ela fora um dia. Ela queria saber como seu trabalho havia mudado nas últimas duas décadas. Um dia, não muito tempo depois, uma administradora executiva chamada Fatime deixou uma mensagem de voz para Elena. Ela tinha sido escolhida para o programa de tutoria. Embora estivesse inicialmente nervosa para conhecê-la, o comportamento caloroso da sua futura mentora ao telefone a deixou à vontade, e Elena combinou de encontrar Fatime em seu escritório. Elas conversaram sobre como tinha sido o trabalho de Elena, sua família e qual seria sua posição ideal agora. Elas também falaram sobre o trabalho de Fatime, que levou Elena para conhecer seu escritório. Elena descobriu que, embora o aspecto tecnológico do trabalho tivesse mudado bastante, ela sabia que aprendia rápido! Fatime e Elena concordaram em se encontrar uma vez por mês e conversar por meio de um aplicativo de mensagens uma vez por semana. Ter um mentor respondendo às suas perguntas a ajudou a lidar com alguns de seus medos.

Se você está se voluntariando para voltar ao mercado de trabalho, uma mentora também pode atuar como um elo entre você e as pessoas que podem contratá-la. Pode ser útil "acompanhar" alguém que tenha um trabalho ou interesse semelhante ao seu. Isso significa que você vai acompanhar essa pessoa ao longo do seu dia de trabalho ou no seu horário de voluntariado para entender melhor o que ela faz e decidir se você gostaria de seguir a mesma linha de trabalho. Para acompanhar alguém, simplesmente pergunte a essa pessoa se pode fazer isso. A maioria dos profissionais conhece esse conceito de acompanhamento. Se você acha constragedor pedir a uma pessoa para acompanhá-la, basta fazer perguntas sobre o trabalho dela.

Uma mentora também pode ser um bom "espelho" para os comportamentos que gostaria de ver em si mesma. Certifique-se de que sua mentora seja emocionalmente saudável. Você pode observar como ela interage com seu chefe e as pessoas da sua equipe. Ela fala com respeito e bondade ao mesmo tempo que estabelece limites saudáveis? Como ela lida com o conflito? Ter um bom modelo é inestimável, principalmente quando você está reaprendendo a estabelecer limites saudáveis e interagir de forma assertiva com os outros.

Torne-se uma defensora

Se você estiver pronta para isso, uma das melhores maneiras de transformar suas experiências negativas em positivas é educar e apoiar outras pessoas que estiveram em relacionamentos tóxicos. Formas de defender os outros incluem:

- Liderar um grupo de apoio.
- Falar sobre suas experiências.
- Escrever artigos, um blog ou um livro sobre suas experiências.

Lembre-se de que, antes de poder ajudar os outros, é essencial que tenha resolvido os problemas dos seus relacionamentos tóxicos anteriores – o que é mais fácil com a ajuda de um bom terapeuta. Isso ocorre porque, se você não cuidou dos seus problemas, o fato de outras pessoas compartilharem suas histórias pode desencadear seu trauma – algo chamado *trauma vicário*.

Previna-se do trauma vicário

Se você está trabalhando fora ou fazendo trabalho voluntário com pessoas que passaram por traumas, como um relacionamento tóxico, você pode estar sujeita a traumas vicários, quando ouvir sobre as experiências de outras pessoas a leva a reviver alguns aspectos do seu próprio passado. Também é conhecido pelos nomes de *estresse traumático secundário* e *fadiga por compaixão* (quando você se sente exausta e incapaz de sentir compaixão pelos outros). Você pode começar a assumir o trauma de alguém como se fosse seu, experimentando um nível elevado de estresse e uma mudança marcante na forma como percebe os outros e o mundo ao seu redor. Qualquer pessoa que ajude pessoas que passaram por traumas pode ser suscetível a traumatização vicária, mas você pode ser ainda mais se tiver um histórico de trauma, seja de um relacionamento tóxico ou de abuso e negligência. Também é mais provável que você sofra um trauma vicário se trabalhar numa profissão da área da saúde, como aconselhamento ou enfermagem, ou sentir um forte senso de empatia em relação aos outros.[7] Os sinais de trauma vicário incluem:

- Pesadelos sobre o trauma de um cliente.
- Raiva e tristeza que não diminuem.
- Dificuldade em sentir quaisquer emoções (entorpecimento).
- Tornar-se muito emocionalmente envolvida na vida dos clientes ou investir na vida deles.
- Experimentar culpa e vergonha com relação às experiências dos clientes.
- Dificuldade com pensamentos obsessivos sobre a vida e os problemas dos clientes.

- Assumir uma visão cínica dos outros ou das intenções dos outros.
- Ser hipervigilante (ter uma forte resposta de sobressalto).
- Insônia relacionada a pensar nos problemas do cliente.
- Sentir-se presa ou querer fugir.
- Evitar ficar sozinha.
- Procurar rotas de fuga.
- Ver a maioria das pessoas como tendo trauma grave.
- Afastamento dos outros.
- Percepção exagerada dos crimes na sua região.
- Sentir-se sem esperança diante do estado em que o mundo se encontra ou a situação dos seus clientes.
- Transferir sentimentos sobre os perpetradores dos clientes para seu parceiro e ficar com raiva ou evitar contato com seu parceiro.
- Ser excessivamente protetora com seus filhos.

Se você acha que pode estar passando por um trauma vicário devido ao seu trabalho ou trabalho voluntário, fale com o supervisor em seu local de voluntariado. Você pode precisar reduzir suas horas ou trabalhar em outra área da instituição onde é menos provável que se envolva com pessoas que sofreram traumas. Sua instituição deve ter algum tipo de apoio para o caso de você começar a ter *flashbacks* ou outros sinais de traumas revividos – por exemplo, uma instituição que ajuda vítimas de violência doméstica ou outras formas de abuso deve ter medidas para quando voluntários ou funcionários começam a reviver seus traumas. Se a sua instituição não tiver nenhuma ajuda disponível, peça uma referência. (Em seguida, reconsidere o voluntariado nessa instituição.) Em ambos os casos, você pode precisar dar um tempo no voluntariado com essa instituição, enquanto trabalha com a recorrência do seu trauma. Lembre-se de que essa é uma ocorrência regular ao trabalhar com pessoas que passaram pelo mesmo abuso que você.

Lembre-se de que você é responsável apenas por si mesma e por seus sentimentos. A pessoa com quem você está trabalhando deve estar trabalhando mais do que você para resolver os problemas dela. Você pode oferecer recursos e suporte, mas não é seu trabalho "corrigir" um problema para ela. Também seja realista sobre o que você faz e não tem controle e quanto você pode ajudar. Pode ser encorajador olhar para as pequenas mudanças que os clientes estão conseguindo fazer, em vez de esperar que eles tenham uma epifania e façam mudanças radicais.

É uma boa ideia encontrar-se regularmente com um profissional de saúde mental (PSM) quando estiver trabalhando com pessoas que sofreram traumas. Falar sobre memórias traumáticas com um PSM pode ajudá-la a processá-las para que os *flashbacks* aconteçam com menos frequência.

Praticar o autocuidado proativo é outra parte essencial da prevenção de traumas vicários, portanto, certifique-se de revisar as práticas do Capítulo 7 ao se voluntariar.

Tenha uma "parceria" com outra voluntária, para que vocês possam observar uma a outra. Você também precisa ter um supervisor de voluntários que se encontre com você regularmente. Além disso, mantenha um diário das suas experiências para poder revisá-lo em busca de possíveis sinais de retraumatização.

> "Um dia, gostaria de ser um defensor das pessoas que passaram por abuso narcisista. Mas primeiro preciso resolver algumas coisas com o meu terapeuta."
>
> —Joe, 32

MOMENTO DE REFLEXÃO: MONITORE OS SINAIS DE POSSÍVEL ESGOTAMENTO

Quando você está trabalhando num ambiente tóxico ou com pessoas traumatizadas, pode sofrer um esgotamento. Isso acontece quando você sente que não tem mais nada para dar e que não tem nada pelo que esperar. Outros sinais de esgotamento incluem:

- Dificuldade em se levantar pela manhã.
- Ficar deprimida, zangada ou ansiosa na maior parte do dia.
- Sentir que não está ajudando ninguém.
- Insônia ou hipersonia (dormir demais).
- Compulsão alimentar ou alimentação restritiva.
- Sentimentos de desconfiança ou mesmo ódio em relação a colegas de trabalho e clientes.
- Tornar-se cínica (assumindo que todas as pessoas estão interessadas apenas em si mesmas).
- Sentir-se exausta.
- Não fazer pausas durante o dia.
- Sentir-se isolada ou isolar-se dos outros.
- Querer fugir ou se alienar
- Ficar doente com mais frequência ou ter surtos de doenças crônicas.
- Sentir falta de prazer em atividades de lazer.
- Falta de motivação.
- Sentir-se desanimada, achando que as coisas não vão melhorar.

Muitas vezes, sinais de esgotamento podem nos surpreender. Todos os dias, escreva em seu diário como você está se sentindo. Use uma escala de 1 a 10 para medir seu nível de esperança e propósito. Um 1 indicaria que você sente que não faz diferença alguma e que a vida tem pouco significado para você. Um 10 indicaria que você está se sentindo muito esperançosa com relação ao futuro e se sente conectada ao seu propósito de vida. É perfeitamente normal ter uma variação nessa escala de 1 a 10 de um dia para o outro, mas preste atenção quando o número for consistentemente baixo ou se você passar de 1 num dia para 10 no dia seguinte. Oscilar com frequência entre extremos pode ser um sinal de transtorno de humor ou de que você trabalha num ambiente insalubre. No final da semana e no final do mês, revise o que você escreveu. Vê algum padrão? Existem certos dias, tarefas ou pessoas que tendem a aumentar ou diminuir seus sentimentos de esperança e propósito? Preste atenção a esses detalhes e veja como você pode mudar suas circunstâncias.

Divulgue seu trauma num fórum público

Embora compartilhar suas experiências com uma pessoa ou situação tóxica possa ajudar outras pessoas, seja cautelosa ao revelar qualquer informação que possa identificar seu ex-parceiro, amigo, parente ou local de trabalho. É melhor falar em termos gerais sobre o relacionamento ou a situação, em vez de usar nomes, locais, prazos ou detalhes sobre a aparência.

Você pode ficar tentado a fornecer essas informações para proteger ou alertar outras pessoas que possam conhecer a pessoa tóxica. Postar especificamente sobre seu ex, amigo ou colega de trabalho cria um motivo para eles entrarem em contato com você, o que você realmente não deseja. Se você estiver escrevendo sobre suas experiências num fórum público, saiba que questões legais também podem surgir; por exemplo, a pessoa tóxica pode acusá-la de difamação (que é escrever informações falsas sobre alguém que lhe causou danos). Você também precisa ter cuidado se tiver filhos, para proteger o direito à privacidade deles. Quando você está postando sobre suas experiências, uma excelente diretriz a seguir é "Eu gostaria que meus filhos lessem isso?". Se eles não conseguirem ler o conteúdo agora, poderão fazer isso quando forem mais velhos. Considere a possibilidade de consultar um advogado para verificar e obter uma confirmação de que as informações sobre as quais você está escrevendo não lhe criarão problemas com a lei.

Além do mais, é provável que a pessoa tóxica tenha dito a seu novo parceiro, seus amigos ou sua família que você é "louca" ou "instável". Alguém que está na vida da pessoa tóxica provavelmente não ouvirá seu conselho, mesmo que o tenha visto. Infelizmente, ela pode ter que aprender sobre seu comportamento patológico da maneira mais difícil. Você pode sentir pena dessas pessoas – esse é um sentimento normal, mas não significa que você deva agir de acordo com isso. Não é seu trabalho "consertar" a situação da outra pessoa. Às vezes, você pode ajudar mais pessoas ao manter suas experiências mais gerais, pois as pessoas provavelmente identificarão uma situação semelhante à delas quando suas postagens não entrarem em detalhes específicos.

Certifique-se de que você está se voluntariando para uma instituição saudável

Certifique-se de que a instituição para a qual você está pensando em se voluntariar se envolve em práticas éticas. Você quer evitar entrar numa outra situação tóxica, se possível – e, se você se encontrar em uma (que às vezes faz parte da vida!), você quer reconhecê-la e sair dela o mais rápido possível.

Pesquise sobre a instituição na internet. Quem está no conselho de administração? Alguém na instituição já teve problemas por comportamento ilegal ou antiético? A instituição teve alguma reclamação contra ela? Qual foi o resultado da reclamação? Quanto do dinheiro que a instituição arrecada vai para as pessoas ou os animais que diz apoiar? Para obter mais informações sobre uma instituição, procure sites que avaliem a transparência e a eficiência de organizações sem fins lucrativos e instituições de caridade, como o www.institutodoar.org.

Quando estiver satisfeita com a saúde de uma instituição, lembre-se de que ainda precisa procurar *pessoas* saudáveis e doentes dentro dela – comportamentos como bombardeio amoroso e triangulação (descritos no Capítulo 1) podem acontecer em qualquer grupo. Ouça a sua intuição. Se você estiver conversando com alguém e algo parecer estranho, preste atenção a esse sentimento. Se você deseja ser voluntária num local, observe como as pessoas interagem lá. Como os voluntários falam uns com os outros? Como o chefe da instituição trata os outros com menos poder? Como a instituição trata seus clientes? Todas as pessoas devem ser tratadas da mesma forma, com respeito e dignidade. Se você ouvir pessoas na instituição ridicularizando ou intimidando outras, seja cara a cara ou pelas costas, saia da situação de voluntariado o mais rápido possível. Você também pode precisar relatar qualquer comportamento antiético.

"Pesquisei os antecedentes de todos os membros do conselho de administração e também do supervisor de voluntários. Se algum deles tivesse sido acusado de assédio, eu teria me recusado a ser voluntária lá."

— Jane, 34

Se você vir algo que não pareça certo para você, corte seus laços com essa instituição e siga em frente. Se você não tem certeza se o que viu ou ouviu não é saudável, converse sobre isso com um familiar ou amigo de confiança para saber a opinião deles.

CHECK-IN: VOCÊ ESTÁ FAZENDO TRABALHO VOLUNTÁRIO NUMA INSTITUIÇÃO SAUDÁVEL?

Quando você faz voluntariado, é essencial saber se a instituição tem algum tipo de disfunção. Você quer ter certeza de que está reconstruindo sua vida perto de pessoas saudáveis e de um sistema saudável. Observe se alguma das seguintes situações está acontecendo onde você está fazendo trabalho voluntário.

1. Você pode alterar seu horário, com aviso prévio, sem se sentir culpada ou envergonhada.
2. Você é encorajada a conversar com alguém se sentir que sua função não é a ideal para você.
3. Você acredita nos principais valores da instituição.
4. O líder e os supervisores da instituição tratam os voluntários e aqueles a quem servem com respeito.
5. As atividades da instituição são seguras e não a colocam em situações desconfortáveis.

6. Você recebeu treinamento da instituição antes de se voluntariar.
7. Um supervisor está sempre disponível no local ou no local de voluntariado.
8. A instituição faz *check-ins* regulares para ver como as coisas estão indo para seus voluntários.
9. Se houver uma mudança de horário, local ou local, você será notificada num período de tempo razoável.
10. Grande parte do dinheiro arrecadado pela instituição é usado para ajudar a população atendida.

Quanto mais declarações você identificar como presentes na sua instituição, mais saudável será seu voluntariado. Se você descobriu que apenas uma ou duas dessas afirmações são verdadeiras em sua instituição, talvez seja hora de mudar para uma mais saudável.

• • • • •

Dar o seu tempo para ajudar os outros pode, por sua vez, ajudá-la: proporciona uma distração saudável, conexão com os outros e um senso de propósito. Você se vê conectada a algo maior do que você.

Você pode acabar considerando a possibilidade de defender outras pessoas que foram afetadas por relacionamentos tóxicos. Certifique-se de não estar se traumatizando novamente se estiver trabalhando com outras pessoas que tiveram relacionamentos prejudiciais. Um dos aspectos mais importantes do voluntariado e da retribuição é certificar-se de estar rodeada de pessoas saudáveis; neste capítulo, você também aprendeu a reconhecer os sinais de que se envolveu com uma instituição não saudável. Pessoas e situações tóxicas podem estar em qualquer lugar, mesmo dentro de instituições aparentemente admiráveis e voltadas para uma missão. Agora que você já avançou tanto em sua cura, no próximo capítulo exploraremos como reconhecer essas dinâmicas e impedir que elas se desenvolvam em seu futuro.

11

PREVINA-SE

Como evitar situações tóxicas e se
preparar para relacionamentos saudáveis

MEKE ESTAVA NERVOSA COM SUA PRIMEIRA INCURSÃO DE VOLTA AO mundo do namoro depois de um relacionamento de dez anos cheio de toxicidade. Meke levou alguns meses para se recompor, fazer terapia e se conhecer novamente, percebendo por fim que não fez nada de errado e que nada justifica um tratamento abusivo. Mas agora, aqui estava ela novamente, na cena do namoro e com medo de conhecer alguém como seu ex, Tomasz.

Meke começou a trocar mensagens com alguns homens que conheceu em aplicativos de namoro. Parecia tão estranho (em parte porque muitos desses aplicativos nem existiam na última vez que ela foi solteira!). Algumas das pessoas para quem ela enviou mensagens estavam pressionando rápido demais para se encontrarem pessoalmente; com outros, ela sentiu que a estavam enrolando. Mas então ela encontrou Miles. Os dois pareciam se conectar instantaneamente: ambos gostavam de viajar, cozinhar e cachorros. Depois de trocarem mensagens por alguns dias e se falarem por telefone uma vez, Meke se sentiu pronta para conhecê-lo pessoalmente. No primeiro jantar, as coisas estavam indo bem... até que Miles ficou chateado com o garçom por trazer a comida errada. Meke queria se esconder debaixo da mesa de vergonha. Mas então ela pensou: *talvez Miles esteja nervoso com o encontro. E talvez eu esteja apenas exagerando depois do que aconteceu com Tomasz.* O resto do encontro correu bem, e tanto Meke quanto Miles estavam ansiosos para se verem novamente.

Miles se atrasou no encontro seguinte – e não ligou nem mandou mensagem para dizer o motivo. Meke ficou dividida entre o aborrecimento e a preocupação. Quando finalmente apareceu, trinta minutos depois, ele disse: "Havia muito trânsito e eu não queria enviar mensagens de texto do carro". Meke não tinha certeza: num segundo encontro, o quanto ela deveria dizer sobre como o atraso e a falta de notícias dele a fizeram se sentir? Atrasos à parte, Miles tinha muito a seu favor – ele era um ótimo ouvinte e eles tinham muito em comum. Enquanto caminhavam para seus carros, Miles começou a contar a Meke sobre sua infância traumática. Parecia muita informação cedo demais. "Miles, agradeço que você se sinta à vontade para me contar sobre seu passado, mas gostaria que as coisas fossem mais devagar", disse ela.

Miles parou, parecendo atordoado. "Ah, ok, sem problemas", ele respondeu, sua expressão mudando de dor para um sorriso feliz num segundo. A rápida mudança de emoções surpreendeu Meke, e ela se perguntou se havia deixado de perceber algum sinal de alerta. Miles seria uma pessoa tóxica? Ou ele era apenas estranho?

● ● ● ● ●

Como Meke, você percorreu um longo caminho desde que deixou sua situação tóxica. Agora, você pode estar se perguntando como travar relacionamentos futuros, sabendo que pessoas tóxicas tendem a atacar pessoas que se preocupam com os outros.

Sua empatia e seu carinho são traços lindos! Não há nada de errado em abrir seu coração para os outros. Basta fazer isso com uma camada adicional de proteção. Você vai reconstruir sua vida – e ela pode ser melhor do que nunca.

Lembre-se dos sinais de um relacionamento ou uma situação tóxica

Saber mais sobre pessoas e relacionamentos tóxicos pode ajudá-la a se curar e se preparar para conhecer novas pessoas. Preste atenção aos sinal de alerta de abuso em potencial na próxima vez que encontrar alguém. Lembre-se, como discutimos no Capítulo 1, um padrão patológico se repete em quase todos os relacionamentos tóxicos: a pessoa tóxica idealiza você, depois a desvaloriza e, por fim, a descarta.

Em relacionamentos doentios, as pessoas tóxicas costumam bombardeá-lo no início. Outros sinais de idealização incluem:

- A pessoa diz que nunca conheceu ninguém como você antes.
- Ela menciona que foi maltratada no passado e você é a primeira pessoa que a trata bem.
- Ela descreve você com superlativos.
- Ela pressiona para que morem juntos num encontro ou no início de um relacionamento.
- Seus interesses são tão parecidos que chega a ser assustador (a pessoa tóxica está "espelhando" você).
- Você é contratada no local para um trabalho que normalmente exigiria um processo de seleção mais completo.
- Ela começa a se vestir como você ou a adotar seus maneirismos.
- Ela quer ocupar a maior parte do seu tempo livre.

- Ela revela toda a sua história disfuncional quando vocês se encontram pela primeira vez "porque é muito fácil conversar com você".

Quando Miles começou a contar a Meke sobre sua infância conturbada, ela se lembrou da sua terapeuta falando do "desabafo de trauma", quando uma pessoa tóxica conta muito sobre sua história de trauma cedo demais. Embora seja um sinal claro de que ela não têm limites sólidos, às vezes as pessoas confundem isso com intimidade emocional e se sentem bem por uma pessoa estar disposta a confiar nelas. Mas há um meio para um fim. É uma maneira que as pessoas tóxicas costumam usar para se relacionar e fazer com que outras pessoas se "aproximem" delas. Meke reconheceu esse sinal e pediu a Miles para ir devagar. Muitos comportamentos de idealização parecem elogios, mas na verdade são um esforço para tomar cada vez mais seu tempo e isolá-la das outras pessoas da sua vida.

Uma vez que uma pessoa tóxica sabe que você está fisgada e profundamente envolvida no relacionamento, ela lentamente inicia o ciclo de abuso emocional com desvalorização. Se antes você não fazia nada errado, agora você não consegue fazer nada certo. Sinais de desvalorização por uma pessoa tóxica incluem:

- Focar em coisas que você não pode mudar, como seu corpo ou sua voz.
- Comparar você de maneira desfavorável com outras pessoas (ex-namorados, amigos, membros da família ou outros colegas de trabalho).
- Apontar pequenos erros.
- Relembrar "erros" que você cometeu meses e anos atrás.
- Sabotar seu trabalho.
- Ridicularizar você na frente dos outros.

- Culpar você por não participar de uma atividade que ela planejou sem notificá-la.
- Usar o *stonewalling* ou o tratamento silencioso.
- Fazer comentários sobre a suposta superioridade dela sobre você.
- Chegar atrasada ou não comparecer a encontros ou outros eventos.
- Culpar você pelo comportamento dela.
- Usar seus problemas crônicos de saúde contra você ou ridicularizá-la por causa deles.
- Dizer que você é louca ou que outras pessoas pensam que você é louca.
- Colocar você contra seus amigos, outros colegas de trabalho ou familiares, dizendo que eles disseram coisas desagradáveis sobre você (também conhecido como triangulação).

Em seguida, a pessoa tóxica a abandona, saindo tão rapidamente quanto entrou na sua vida – esse é o processo de descarte. Ela ainda pode mantê-la em segundo plano, caso seu novo suprimento narcisista não atenda mais às suas necessidades. Sinais de descarte por uma pessoa tóxica incluem:

- *Stonewalling* por um longo período de tempo.
- Abandonar você num local longe de casa.
- Ter um relacionamento extraconjugal.
- Demitir você abruptamente do seu trabalho.
- Dizer para você não voltar devido a algum desrespeito percebido.
- Deixar seus pertences fora da sua residência compartilhada e trocar as fechaduras.
- Passar para um novo suprimento narcísico, como um novo parceiro ou novo amigo.

- Tentar sugá-la de volta para o relacionamento (*hoover*), apenas para descartá-la novamente.

Quando você encontra alguém pela primeira vez e presencia comportamentos idealizadores, considere se isso não é um sinal de alerta forte o suficiente para não continuar o contato com essa pessoa. Se você acha que o comportamento é curioso, mas não grave o suficiente para justificar a interrupção do contato, arquive-o como "coleta de dados". Se a pessoa continuar a mostrar qualquer um dos comportamentos listados, encerre o relacionamento imediatamente, não faça contato ou faça pouco contato ou comece a procurar outro emprego.

> "Ele não se cansava de mim no começo e, dois meses depois, estava me dizendo como eu era burra e louca. Naturalmente, eu me culpei. Agora sei que esse é um padrão que ele teve em outros relacionamentos."
>
> — Desirée, 60

Se você voltar

Quando você sair de um relacionamento ou uma situação tóxica, lembre-se de que a pessoa pode tentar sugá-la de volta para ter contato com ela. Assim que você voltar, a mesma dinâmica retornará.

Lembre-se de que o comportamento da pessoa não muda sem que ela faça muito trabalho introspectivo, como o que se faz na terapia. Se você decidir se reconectar, mantenha uma distância saudável da pessoa até ver evidências de mudanças reais – padrões repetidos de comportamento saudável em relação aos outros, reagindo com maturidade quando uma pessoa ou um acontecimento não atende às expectativas dela ou abrindo mão das expectativas completamente. Outros sinais de mudança incluem não mais trazer à tona o passado e aceitar um não na primeira vez que você o diz. Uma pessoa que fez mudanças em seu comportamento assume a responsabilidade por suas ações e pede desculpas quando é apropriado.

Embora você possa se sentir lisonjeada ou desejada, aspirar não tem a ver com amar você – tem a ver com poder e controle. Mesmo que seu ex prometa que as coisas serão diferentes desta vez e que ele mudou, não aceite essas palavras simplesmente. A violência num relacionamento, incluindo o abuso emocional, quase sempre aumenta. Preste atenção no que seu ex faz mais do que no que ele diz. Além disso, preste atenção aos seus sentimentos. Você pode sentir uma sensação de ansiedade e pavor ou ter *flashbacks* de abuso durante o relacionamento. Saiba que, se você retomar o contato com um ex tóxico, terá mais chances de ser gravemente ferida ou morta.

Se você decidir retornar a um local de trabalho tóxico, certifique--se de que existem parâmetros para ajudá-la a se proteger. Não fique sozinha no escritório ou quando restarem poucas pessoas. Documente suas preocupações e mude seu espaço de trabalho para outro andar ou longe do colega de trabalho tóxico. Se você estava trabalhando com um supervisor tóxico, solicite uma mudança. O ideal é buscar sinais de que a empresa está empenhada em acabar com a toxicidade. Por exemplo, a empresa contratou um psicólogo para determinar quais protocolos e aspectos da cultura da empresa precisam mudar – e os colocou em prática. Veja se o conselho de administração ou outros responsáveis foram substituídos por pessoas que zelam pelos direitos dos outros. Locais de trabalho saudáveis têm um protocolo escrito para denunciar assédio, e os casos de assédio e intimidação são tratados rapidamente. Se você achar que seus direitos continuam sendo violados em seu local de trabalho, considere denunciá-lo aos recursos humanos (se disponíveis em seu local de trabalho) e comece a procurar outro emprego.

> "Ele me prometeu o mundo, então voltei. Depois de uma semana, as coisas estavam piores do que antes."
>
> — Alex, 28

> ### *CHECK-IN*: A PESSOA TÓXICA DA SUA VIDA REALMENTE MUDOU?
>
> Se uma pessoa tóxica em sua vida está tentando restabelecer contato com você, faça a si mesma as seguintes perguntas:
>
> 1. A pessoa hesita em fazer terapia ou trabalhar em seu comportamento de outras maneiras, como em um grupo de apoio?
> 2. A pessoa assumiu a responsabilidade por seu comportamento em relação a você e aos outros?
> 3. A pessoa já se desculpou pelas maneiras como a magoou?
> 4. Quando você aborda suas preocupações com essa pessoa, ela está realmente ouvindo você ou fica na defensiva?
> 5. A pessoa está prometendo exatamente o que você disse que estava faltando ou desejando no relacionamento, tanto que parece bom demais para ser verdade?
> 6. A pessoa está prometendo a você que as coisas serão diferentes desta vez, mas não fornece nenhuma evidência de mudança?
> 7. A pessoa está exagerando ao tentar sugar ou trazer você de volta com mensagens de texto constantes, telefonemas, ou passando na sua casa sem avisar?
> 8. Quando você se recusou a retomar o relacionamento, a pessoa reagiu com raiva e tentou culpá-la e envergonhá-la?
> 9. A pessoa tentou chegar até você enviando mensagens por meio de seus amigos e familiares?
> 10. Você bloqueou o e-mail, os números de telefone e as mídias sociais da pessoa tóxica, mas ela ainda encontra uma maneira de entrar em contato com você?
>
> A quanto mais perguntas você respondeu "sim", maior a chance de essa pessoa ainda apresentar os mesmos comportamentos tóxicos que tinha quando vocês estavam juntos. Prossiga com muito cuidado e considere a possibilidade de cortar o contato novamente.

Seja gentil consigo mesma

Se você se sentir tentada a voltar ou se tiver tomado medidas para se reconciliar, lembre-se de ter compaixão por si mesma. Essa pessoa lhe disse todas as coisas que você queria ouvir – quem não gostaria de voltar para alguém que prometeu o mundo? Ter compaixão por si também significa que você sabe que sua prioridade é cuidar de si mesma, o que significa não retornar a uma situação tóxica e potencialmente letal.

Se você está pensando em voltar a ter encontros, pode ser que encontre uma pessoa tóxica. Você pode se sentir excessivamente cautelosa ou pensar que não está sendo justa ao analisar o comportamento de uma pessoa em busca de características tóxicas. Você também pode se apaixonar por uma pessoa doente novamente. Praticar a autocompaixão é muito importante quando você está saindo com uma pessoa. Caso contrário, você desperdiçará seu tempo se repreendendo por se apaixonar por outra pessoa inadequada, em vez de considerar isso uma experiência de aprendizado. Talvez você tenha notado desde o início que essa pessoa não era emocionalmente saudável ou boa para você e interrompeu as coisas. Isso é progresso, e você deve se orgulhar de ter dado esse passo.

Construa as bases para relacionamentos mais saudáveis

Existem seções inteiras em livrarias dedicadas a conselhos sobre como construir relacionamentos fortes, seja com parceiros românticos, familiares, amigos ou colegas. Esse não é meu objetivo neste livro – quero manter o foco principalmente em você e em como você pode se curar. No entanto, ter conexões saudáveis com as pessoas ao seu redor é uma grande parte de uma vida plena. E aqueles que sobreviveram a relacionamentos e situações tóxicas podem ser particularmente suscetíveis a alguns erros comuns ao entrar em novos. No restante deste capítulo, vamos explorar como proteger suas emoções, esclarecer o que você deseja e aprender maneiras saudáveis de interagir para que você possa se preparar para o sucesso no futuro.

Lembre-se do seu estilo de apego

Como você leu no Capítulo 5, existem diferentes estilos de apego aos outros – seguro, ansioso, evitativo e desorganizado. Seu estilo de apego pode influenciar se você continua um relacionamento ou permanece numa situação que não é saudável para você.

Com apego ansioso, você pode ter medo de abandono e continua em contato com alguém que não é saudável porque sente que é melhor do que ficar sozinho. Com o apego evitativo, você pode se sentir atraído por pessoas não saudáveis porque elas podem não permitir que você se aproxime delas, o que atende à sua necessidade de ser mais desapegado emocionalmente. Com apego desorganizado, você pode experimentar uma mistura de impulsos ansiosos e evitativos, tornando a manutenção de um relacionamento muito difícil – e os comportamentos idealizadores de uma pessoa tóxica ainda mais atraentes.

Se você tem um estilo de apego seguro, é mais provável que você reconheça rapidamente o comportamento doentio numa pessoa, então você pode dar um passo para trás e avaliar se essa é uma ocorrência única ou um sinal de um problema maior. Isso não quer dizer que as pessoas com apego seguro sempre possam identificar um comportamento idealizador – os narcisistas ocultos podem ser muito bons em esconder o comportamento patológico no início de um relacionamento e enganaram muitas pessoas fazendo-as acreditar que eram emocionalmente saudáveis.

Conforme você trava seus novos relacionamentos, se ainda não o fez, revise o *check-in* do Capítulo 5, que a ajuda a identificar seu estilo de apego. Lembre-se, não há nada de errado em começar com um estilo de apego inseguro. O importante é estar ciente dos seus padrões – e lembre-se de que você pode quebrá-los para avançar em direção a um apego seguro.

Olhe para as pessoas pelo que elas são, não pelo seu potencial

Ao conhecer outras pessoas, principalmente quando estamos em busca de alguém, muitos de nós tendem a olhar para o potencial de uma pessoa em vez do que ela é naquele momento. Embora seja otimista e esperançoso procurar o que alguém poderia ser, você não está neste mundo para consertar ninguém. Não é seu trabalho, nem é saudável, tentar moldar alguém como você deseja que ele seja. Veja quem ele é neste momento. Quando olhamos para o potencial de alguém em vez de quem ele é no momento, podemos estar inconscientemente tentando "consertar" essa pessoa. Fazer isso não é saudável e pode resultar em ressentimento e decepção de sua parte e frustração do seu amigo e parceiro.

> "Entrei em relacionamentos tóxicos porque pensei: 'Ele só precisa de alguém que o ame'. Agora, procuro ver se ele já fez o trabalho para se tornar uma pessoa emocionalmente saudável."
>
> — Vivi, 40

MOMENTO DE REFLEXÃO: REALIDADE VERSUS POTENCIAL

Pense num relacionamento tóxico que você teve, no qual permaneceu porque estava olhando para o potencial de alguém, e não para quem essa pessoa era naquele momento. Escreva onde você viu potencial na pessoa e, em seguida, descreva como a pessoa realmente era. Quanta diferença havia entre o que você pensou que a pessoa poderia ser e o que ela acabou sendo? Quanto você precisou "consertar" para olhar para o potencial em vez da realidade? Abrace sua capacidade de ver o potencial nos outros, mas também mantenha-o sob controle quando isso atrapalhar seu julgamento nos relacionamentos.

Faça uma lista do que você está procurando

Às vezes, sabemos o que *não* queremos num amigo ou parceiro, mas não declaramos objetivamente o que queremos. Reserve um tempo para fazer uma lista do que você procura numa pessoa. Seja o mais específico possível. Tente não se julgar ou criticar enquanto estiver fazendo a lista. Os itens podem incluir:

- Se dá bem com meus filhos.
- Gosta de animais.
- Faz *check-ups* regulares.
- Tem hábitos sábios de gastos.
- Fala respeitosamente comigo e com as outras pessoas.
- Tem senso de humor.
- É gentil com os outros.
- Sabe dar e receber na amizade.
- Tem comunicação aberta.
- Tem outros relacionamentos saudáveis.
- Tem limites saudáveis e respeita os limites dos outros.
- Tem valores compatíveis.

Procure fazer com que todos os itens da sua lista sejam afirmações positivas. Em vez de "Não me interrompa", considere escrever "Espera até eu terminar de falar". Em vez de "Não grita", considere escrever "Fala comigo com respeito".

Quando você encontrar alguém que gostaria de conhecer melhor, leia sua lista. Além disso, leia sua lista quando passar dos encontros para o status de relacionamento. Às vezes, a paixão ou o amor nos fazem não pensar logicamente. Percorra sua lista e veja quantos itens se encaixam em seu parceiro em potencial ou novo amigo. Se ele não atender a alguns critérios, analise a importância desses itens para você. Pode ser que a pessoa com quem você está lhe dê frio na barriga, mas pode não corresponder em valores ou senso de humor. Lembre-se de que é um mito que exista apenas uma pessoa no mundo que seja a combinação perfeita para você. Você conhecerá pessoas que são mais compatíveis com você do que outras. Simplesmente não é possível que uma pessoa atenda a todas as suas necessidades.

Devemos tanto dar quanto receber num relacionamento, inclusive quando se trata de uma amizade. Uma pessoa tóxica pode receber tudo num relacionamento, enquanto você acaba dando tudo. É verdade que há ocasiões em que pode haver um desequilíbrio temporário, como quando um amigo está doente ou tem uma emergência familiar. Se você sente que há um desequilíbrio mais permanente no relacionamento, converse com seu amigo. Às vezes, quando você inicia uma conversa estranha com "Isso é estranho, mas..." fica muito mais fácil falar sobre a situação. Se parecer que o problema ainda não foi resolvido, considere reduzir o tempo que vocês dois passam juntos ou diminuir a quantidade de favores que estão dando. Nos casos em que você sente que o relacionamento não é saudável, pode ser necessário cortar o contato.

> "Quando pensei ter encontrado a pessoa 'certa', dei uma olhada na minha lista. Percebi que minhas emoções estavam ofuscando minha sanidade."
>
> —James, 48

Fazer uma lista como essa não se aplica apenas a relacionamentos, mas também a empregos. Estes critérios podem incluir:

- Meu supervisor é gentil e fornece *feedback* positivo.
- Minhas perguntas são respondidas com respeito.
- Sei o que esperam de mim.
- Fico ansiosa para ir trabalhar.
- Existem vantagens, como benefícios médicos, horário flexível ou trabalho em casa.
- Acho o trabalho interessante.
- Sinto-me valorizada pelo meu empregador.
- Estou ajudando outras pessoas.
- As diretrizes e expectativas são consistentes.
- A cultura da empresa é consistente com meus valores.

Você pode não saber no início se o seu trabalho corresponde a alguns dos itens da sua lista. No entanto, o fato de você ter anotado o que procura num emprego ideal significa que você estará mais ciente de suas necessidades e seus desejos e será avisada sobre quaisquer preocupações num estágio anterior.

Saiba a hora certa de ser vulnerável

Vulnerabilidades são quaisquer experiências ou sentimentos que desencadeiam emoções profundas em nós – tristeza, alegria, pesar ou raiva. São coisas sensíveis que não compartilharíamos com um estranho. Eles podem nos deixar constrangidos ou desconfortáveis, como se fôssemos diferentes ou não nos encaixássemos.

Ser vulnerável com alguém é uma escolha. Uma pessoa tóxica reunirá informações sobre suas vulnerabilidades e as usará contra você no futuro – isso é conhecido como usar *munição emocional*. Pessoas tóxicas vão se lembrar de coisas que você disse a elas há muito tempo e vão usar essa vulnerabilidade quando quiserem mantê-la em desequilíbrio. Por exemplo, se uma vez você confidenciou a uma pessoa tóxica que um de seus maiores medos é não ser valorizada no trabalho, ela pode dizer a você durante uma briga: "Não é de admirar que ninguém no trabalho valorize você!".

Um novo amigo ou namorado está fazendo perguntas muito pessoais logo após o encontro? Essas podem ser perguntas como:

- Quais são seus medos mais profundos?
- Quais são seus maiores arrependimentos?
- Quem você mais decepcionou em sua vida?
- Quais foram suas perdas mais significativas na vida?

Pode parecer que você está aumentando sua intimidade emocional com alguém respondendo a essas perguntas. Às vezes, você pode se sentir conectado a alguém e começar a compartilhar informações pessoais imediatamente. Mas quando você faz essas perguntas de volta, uma pessoa tóxica desvia ou dá uma resposta que não parece genuína.

Certifique-se de que a pessoa com quem você é vulnerável é digna disso. Isso não significa que você precisa se proteger erigindo um muro com todos! Isso significa que você precisa ser seletiva sobre com quem compartilha seus sentimentos e medos e quando faz isso. Às vezes, as pessoas sentem que, se não são vulneráveis com alguém, são frias ou insensíveis, mas isso simplesmente não é verdade. Você precisa ser gentil e amoroso consigo mesma primeiro – e às vezes isso significa esperar antes de decidir compartilhar informações pessoais.

CHECK-IN: ESTA PESSOA É DIGNA DA MINHA VULNERABILIDADE?

Se você não tem certeza se alguém irá tratá-la com respeito quando você se abrir para ele, considere suas respostas para as seguintes perguntas e declarações.

1. Essa pessoa se mostrou confiável?
2. Eles me trataram com respeito?
3. Eles trataram os outros com respeito quando estavam vulneráveis?
4. Eles respeitam e honram qualquer coisa sensível que eu lhes contei.
5. Eles conhecem meus pontos sensíveis e os tratam com cuidado.
6. Eles são gentis com crianças, animais de estimação e qualquer outro ser vivo que seja mais vulnerável do que a população em geral.
7. Eles realmente me ouvem?
8. Eles perguntam como estou e ouvem a resposta?
9. Sinto-me seguro perto dessa pessoa?
10. Eu gostaria que meus filhos ou pais conhecessem essa pessoa?

Se você respondeu "não" a qualquer uma dessas perguntas ou afirmações, a pessoa pode ser tóxica. Prossiga com cuidado. Se você respondeu "sim" a muitas das perguntas ou afirmações, a pessoa pode ser alguém em quem você pode confiar ao compartilhar seus sentimentos e pensamentos. No entanto, continue com otimismo cauteloso até que essa pessoa tenha conquistado sua vulnerabilidade por meio de um comportamento confiável contínuo. Se você não tem certeza se uma pessoa é confiável, é melhor esperar e não divulgar informações pessoais.

Quebre o padrão de comportamento de codependência

Quando você está construindo um novo relacionamento depois de um relacionamento tóxico, pode ser muito fácil cair nos padrões de *codependência*. O comportamento de codependência acontece quando você depende demais de seu parceiro ou de outras pessoas em sua vida para estabilidade emocional, validação ou senso de propósito. Na codependência, seu humor e comportamento são altamente dependentes da outra pessoa. Você não se sente bem a menos que ele se sinta bem. Se ele está chateado, sua vida entra em parafuso tentando fazê-lo se sentir melhor.

Em essência, se você é codependente, sente-se responsável pelos sentimentos ou problemas de outras pessoas. Você está disposto a sacrificar seu próprio bem-estar para cuidar deles. Há uma diferença entre oferecer apoio a alguém e se machucar para fazê-lo se sentir melhor. Por exemplo, se sua amiga está deprimida, você pode incentivá-la a consultar um profissional de saúde mental. Mas se sua amiga disser que só irá se você pagar pelas sessões, você estará prestando um péssimo serviço a si mesma e a ela se concordar. Como outro exemplo, digamos que sua mãe precise de uma carona para a consulta médica, mas ela lhe avisou com apenas algumas horas de antecedência. Se você não tem nada planejado e isso não interrompe sua agenda nem causa qualquer outra consequência, levá-la de carro pode ser um favor razoável (embora um pouco irritante). Mas se levá-la faria você se atrasar para o trabalho e você fizer isso de qualquer maneira, estará colocando as necessidades dela acima das suas, o que se transforma numa resposta codependente.

É mais provável que você desenvolva um comportamento codependente se seu parceiro, membro da família ou amigo tiver um vício ativo de qualquer tipo ou tiver problemas de saúde mental ou física não tratados. Quando uma pessoa não toma medidas para curar seus próprios problemas, isso pode levar a um ciclo de um ente querido (você) tentando "consertar" o problema. Não é sua responsabilidade consertar ninguém, e tentar resolver o problema de alguém por ele pode levar ao ressentimento de ambos os lados. Uma pessoa precisa querer mudar seu comportamento. Não podemos fazer isso por ela.

Se você optar por ter um relacionamento com alguém que se recusa a assumir a responsabilidade por seus problemas, considere praticar o desapego amoroso. O desapego amoroso é um conceito pelo qual você pode apoiar alguém que está lutando com problemas e, ao mesmo tempo, priorizar sua saúde mental e seu autocuidado. Você ainda pode se importar com essa pessoa e incentivá-la a buscar ajuda, mas lembre-se de que não é responsável por suas escolhas. Você mantém um limite claro entre o comportamento patológico dela e seu direito a uma existência feliz e pacífica.

> "Eu realmente me identifico com a frase: 'Não vou mais tirar a minha própria paz para manter a sua tranquilidade'."
>
> — Diego, 36

CHECK-IN: SEU RELACIONAMENTO É DE CODEPENDÊNCIA?

Conte o número de declarações com as quais você concorda.

1. Baseio meus sentimentos em como a outra pessoa está se sentindo.
2. Eu ignoro minhas necessidades para me concentrar nas necessidades de outra pessoa.
3. Eu me identifico com a frase: "Não vou mais tirar a minha própria paz para manter a sua tranquilidade".
4. Fico acordada até tarde para garantir que a pessoa não tenha bebido ou usado drogas.
5. Ajudei uma pessoa a se livrar dos seus vícios mesmo depois que ela me roubou ou me causou danos.

6. Sinto que minha única chance de ter um relacionamento ou uma vida feliz é ficar com essa pessoa.
7. Eu continuaria nesse relacionamento, não importa o que acontecesse.
8. Eu dou justificativas para essa pessoa quando ela se comporta de maneira tóxica.
9. Comecei a usar substâncias ou outros comportamentos de dependência para lidar com o estresse desse relacionamento.
10. Evito conflitos a todo custo com essa pessoa.

Se você concordou com uma ou mais dessas afirmações, pode estar num relacionamento de codependência. Fale com um profissional de saúde mental para aprender sobre codependência e estabelecer limites saudáveis; se precisar de ajuda para encontrar um, revise o Capítulo 6.

MOMENTO DE REFLEXÃO: CONFRONTE A CODEPENDÊNCIA

Você pode ter tido um padrão de codependência em relacionamentos anteriores, seja em casa, no trabalho ou em amizades. Reserve um tempo para anotar os sinais de codependência que você teve no passado. Escreva em detalhes o que você pode ter sentido ou pensado quando tentou compensar o comportamento tóxico de alguém. Por exemplo, se a pessoa tóxica em sua vida tinha problemas para controlar a raiva, você pode ter alimentado o hábito de se desculpar em nome dessa pessoa ou tentar suavizar o relacionamento dela com outras pessoas.

Em seguida, escreva o que você espera das pessoas em sua vida agora. Para continuar com o exemplo anterior, você pode esperar que uma pessoa não apresente problemas de controle da raiva. Se o fizer, você espera que ela faça um esforço consciente para melhorar.

Se você se deparar com o comportamento inadequado dessa nova pessoa em sua vida, anote o que fará e o que não fará. Se um ente querido tiver uma explosão de raiva, você não vai acalmá-lo ou pedir desculpas por ele. Você também praticará o desapego e o deixará resolver seus próprios problemas de relacionamento que ocorreram como resultado de sua raiva. Quando confrontamos os comportamentos codependentes que tivemos no passado, estamos mais conscientes de quando esses comportamentos podem estar voltando às nossas vidas.

Quando confrontamos esses comportamentos desde o início de um novo relacionamento, somos capazes de mudar de comportamento com mais rapidez e convicção.

Certifique-se de que ambos façam o mesmo esforço no relacionamento

Se você sente que está se esforçando consideravelmente mais para manter um relacionamento, ou priorizando o relacionamento em detrimento de outras áreas da sua vida, dê um passo para trás e veja se sua dinâmica é saudável ou não. Esforçar-se mais do que seu parceiro, familiar ou amigo pode ser um sinal de codependência.

CHECK-IN: VOCÊ ESTÁ SE ESFORÇANDO DEMAIS NUM RELACIONAMENTO?

Responda "sim" ou "não" às seguintes perguntas.

1. Você está iniciando a maior parte do contato (mensagens de texto, telefonemas etc.)?
2. Você acha que é você quem precisa reorganizar sua agenda para acomodar mudanças de última hora feitas por seu parceiro, amigo ou familiar?
3. Seu parceiro, amigo, familiar ou colega de trabalho lhe diz que você precisa ser mais complacente?
4. Seu parceiro muda de planos em relação a você no último minuto?
5. Você conversa com seu parceiro sobre os sentimentos dele, mas ele não pergunta como você está se sentindo?
6. Seus telefonemas e mensagens de texto raramente são atendidos ou respondidos após um período de tempo significativo?
7. Seus amigos e familiares comentaram que parece que você está se esforçando mais no relacionamento do que seu parceiro?
8. Essa pessoa chega tarde em casa sem explicação ou aparece em sua casa ou escritório inesperadamente?
9. Essa pessoa já pediu dinheiro a você e tem um histórico de não pagar?
10. Seu parceiro, amigo ou familiar esperava que você pagasse toda vez que saísse?

Quanto maior o número de perguntas a que você respondeu "sim", maior a probabilidade de você estar num relacionamento em que está se esforçando mais do que a outra pessoa. Se a outra pessoa não estiver disposta a falar sobre isso e se esforçar para investir mais energia, considere a possibilidade de terminar o relacionamento.

Saiba como lidar com desacordos de maneira saudável

Se você está se esforçando para se adaptar a um relacionamento saudável, a diferença entre *discutir* e *brigar* pode não ser muito clara. É saudável e normal ter desentendimentos com seu amigo ou ente querido. No entanto, há uma grande diferença entre discutir e brigar.

Quando duas pessoas discutem, elas apresentam suas preocupações e discutem calmamente os sentimentos e questões relacionados a essas preocupações. É possível falar dos problemas de forma respeitosa e sem provocar raiva.

Se você estava num relacionamento tóxico, provavelmente não se sentia segura em expor suas preocupações. E por um bom motivo – você foi informada de que suas necessidades não eram importantes, não importavam ou, pior ainda, se transformaram em abuso verbal ou físico. Agora que você está superando o que passou e se curando, é fundamental saber que evitar uma discussão pode parecer a melhor opção de autopreservação, mas não é. Uma pesquisa mostra que, quando você tem relacionamentos saudáveis, falar sobre um problema e resolvê-lo leva a uma diminuição significativa nos sentimentos negativos em comparação a quando você evita falar sobre isso.[1]

Claro, parece mais fácil (pelo menos temporariamente) evitar discussões. Mas se você estiver com alguém emocionalmente saudável, correr o risco de discutir um assunto pode compensar a longo prazo. Se ter desentendimentos saudáveis é difícil para você, tente agendar um tempo para discussões em seu relacionamento. Pode parecer bobo ou forçado, mas acredite em mim: funciona. Ajuda de duas maneiras principais. Primeiro, evita brigas sobre essas questões. E dois tópicos importantes são salvos para o horário agendado da discussão, em vez de serem levantados aleatoriamente quando você pode reagir com raiva.

Tenha dia e hora definidos em que vocês dois abordem um problema. Discuta um problema de cada vez, e cada pessoa se alterna na escolha do tópico. A discussão agendada não deve durar mais de 45 minutos; mais do que isso, e a discussão pode sair do controle.

As regras dos argumentos programados são as seguintes:

- Sem xingamentos ou ataques pessoais.
- Sem trazer o passado à tona.
- Sem interrupção.
- Atenha-se ao tópico em questão.
- Se um dos parceiros ficar chateado, eles podem se afastar por dez minutos.

Cada parceiro gasta até quinze minutos dando sua opinião sobre o tema. Em seguida, reserve quinze minutos para concluir: você pode concordar em discordar, deixar a questão para outra hora ou decidir agir.

Cerque-se de pessoas saudáveis

As chances são de que a partir de agora você detecte a toxicidade imediatamente. Você já sabe o que procurar e os alarmes internos tocarão rapidamente. Você sabe como é uma pessoa doente – agora, vamos recapitular como é uma pessoa saudável. Uma pessoa saudável:

- Tem limites.
- Reserva tempo para se divertir.
- Cuida de si mesma.
- Encontra maneiras de enriquecer sua vida.
- Aceita contratempos como parte da vida e descobre o que fazer diferente da próxima vez.
- Leva as coisas a sério quando apropriado.
- Compreende que ela e outras pessoas cometem erros.

- Percebe que o que as outras pessoas fazem e pensam não são responsabilidades dela.
- Dá apoio a outras pessoas, mas não tenta "consertá-las" ou sua situação.
- Aceita as pessoas pelo que elas são, sem o desejo de mudá-las.
- Sabe o que está e o que não está sob seu controle.

Você merece ter relacionamentos saudáveis e solidários. Quando interage com uma pessoa emocionalmente saudável, você tende a se sentir mais confiante e confortável. As atitudes e emoções das pessoas são contagiosas, então escolha as pessoas em sua vida com cuidado.[2] Estenda a mão para outras pessoas saudáveis em sua vida ou experimente conhecer novas – reveja o Capítulo 8 para ter ideias.

• • • • •

Neste capítulo, você aprendeu como evitar um relacionamento tóxico no futuro: lembre-se dos principais sinais de toxicidade e da importância de se proteger de dinâmicas prejudiciais. Exploramos como estabelecer as bases para relacionamentos saudáveis, incluindo estar ciente do seu estilo de apego, ver as pessoas novas pelo que elas são, fazer uma lista dos seus critérios e determinar o momento certo para ser vulnerável. Analisamos o comportamento codependente e como quebrar esse padrão no futuro. E aprendemos que o desacordo é uma parte natural e importante de todo relacionamento – e como resolvê-lo de maneira saudável. Pode levar algum tempo para você se acostumar a construir relacionamentos saudáveis, mas cercar-se de pessoas que tratam os outros com gentileza e respeito criará mais tempo e paz em sua vida. Acredito que você pode fazer isso – e valerá muito a pena.

VOCÊ VAI SE CURAR

DECIDIR SAIR DE UMA SITUAÇÃO TÓXICA PODE SER MUITO DIFÍCIL, E A cura é uma jornada que leva tempo. Como você aprendeu com as histórias ao longo deste livro, no entanto, você não está sozinha nessa jornada. E, como mostram esses exemplos, uma vida mais feliz, tranquila e saudável está ao alcance de qualquer pessoa.

• • • • •

Lembra da Aya do Capítulo 2? Ela não respondeu è mensagem do seu amigo Enzo. Ela se sentiu desrespeitada – primeiro pela forma como seu ex, Lou, a tratou durante todo o relacionamento e depois pelo fato de ele aparentemente fazer de Enzo um macaco voador para recuperar o contato com ela. Nem Enzo nem Lou precisavam saber nada sobre como ela estava ou se ela voltaria. Depois de cortar todo o contato, ela finalmente conseguiu dormir sem acordar no meio da noite com ansiedade. Isso não quer dizer que ela se sentisse aliviada na maior parte do tempo – ela ainda estava com raiva, desapontada e triste. Mas, com o tempo, Aya começou a se reconectar com os amigos e a família de quem se distanciara em seu casamento. Ela também começou a fazer terapia para conversar, não apenas sobre a raiva que sentia de Lou, mas também sobre a raiva que sentia de si mesma por ter ficado tanto tempo com ele. Aya estava progredindo no sentido de perdoar a si mesma e notou que pessoas mais saudáveis estavam aparecendo em sua vida. Ela se sentia um pouco melhor a cada dia.

· · · · ·

Hasim, que você conheceu na introdução, decidiu que o melhor a fazer era pedir demissão e cumprir o aviso prévio de duas semanas, embora não tivesse outro emprego em vista. Ele percebeu que permanecer num ambiente de trabalho tóxico estava causando danos – não apenas a ele, mas também ao relacionamento com sua família e seus amigos, porque ele constantemente se sentia muito zangado e nervoso. Após o último dia de trabalho de Hasim, ele teve sua primeira noite de sono profundo em semanas. Sua família e seus amigos comentaram que parecia que ele tinha voltado a se sentir como ele mesmo. Hasim está atualmente consultando um advogado para ver se seu empregador violou alguma lei. Ele também está trabalhando com um orientador vocacional, para processar o que aconteceu e descobrir como deve falar sobre seu emprego anterior em entrevistas. Hasim já fez várias entrevistas de emprego e está ansioso para começar de novo. Mas, acima de tudo, ele se sente mais presente em seus outros relacionamentos porque o estresse do trabalho não está ocupando sua mente.

· · · · ·

Tammy e Isaac do Capítulo 3 finalmente chegaram a um acordo sobre a quantia que ele pagaria a ela pela metade do negócio. Assim que o acordo de divórcio foi assinado, Tammy sentiu-se aliviada e profundamente triste. Ela não esperava sentir tamanha sensação de perda; ela sabia que nunca mais teria notícias de Isaac. Não havia motivo para eles se falarem outra vez, exceto para fazer o imposto de renda pessoal e o da empresa daquele ano e depois, se houvesse grandes acontecimentos na vida dos filhos. Tammy ficou surpresa ao descobrir que sentia falta de notícias de Isaac, mesmo depois de tudo o que sentia que ele a havia feito passar. Na terapia, ela aceitou o fato de que não era realmente de Isaac que ela sentia falta; ela só sentia falta de ter alguém. Mas Isaac não estava realmente presente em seu casamento há anos. O maior avanço de Tammy foi perceber que ela já estava sozinha há muito tempo – e ela tinha as habilidades e a força para superar isso. Aproveitar a resiliência que ela sempre teve ajudou Tammy a reconstruir sua vida. Agora ela está namorando de novo e conheceu alguém que se dá bem com os filhos. Ele tem sido gentil e atencioso, e ela pode antever um futuro com ele. Mas mesmo que não dê certo, Tammy sabe que ficará bem.

• • • • •

Existe uma quantidade enorme de poder na capacidade de se afastar de pessoas ou lugares que não são saudáveis para você. Ir embora pode ser doloroso, mas não é tão doloroso quanto ficar mais tempo numa situação tóxica em que você está comprometendo seus valores e sua autoestima. Aya, Hasim e Tammy tomaram medidas corajosas para se livrar de relacionamentos ou situações abusivas – e se você tem seguido as recomendações deste livro, você também tomou.

Veja o quanto você avançou desde que deu os primeiros passos para partir:

- Você escolheu este livro porque conviveu com uma pessoa tóxica num relacionamento de amizade, familiar ou profissional. No Capítulo 1, você identificou o que tornou esse relacionamento tóxico, por que você pode ter entrado nele e por que ficou.

- Ficar "sem contato" com uma pessoa tóxica geralmente é a melhor maneira de se afastar da influência doentia dela e, no Capítulo 2, você colocou a distância necessária entre você e a pessoa tóxica. Se nenhum contato não era uma opção, como no caso de ter filhos com a pessoa tóxica ou um relacionamento profissional com ela, então o contato mínimo foi a próxima melhor coisa.

- Embora você possa estar querendo um término da pessoa tóxica para seguir em frente com a sua vida, você pode não receber isso dela. No Capítulo 3, você encontrou seu término, talvez escrevendo um diário, praticando o autocuidado ou escrevendo uma carta não enviada – ou talvez tenha percebido que não precisa de um término para ter uma vida boa.

- Você pode ter ficado com raiva de si mesma por não ter deixado o relacionamento mais cedo ou por não ter tanto contato com familiares e amigos de confiança. No Capítulo 4, você viu como ninguém está imune às pessoas tóxicas e começou a se livrar dessa raiva e a se perdoar.

- No Capítulo 5, você restabeleceu os limites, deixando as pessoas conhecerem seus limites para que você pudesse ter interações saudáveis e desenvolver confiança em si mesma. Agora, você diz "não" a atividades ou pessoas que drenam sua energia, insiste em ser tratada com respeito e aceita mudar de ideia quando algo não parece certo para você.

- Você pode ter achado a terapia útil ao longo da sua jornada. Depois de ler o Capítulo 6, espero que você tenha se encontrado com um profissional de saúde mental (embora tudo bem se você precisar falar com alguns PSM antes de encontrar um com quem se "entrose".)

- Praticar o autocuidado é essencial a qualquer momento, mas principalmente depois de sair de uma situação tóxica, quando você não a priorizou. Com as práticas sugeridas no Capítulo 7, você dedicou tempo todos os dias para cuidar de si mesma.
- Você pode ter ficado isolada da família e dos amigos quando estava perto da pessoa tóxica. (Sua família pode até ter sido tóxica.) No Capítulo 8, você estendeu a mão para as pessoas solidárias e saudáveis de quem gosta ou criou um novo grupo de apoio. Eles ajudaram você a se sentir como você novamente.
- No Capítulo 9, você aprendeu que a única maneira de lidar com o luto é vivenciá-lo. Provavelmente foi doloroso e você pode até se sentir fora de controle às vezes. Tenha certeza de que os sentimentos de tristeza diminuem com o tempo. Você ficará bem.
- Quando estendemos a mão para os necessitados, isso afasta nossa mente das nossas experiências atuais e nos ajuda a construir novos relacionamentos e lembranças. No Capítulo 10, você aprendeu que o voluntariado ajuda você a se conectar com sua comunidade. Quando estiver pronta, você pode considerar a possibilidade de fazer trabalho voluntário defendendo outras pessoas que passaram por situações tóxicas.
- Por fim, no Capítulo 11, você começou a viver seu novo normal à medida que construía relacionamentos com os outros – evitando a dinâmica codependente à qual você pode estar propenso, tendo expectativas realistas e sabendo quando é o momento certo para ser vulnerável. Você tem uma vida inteira de relacionamentos saudáveis pela frente, mesmo que tenha experimentado relacionamentos tóxicos no passado.

Ao longo deste livro, algumas sugestões ou técnicas podem ter parecido mais acessíveis do que outras, e tudo bem. Você sempre pode retornar às mais desafiadoras e trabalhar nelas posteriormente. Ou você pode decidir que uma recomendação não é para você. Sempre que você trabalha para se curar, seja se reconectando com outras pessoas, oferecendo seu tempo como voluntária ou participando de sessões de terapia, o tempo é bem gasto.

Antes de fechar este livro, quero deixar algumas recomendações finais.

Primeiro, se você manteve um diário ao longo do caminho, revise o que escreveu, desenhou, pintou ou criou. O registro no diário ajuda você a processar suas experiências e revisitar suas anotações anteriores pode mostrar quanto progresso você fez. Você pode descobrir que agora tem relacionamentos mais saudáveis, não apenas com pessoas mais saudáveis, mas também consigo mesmo. Se você ainda não começou a fazer um diário, agora é a hora de começar!

Em segundo lugar, embora eu tenha dito isso muitas vezes ao longo deste livro, direi mais uma vez: procure um profissional de saúde mental que possa ajudá-la a superar o trauma que você vivenciou. Sua dor é real e você merece uma resolução. Você pode descobrir que a terapia não apenas a ajuda a lidar com os sentimentos de raiva em relação à pessoa ou às pessoas que a magoaram, mas também com a raiva que você pode estar sentindo em relação a si mesma.

Em terceiro lugar, lembre-se sempre de que não existe uma "linha de chegada" para a cura de pessoas e situações tóxicas, e o progresso não acontece em linha reta. É mais como um pico irregular – você pode começar a ter mais dias bons do que dias ruins, e então os dias ruins parecem menos ruins. Você pode ter um dia em que sente que retrocedeu em seu progresso. Trabalhei com muitos clientes que conseguiram se curar de traumas que sofreram e passaram a ter uma vida feliz, produtiva e cheia de significado, cercada por pessoas emocionalmente saudáveis. Eu gostaria de poder acelerar o processo de cura para você, mas isso leva tempo e requer algum trabalho de introspecção. Lembre-se, você ainda está progredindo, mesmo que nem sempre pareça. Você sempre pode reler este livro e revisitar as atividades e sugestões para continuar sua jornada.

Se você levar apenas uma coisa deste livro, espero que seja isto: saiba que você pode se curar de um relacionamento ou uma situação abusiva. Há esperança. A estrada à sua frente pode ser difícil, mas as coisas podem melhorar. Você ficará bem. Você vai se curar. Você vai prosperar.

AGRADECIMENTOS

Agradeço aos meus clientes, que gentilmente emprestaram suas histórias para este livro. Agradeço à minha editora, Claire Schulz; minha diretora editorial, Renée Sedliar; e minha agente, Carol Mann. Obrigada a todos da Hachette Go por tornar este livro possível. Obrigada à minha família e aos amigos: Bill Moulton; Claude Moulton, Esq; Christine Whitney, Esq.; R. Michael Sitz; Scamp Moulton; Valerie Theng Matherne, Esq.; Ari Tuckman, PsyD; Roberto Olivardia, PhD; e Mark Bertin, MD. Seu apoio e seu encorajamento significam tudo para mim.

RECURSOS

Advogados

www.precisodeadvogado.com.br/*
American Bar Association
www.americanbar.com

Advogados de direito de família

Jurisbrasil
https://www.jusbrasil.com.br/advogados/direito-de-familia/**

Family Law Organization
www.familylaw.org
(para serviços gratuitos, ver Como encontrar outros benefícios, p. 285)

Codependência

Melody Beattie. *Codependent No More Workbook*. Center City, MN: Hazelden, 2011.
Krystal Mazzola. *The Codependency Workbook: Simple Practices for Developing and Maintaining Your Independence*. Emeryville, CA: Rockridge Press, 2020.

---

* Site brasileiro com informações sobre o assunto. (N. da T.)
** Site brasileiro com informações sobre o assunto. (N. da T.)

Codependentes Anônimos

https://www.codabrasil.org.br/pagina/quem-somos.html*

Coparentalidade

Margalis Fjelstad e Jean McBride. *Raising Resilient Children with a Borderline or Narcissistic Parent.* Washington, DC: Rowman & Littlefield Publishers, 2020.

Jeremy S. Gaies e James B. Morris. *Mindful Coparenting: A Child-Friendly Path Through Divorce.* CreateSpace Independent Publishing Platform, 2014.

Carl Knickerbocker. *The Parallel Parenting Solution: Eliminate Conflict with Your Ex, Create the Life You Want.* Independent Publishing Corporation, 2021.

2 Casas
www.2houses.com

Coparenter
www.coparenter.com

Coparently
www.coparently.com

Our Family Wizard
www.ourfamilywizard.com

Talking Parents
www.talkingparents.com

We Parent
www.weparent.app

Estilos de apego

Annie Chen. *The Attachment Theory Workbook: Powerful Tools to Promote Understanding, Increase Stability, and Build Lasting Relationships.* Emeryville, CA: Althea Press, 2019.

Diane Heller. *The Power of Attachment: How to Create Deep and Lasting Intimate Relationships.* Louisville, CO: Sounds True, 2019.

---

* Ver nota da p. 279. (N. da T.)

Amir Levine e Rachel Heller. *Attached: The New Science of Adult Attachment and How It Can Help You Find – and Keep – Love.* Nova York: TarcherPerigee, 2012.

FalaBR

www.falabr.cgu.gov.br

Gaslighting

Amy Marlow-McCoy. *The Gaslighting Recovery Workbook: Healing from Emotional Abuse.* Emeryville, CA: Rockridge Press, 2020.

Stephanie Sarkis. *Gaslighting: Recognize Manipulative and Emotionally Abusive People – and Break Free.* Nova York: Da Capo Press, 2018. *[O Fenômeno Gaslighting – A Estratégia de Pessoas Manipuladoras para Distorcer a Verdade e Manter Você Sob Controle, Editora Cultrix, 2019.]*

Intituto Maria da Penha

www.institutomariadapenha.org.br/

DomesticShelters.org
www.domesticshelters.org

National Coalition Against Domestic Violence
www.ncadv.org
303-839-1852

National Domestic Violence Hotline
www.thehotline.org
1-800-799-SAFE (7233)

Victim Connect Resource Center
www.victimconnect.org
1-855-4VICTIM (855-484-2846)

Limites

Robert Alberti e Michael Emmons. *Your Perfect Right: Assertiveness and Equality in Your Life and Relationships*, 10ª ed. Oakland, CA: Impact, 2017.

Shandelle Hether-Gray. *Assertiveness Workbook: Practical Exercises to Improve Communication, Set Boundaries, and Be Your Best Advocate.* Emeryville, CA: Rockridge Press, 2020.

Lisa M. Schab. *Cool, Calm, and Confident: A Workbook to Help Kids Learn Assertiveness Skills.* Oakland, CA: Instant Help, 2009.

Luto

Pema Chödrön. *When Things Fall Apart: Heart Advice for Difficult Times.* Boulder, CO: Shambhala Publications, 2016.

Melba Colgrove, Harold H. Bloomfield e Peter McWilliams. *How to Survive the Loss of a Love.* Los Angeles: Prelude Press, 2006.

John W. James e Russell Friedman. *The Grief Recovery Handbook: The Action Program for Moving Beyond Death, Divorce, and Other Losses.* Nova York: Harper Perennial, 2009.

Elisabeth Kübler-Ross. *On Grief and Grieving: Finding the Meaning of Grief Through the Five Stages of Loss.* Nova York: Scribner, 2014.

Harold S. Kushner. *When Bad Things Happen to Good People.* Nova York: Anchor Books, 2004.

C. S. Lewis. *A Grief Observed.* Nova York: HarperCollins Publishers, 2001.

Thich Nhat Hanh. *No Mud, No Lotus: The Art of Transforming Suffering.* Berkeley, CA: Parallax Press, 2014.

Meditação e Mindfulness

Matthew Sockolov. *Practicing Mindfulness: 75 Essential Meditations to Reduce Stress, Improve Mental Health, and Find Peace in the Everyday.* Emeryville, CA: Althea Press, 2018.

Budhify
www.buddhify.com

Calm
www.calm.com

Headspace
www.headspace.com

Inner Health Studio
www.innerhealthstudio.com

Mindful
www.mindful.org

Stop, Breathe, and Think
www.stopbreathethink.com

Ten Percent Happier
www.tenpercent.com

Narcisismo

Shahida Arabi. *The Highly Sensitive Person's Guide to Dealing with Toxic People: How to Reclaim Your Power from Narcissists and Other Manipulators.* Oakland, CA: New Harbinger Publications, 2020.

Joseph Burgo. *The Narcissist You Know: Defending Yourself Against Extreme Narcissists in an All-About-Me Age.* Nova York: Touchstone, 2015.

Ramani Durvasula. *Should I Stay or Should I Go? Surviving a Relationship with a Narcissist.* Nova York: Post Hill Press, 2017.

Bill Eddy e L. Georgi DiStefano. *It's All Your Fault at Work: Managing Narcissists and Other High-Conflict People.* Scottsdale, AZ: Unhooked Books, 2015.

Bill Eddy e Randi Kreger. *Splitting: Protecting Yourself While Divorcing Someone with Borderline or Narcissistic Personality Disorder.* Oakland, CA: New Harbinger Publications, 2021.

Paul T. Mason e Randi Kreger. *Stop Walking on Eggshells: Taking Your Life Back When Someone You Care About Has Borderline Personality Disorder.* Oakland, CA: New Harbinger Publications, 2020.

Kimberlee Roth e Freda B. Friedman. *Surviving a Borderline Parent: How to Heal Your Childhood Wounds and Build Trust, Boundaries, and Self-Esteem.* Oakland, CA: New Harbinger Publications, 2004.

Profissionais de saúde mental e terapia*

Associação Brasileira de Psicologia Clínica (ABPC): A ABPC é uma associação que reúne psicólogos clínicos. Eles podem fornecer informações sobre psicólogos e clínicas qualificadas: https://abpconline.org/

American Association for Marriage and Family Therapy
www.aamft.org

American Association of Sexuality Educators, Counselors, and Therapists
www.aasect.org

American Psychological Association
www.apa.org

Association for Play Therapy
www.a4pt.org

Conselho Federal de Psicologia (CFP): O CFP é a principal organização que regulamenta a prática da psicologia no Brasil. Eles têm um site com informações importantes para pacientes e clientes, incluindo direitos e deveres: https://site.cfp.org.br/

GoodTherapy
www.goodtherapy.org

National Board for Certified Counselors
www.nbcc.org

Psychology Today Directory
psychologytoday.com/us/therapists
psychologytoday.com/us/types-of-therapy

Raiva

Alberto Elis. *How to Control Your Anger Before It Controls You*. Nova York: Cidadela, 2016.

---

* Associações brasileiras. (N. da T.)

Harriet Lerner. *The Dance of Anger: A Woman's Guide to Changing the Patterns of Intimate Relationships.* Nova York: William Morrow, 2014.

Violência Doméstica e Assédio Sexual*

Central de Atendimento à Mulher, o Ligue 180, um serviço de utilidade pública para o enfrentamento da violência contra a mulher. Além de receber denúncias de violências contra mulheres, a central encaminha o conteúdo dos relatos aos órgãos competentes e monitora o andamento dos processos.

Segundo a página do ministério dos Direitos Humanos e da Cidadania, além do número de telefone 180, é possível realizar denúncias de violência contra a mulher pelo aplicativo Direitos Humanos Brasil e na página da Ouvidoria Nacional de Diretos Humanos (ONDH) do Ministério da Mulher, da Família e dos Direitos Humanos (MMFDH), responsável pelo serviço. No site há disponível atendimento por chat e com acessibilidade para a Língua Brasileira de Sinais (Libras).

O Conselho Nacional de Justiça (CNJ) mantém um programa de apoio às mulheres vítimas de violência e em seu portal há uma página sobre "Como denunciar", que inclui os contatos (endereço, telefone e *e-mail*) das Delegacias Especializadas de Atendimento à Mulher (DEAM) em funcionamento em todo o Brasil.

Assistência Jurídica Gratuita**

Assédio Sexual

Rape, Abuse & Incest National Network, National Sexual Assault Hotline
www.rainn.org
1-800-656-HOPE (4673)

Assistência jurídica gratuita independentemente de gênero:

A Defensoria Pública atende pessoas que não tenham condições financeiras para pagar pelos serviços de um advogado. Para isso, é feita uma avaliação para verificar a renda familiar, o patrimônio e os gastos mensais da pessoa. O agendamento

---

* Informações sobre órgãos no Brasil. (N. da T.)

** Assistência Jurídica no Brasil. (N. da T.)

pode ser feito pelo telefone 0800 773 4340. Mais informações na página https://
www.defensoria.sp.def.br/web/guest/atendimento/agende-seu-atendimento

Exercendo as suas funções em todos os estados brasileiros, o Juizado Especial Cí-
vel (JEC) é responsável por cuidar de processos menores, conhecidos também
como "pequenas causas". Por meio do JEC, você consegue mover uma ação contra uma empresa ou pessoa.

Também é possível conseguir um advogado que exerça a atividade pro bono na Ordem dos Advogados do Brasil (OAB), que indica advogados que atuam de graça
para entidades sem fins lucrativos e até para pessoas físicas que não possuem
recursos para contratar om profissional.

Administration for Community Living – independent living for older adults and
people with disabilities www.acl.gov

LawHelp.org
www.lawhelp.org

Legal Services Corporation
www.lsc.gov

Assistência jurídica gratuita para mulheres

No Brasil, mulher, criança ou adolescente em situação de violência tem direito
assegurado a auxílio jurídico gratuito e atendimento humanizado em órgãos
como Defensoria Pública, Promotoria da Mulher do Ministério Público, Juizado
da Mulher, Vara de Violência Doméstica e serviços de assistência judiciária em
geral, garantidos pela Lei Maria da Penha. Nesses espaços seguros as mulheres
podem tirar dúvidas e receber assistência para todas as fases do processo jurídico.

Organizações não governamentais (ONGs) como Justiceiras, DeFEMde – Rede
Feminista de Juristas, SaferNet, Ordem dos Advogados do Brasil (OAB) e advo-
gadas feministas populares também oferecem apoio judicial às vítimas de violência baseada em gênero.

Autocuidados

Robyn L. Gobin. *The Self-Care Prescription: Powerful Solutions to Manage Stress, Reduce Anxiety, and Increase Well-Being.* Emeryville, CA: Althea Press, 2019.

Zoe Shaw. *A Year of Self-Care: Daily Practices and Inspiration for Caring for Yourself.* Emeryville, CA: Rockridge Press, 2021.

Compaixão por si

Christopher K. Germer. *The Mindful Path to Self-Compassion: Freeing Yourself from Destructive Thoughts and Emotions.* Nova York: Guilford Press, 2009.

Joy Johnson. *The Self-Compassion Workbook: Practical Exercises to Approach Your Thoughts, Emotions, and Actions with Kindness.* Emeryville, CA: Rockridge Press, 2020.

William Martin. *The Tao of Forgiveness: The Healing Power of Forgiving Others and Yourself.* Nova York: TarcherPerigee, 2010.

Grupos de apoio

Amor Exigente*

Apoio e orientação aos familiares de dependentes químicos e às pessoas com comportamentos inadequados: https://amorexigente.org.br/assuntos/ae-na-midia/

Assédio no Local de Trabalho

Adrienne Lawrence. *Staying in the Game: The Playbook for Beating Workplace Sexual Harassment.* Nova York: TarcherPerigee, 2021.

Robert I. Sutton. *The No Asshole Rule: Building a Civilized Workplace and Surviving One That Isn't.* Nova York: Business Plus, 2010.

Atados

https://www.atados.com.br/

---

* Informações sobre o Brasil. (N. da T.)

Cartilha de Prevenção ao Assédio Moral*

https://www.tst.jus.br/documents/10157/55951/Cartilha+ass%C3%A9dio+mo-ral/573490e3-a2dd-a598-d2a7-6d492e4b2457

Comissão para a Igualdade no Trabalho e no Emprego (CITE)

https://assedio.cite.gov.pt/o-assedio-no-trabalho/o-que-e-o-assedio-no-local-de--trabalho/

US Equal Employment Opportunity Commission (EEOC)
www.eeoc.gov/harassment

Grupo Amor Vida

Serviço gratuito de apoio emocional a pessoas em crise
https://grupoamorvida.ong/
0800 750 5554

Adult Children of Alcoholics & Dysfunctional Families
www.adultchildren.org

Al-Anon
www.al-anon.org

Codependents Anonymous
www.coda.org

Voluntariado e Organizações Voluntárias

Matthieu Ricard. *Altruism: The Power of Compassion to Change Yourself and the World*. Nova York: Little, Brown and Company, 2015.

Voluntários

https://voluntarios.com.br/**

---

*   Informações sobre o Brasil. (N. da T.)

**   Ver nota da p. 279. (N. da T.)

Charity Watch
www.charitywatch.org

Global Volunteers
www.globalvolunteers.org

US Natural and Cultural Resources Volunteer Portal
www.volunteer.gov

Volunteer Match
www.volunteermatch.org

Prevenção ao Suicídio*

Centro de Valorização da Vida (CVV)

188

National Suicide Prevention Lifeline
www.suicidepreventionlifeline.
org 1-800-273-8255

---

* Informações sobre o Brasil. (N. da T.)

GLOSSÁRIO

Abuso econômico. Uma forma de violência doméstica em que o agressor impede o acesso a recursos econômicos e a vítima é forçada a depender do agressor para suas necessidades financeiras. Formas de abuso econômico incluem forçar a vítima a abrir mão de suas contas financeiras e bens e forçá-la a deixar o emprego.

Abuso reativo. Quando você luta contra um agressor como uma forma de sobrevivência e autopreservação. Isso não significa que você é uma pessoa abusiva – no entanto, uma pessoa tóxica pode tentar convencê-la de que você é o "verdadeiro" agressor.

Bombardeio de amor. Parte dos comportamentos idealizadores de uma pessoa tóxica no início de um relacionamento. A pessoa cobre você de afeto e/ou presentes para apressar você a se comprometer. Uma vez que você está no relacionamento, o bombardeio de amor para e a *desvalorização* começa.

Chantagem emocional. Um tipo de manipulação em que uma pessoa tóxica usa culpa, vergonha ou ameaças para controlá-lo. Você também pode ser informada de que é obrigada a atender às necessidades da pessoa tóxica. Um exemplo de chantagem emocional é quando você diz ao seu parceiro que está terminando o relacionamento e ele diz que vai se machucar se você deixá-lo.

Codependência. Uma dependência doentia – mental, emocional ou física – de um parceiro romântico, amigo ou membro da família. Você se sente responsável pelos sentimentos ou problemas de outras pessoas. Você pode depender demais do seu parceiro ou de outras pessoas em sua vida para obter estabilidade emocional, validação ou senso de propósito. Você pode estar encobrindo ou dando desculpas para o comportamento viciante ou abusivo de uma pessoa.

Constância do objeto. A capacidade de acreditar que um relacionamento permanece estável mesmo durante conflitos ou dificuldades. Uma pessoa tóxica tem dificuldade em manter um conceito de constância de objeto. Qualquer conflito é visto como uma ameaça ao seu ego e pode resultar em descarte ou obstrução.

Controle coercitivo. Um termo usado para descrever o abuso que tem a intenção de prejudicar, punir ou assustar uma pessoa. Inclui ameaças, intimidação, humilhação e agressão.

Desabafo de trauma. Quando uma pessoa tóxica conta demais sobre sua história de trauma logo após conhecer você. Pode ser um indicativo de falta de limites ou pode ser usado como uma estratégia para atraí-la para um relacionamento. Também é usado como uma forma de criar intimidade emocional artificialmente.

Descarte. Parte do processo de idealização-desvalorização-descarte de uma pessoa tóxica. O descarte ocorre quando a pessoa tóxica termina o relacionamento ou "some" porque ela encontrou um novo suprimento narcisista ou você não está cumprindo expectativas irrealistas dela. Você quase sempre é culpada pelo descarte. Muitas vezes precedido por raiva narcisista.

Desfusão cognitiva. A prática de desapegar-se dos próprios pensamentos e emoções para reduzir o sofrimento. É uma técnica utilizada na terapia de aceitação e compromisso. Praticar a desfusão cognitiva pode ajudar as pessoas a verem seus pensamentos e sentimentos apenas pelo que são – não como uma verdade absoluta ou comandos. Uma técnica de desfusão cognitiva é reconhecer um pensamento e reformulá-lo como "Percebo que estou tendo o pensamento de que...".

Desvalorização. Parte do processo de idealização-desvalorização-descarte de uma pessoa tóxica. A desvalorização ocorre quando uma pessoa tóxica trata você como se você não fosse alguém valioso ou importante. As críticas aumentam e você é culpada por coisas que não são culpa sua.

Dissonância cognitiva. Quando você recebe informações que contradizem suas crenças e não condizem com o que você sabe sobre as pessoas e o mundo ao seu redor. Experimentar dissonância cognitiva pode levar a sentimentos de confusão, ansiedade e depressão.

Efeito de custo irrecuperável. Nossa tendência de continuar perseguindo algo (um relacionamento ou outro empreendimento) depois de termos investido tempo, esforço ou dinheiro nisso – mesmo quando o empreendimento não está funcionando. É menos provável que deixemos um relacionamento tóxico quando sentimos que investimos tempo e esforço para fazê-lo funcionar. Queremos sentir que tudo o que abrimos mão para fazer o relacionamento funcionar valeu a pena e que não "perdemos tempo". No entanto, passar mais tempo com uma pessoa tóxica aumenta a sensação de perda de tempo e esforço.

Empatia cognitiva. Quando uma pessoa tóxica parece demonstrar empatia por você, mas não há emoções por trás de suas palavras. Uma pessoa tóxica dirá o que pensa ser a coisa "certa" para fazer você se sentir como se ela se importasse.

Enfrentamento desadaptativo. Envolver-se em comportamentos de alto risco para sentir algo diferente de raiva ou tristeza. Uma ocorrência comum após terminar um relacionamento tóxico ou sair de uma situação tóxica. Inclui aumento do uso de álcool ou drogas, envolvimento em comportamento sexual de alto risco e alimentação insuficiente ou excessiva.

Estilo de apego. A maneira particular como você se relaciona com outras pessoas nos relacionamentos. Seu estilo de apego é formado na infância, dependendo de como seus pais ou tutores interagiram com você. Existem quatro estilos principais de apego: ansioso, evitativo, desorganizado e seguro. Os estilos de apego ansioso, evitativo e desorganizado são conhecidos como apegos inseguros.

Facilitação. Ato de apoiar os comportamentos nocivos e tóxicos de uma pessoa. A *facilitação* inclui minimizar os problemas de uma pessoa, mentir ou dar desculpas por seu comportamento e/ou trabalhar mais do que ela para mudar seu comportamento tóxico.

Fadiga de compaixão. O impacto físico, emocional e psicológico de ajudar outras pessoas, principalmente em tempos difíceis, esgota sua capacidade de empatia. Também conhecido como estresse traumático secundário. Se você estiver trabalhando com pessoas traumatizadas, poderá sentir um nível elevado de estresse e uma mudança marcante na forma como percebe os outros. Você pode experimentar esgotamento, incluindo sentimentos de exaustão.

Future faking. Uma pessoa tóxica promete a você o futuro que você deseja como uma forma de levá-la de volta a um relacionamento com ele. Depois de restabelecido um relacionamento, a pessoa tóxica não cumpre o que havia prometido e pode até negar que o disse.

Gaslighting. Uma forma de abuso psicológico e emocional. É uma série de técnicas de manipulação em que um abusador faz a vítima questionar sua realidade. Com o tempo, a vítima sente que está perdendo a sanidade e que não pode confiar em sua própria percepção do mundo.

Hipervigilância. Viver em alerta máximo como consequência de estar num relacionamento ou numa situação tóxica. Você pode ter um forte reflexo de sobressalto e costuma estar atento ao perigo. Pode ser um sintoma de transtorno de estresse pós-traumático.

Hoovering. Quando alguém tóxico tenta atraí-la de volta ao contato com ele, possivelmente com a intenção de sugá-la de volta para um relacionamento. O contato pode variar desde enviar uma mensagem de uma palavra até aparecer em sua residência. Ele pode prometer que as coisas vão melhorar entre vocês. Esse comportamento recebe o nome da marca do aspirador de pó Hoover. Veja *future faking*.

Idealização. Parte do processo de idealização-desvalorização-descarte de uma pessoa tóxica. A pessoa tóxica irá tratá-la como se você não pudesse errar no início de um relacionamento. Ela trata você como se você fosse uma criatura mágica especial. Mas isso não dura. Veja *bombardeio de amor*.

Intimidade emocional. Uma conexão profunda e carinhosa com uma pessoa na qual ambos são livres para serem autênticos e compartilhar seus pensamentos e sentimentos sem julgamento. Uma pessoa tóxica pode se envolver em *desabafo de trauma, empatia cognitiva e bombardeio de amor* para criar artificialmente intimidade emocional. A verdadeira intimidade emocional se desenvolve aos poucos e não pode ser forçada.

Lesão narcisista. Um evento que ameaça o ego de um narcisista. Pode ser desencadeado por uma pessoa que impõe um limite saudável ou qualquer coisa que o narcisista perceba como "desleal". Um narcisista pode responder com *raiva narcisista* ou *stonewalling*.

Limites. Diretrizes ou limites saudáveis que você impõe a si mesma e a seus relacionamentos. Pessoas tóxicas podem violar seus limites continuamente. Os tipos de limites incluem emocional, físico, sexual, temporal e mental.

Lócus de controle externo. Seu humor muda com base no que acontece ao seu redor. Se você está de mau humor, é difícil para você se livrar dele. Em contraste, quando você tem um lócus de controle interno, você se sente sólido e fundamentado. Veja também *lócus de controle interno*.

Lócus de controle interno. Seu humor é bastante estável, independentemente do que aconteça ao seu redor. Você sente que pode lidar com a maioria das coisas porque olha para dentro para encontrar força e resiliência. Veja também *lócus de controle externo*.

Macaco voador. Alguém que transmite mensagens de uma pessoa tóxica para você. Um macaco voador pode ou não estar ciente da toxicidade dessa pessoa. Esse nome origina-se dos mensageiros da Bruxa Malvada do Oeste em *O Mágico de Oz*.

***Mindfulness* ou meditação da atenção plena.** Um tipo de meditação em que você se concentra no que está percebendo e sentindo no momento. As técnicas incluem focar na respiração e ser ativo enquanto você se concentra no presente.

Moldar um comportamento. Um processo para estabelecer um comportamento. Uma pessoa que se empenha para desenvolver o comportamento desejado, reforçando quaisquer comportamentos que se aproximem do comportamento desejado. Uma pessoa que tem como objetivo ir para a cama uma hora mais cedo dá a si mesma um reforço positivo para ir para a cama quinze minutos mais cedo todas as noites, depois trinta minutos mais cedo e assim por diante.

Munição emocional. Quando uma pessoa tóxica coleta informações sobre suas vulnerabilidades para usá-las contra você no futuro, diz-se que ela está coletando munição emocional.

Narcisismo. Autoenvolvimento e senso de direito, na medida em que as necessidades dos outros não são consideradas. Uma pessoa que é narcisista pode ou não se qualificar para um diagnóstico de *transtorno de personalidade narcisista (TPN)*.

Perda viva ou ambígua. Situação em que alguém por quem uma pessoa está de luto está continuamente presente na vida dessa pessoa, por exemplo, terminar um relacionamento com um dos pais. A perda não tem um término e a pessoa pode sentir continuamente a sensação de perda.

Personalidade egodistônica. Egodistônico refere-se a ter pensamentos e sentimentos que estão em conflito com sua autoimagem. Embora superficialmente isso possa parecer uma coisa ruim, ter essa personalidade ou mentalidade significa que você pode reconhecer quando um comportamento não está funcionando bem para você e pode procurar ajuda para corrigi-lo. Pessoas saudáveis tendem a ter personalidades egodistônicas. Veja personalidade egossintônica.

Personalidade egossintônica. Egossintônico refere-se a ter pensamentos e sentimentos que estão em harmonia com sua autoimagem, seus valores e formas de pensar. Uma pessoa com essa personalidade ou mentalidade acredita que está bem psicologicamente, que suas percepções e seus comportamentos são razoáveis e que seu comportamento deve ser aceitável para os outros. Encontrado em transtornos de personalidade, como transtorno de personalidade narcisista (TPN). Veja personalidade egodistônica.

Raiva narcisista. Quando alguém estabelece limites com uma pessoa tóxica ou a desafia, resultando em uma *lesão narcisista*, ela pode responder ficando furiosa. O início da raiva narcisista pode ser instantâneo, sem sinais de alerta. A pessoa tóxica pode então agir no dia seguinte como se a raiva narcisista nunca tivesse acontecido.

Reforço intermitente. O reforço positivo é dado para algumas, mas não todas, ocorrências de um comportamento. Há uma ordem aleatória para esse reforço, fazendo com que uma pessoa repita o comportamento com mais frequência do que se recebesse reforço positivo contínuo. Isso pode resultar em comportamento viciante. Um abusador pode ser afetuoso em momentos imprevisíveis, intensificando o vínculo traumático.

Síndrome de Estocolmo. Uma resposta emocional na qual uma vítima de abuso ou um refém desenvolve um apego emocional ou uma identificação com seu agressor ou sequestrador. Nomeado após um caso em Estocolmo, onde os reféns não apenas se simpatizaram com seus captores, mas também se recusaram a testemunhar contra eles e levantaram dinheiro para sua defesa legal. A síndrome de Estocolmo é um tipo de *vínculo traumático*.

Sociopata. Alguém que sabe distinguir o certo do errado, mas simplesmente não se importa. Ele normalmente explora as pessoas e tem pouco ou nenhum sentimento de empatia.

Stonewalling. Uma forma de abuso emocional em que uma pessoa tóxica pune alguém com o uso do tratamento silencioso. Geralmente ocorre como uma resposta à imposição de limites saudáveis ou quando uma pessoa tóxica percebe alguém como sendo desleal.

Suprimento narcisista. Um narcisista precisa de atenção constante dos outros, e a fonte dessa atenção é o suprimento dele. Quando a novidade de um relacionamento desaparece ou se ele sente que alguém foi desleal pode passar para um novo suprimento. É comum que um narcisista tenha mais de um suprimento narcisista enquanto afirma ser monogâmico e pode manter seus exs em rotação para facilitar o suprimento.

Técnica de aterramento. Uma estratégia ou prática de enfrentamento que ajuda a pessoa a se concentrar imediatamente no momento presente ao experimentar *flashbacks*, dissociação, ansiedade ou pânico. É uma prática que pode ser feita a qualquer hora ou local.

Terapia cognitivo-comportamental (TCC). Um tipo de terapia de fala que se concentra, em parte, em reconhecer e mudar as distorções do pensamento (diálogo interior defeituoso). Quando o diálogo interior muda, seu comportamento em relação a si mesma e aos outros muda também.

Terapia comportamental dialética (TCD). Um tipo de terapia cognitivo-comportamental em que os objetivos são melhorar a tolerância ao estresse, manter as emoções sob controle e encontrar um equilíbrio entre aceitação e mudança. Por meio da TCD, você reconhece que sentir emoções concorrentes é uma parte normal e comum da experiência humana.

Terapia de aceitação e compromisso (TAC). Um tipo de terapia cognitivo-comportamental na qual você aprende a diminuir sua conexão emocional com seus pensamentos por meio de uma prática conhecida como desfusão cognitiva ou desliteralização. Esse método ajuda você a reconhecer seus pensamentos pelo que eles são – apenas pensamentos – para diminuir o poder que eles têm sobre você e ajudá-la a lidar com pensamentos e sentimentos desconfortáveis. Para trabalhar com suas emoções, você precisa vivenciá-las, em vez de ignorá-las ou encontrar uma distração para elas. A meditação da atenção plena (*mindfulness*) é uma faceta da TAC.

Terapia de casais. Uma forma de psicoterapia em que os parceiros se reúnem com um profissional de saúde mental para discutir questões atuais e passadas em seu relacionamento. O terapeuta também pode ter uma sessão individual com cada parceiro no início do tratamento.

Terapia em grupo. Uma forma de terapia em que um profissional de saúde mental lidera um grupo de indivíduos com problemas em comum. Parte da cura na terapia em grupo se deve à universalidade – o conhecimento de que outras pessoas experimentaram sentimentos e eventos semelhantes.

Terapia familiar. Uma forma de psicoterapia em que os membros de uma família se reúnem com um profissional de saúde mental para discutir questões relacionadas à dinâmica da família. Os membros da família podem ser solicitados a compartilhar suas experiências e fornecer *feedback*.

Terapia focada na solução (TFS). Um tipo de terapia de conversa que inclui a definição de seus pontos fortes e métodos de aprendizado para direcionar sua energia para curar a si mesma. Um dos conceitos da terapia focada em soluções é que, quando você muda apenas uma coisa em sua vida para melhor, isso resulta em muitos benefícios.

Terapia individual. Uma forma de terapia de conversa em que uma pessoa se encontra individualmente com um profissional de saúde mental para discutir questões atuais e passadas. A terapia individual pode ser presencial ou virtual. As experiências da família da pessoa podem ser abordadas para ajudá-la a processar e entender seu comportamento atual.

Transtorno de personalidade narcisista (TPN). Um conjunto de sintomas que afetam o funcionamento diário de uma pessoa e a capacidade de formar relacionamentos saudáveis. Os sintomas incluem acreditar que ela tem direito a um tratamento "especial", explorar os outros, falta de empatia e expectativas de que ela será tratada como superior aos outros. Uma pessoa com TPN tende a ter uma personalidade *egossintônica*.

Traumatização vicária. Quando ouvir sobre as experiências traumáticas de outras pessoas faz com que você experimente sintomas de ansiedade, depressão e esgotamento. Você também pode reviver aspectos de seu próprio trauma.

Triangulação. Colocar duas pessoas uma contra a outra para que tenham conflitos e um relacionamento tenso. Por exemplo, uma pessoa tóxica pode dizer falsamente a uma vítima que sua irmã disse algo maldoso sobre ela e que ela tem "o direito de saber". É uma das maneiras pelas quais uma pessoa tóxica trabalha para isolar a vítima de seus amigos e familiares. É também uma forma de uma pessoa tóxica tentar desviar o foco de seu comportamento abusivo.

Vínculo traumático. Quando uma sobrevivente de abuso desenvolve um apego ou simpatia por seu agressor. O vínculo traumático pode ocorrer em qualquer interação em que uma pessoa é abusada, inclusive em situações de violência doméstica, abuso infantil, tráfico humano, cultos e reféns. A *síndrome de Estocolmo* é um tipo de vínculo traumático.

NOTAS

Capítulo 1

1. Joan Reid *et al*. "Trauma Bonding and Interpersonal Violence". *In Psychology of Trauma*, org. por Thijs van Leeuwen e Marieke Brouwer (Hauppage, NY: Nova Science Publishers, 2013).

2. Matthew H. Logan. "Stockholm Syndrome: Held Hostage by the One You Love". *Violence and Gender* 5, nº 2 (2018): 67-69, http://doi.org:10.1089/vio.2017.0076.

3. Sara Rego, Joana Arntes e Paula Magalhães. "Is There a Sunk Cost Effect em Committed Relationships?". *Current Psychology* 37, nº 3 (2018): 508-519, http://doi.org:10.1007/s12144-016-9529-9.

Capítulo 2

1. Zoe Rejaän, Inge E. van der Valk e Susan Branje. "Postdivorce Coparenting Patterns and Relations with Adolescent Adjustment". *Journal of Family Issues* (2021), http://doi.org:10.1177/0192513X211030027.

2. Linda Nielsen. "Re-examining the Research on Parental Conflict, Coparenting, and Custody Arrangements". *Psychology, Public Policy and Law* 23, nº 2 (2017): 211, http://doi.org:10.1037/law0000109.

3. Sara Gale *et al*. "The Impact of Workplace Harassment on Health in a Working Cohort". *Frontiers in Psychology* 10 (2019): 1181, http://doi.org:10.3389/

fpsyg.2019.01181; Shazia Nauman, Sania Zahra Malik e Faryal Jalil. "How Workplace Bullying Jeopardizes Employees' Life Satisfaction: The Roles of Job Anxiety and Insomnia". *Frontiers in Psychology* 10 (2019): 2292, http://doi.org:10.3389/ fpsyg.2019.02292.

Capítulo 3

1. Marnin J. Heisel e Gordon L. Flett. "Do Meaning in Life and Purpose in Life Protect Against Suicide Ideation Among Community-Residing Older Adults?". *In Meaning in Positive and Existential Psychology*, org. Alexander Batthyany e Pninit Russo-Netzer (Nova York: Springer, 2014), pp. 303-24.

2. Matthew Evans. "A Future Without Forgiveness: Beyond Reconciliation in Transitional Justice". *International Politics* 55, nº 5 (2018): 678-92.

3. Karina Schumann e Gregory M. Walton. "Rehumanizing the Self After Victimization: The Roles of Forgiveness Versus Revenge". *Journal of Personality and Social Psychology* (2021), http://doi.org:10.1037/pspi0000367.

4. LaVelle Hendricks *et al.* "The Effects of Anger on the Brain and Body". *National Forum Journal of Counseling and Addiction* 2, nº 1 (2013): 1–12, http://www.national forum.com/Electronic%20Journal%20Volumes/Hendricks,%20LaVelle%20The%20 Effects%20of%20Anger%20on%20the%20Brain%20and%20Body% 20NF-JCA%20 V2%20N1%202013.pdf.

Capítulo 4

1. Diana-Mirela Cândea e Aurora Szentagotai-Tatar. "Shame-Proneness, Guilt-Proneness and Anxiety Symptoms: A Meta-analysis". *Journal of Anxiety Disorders* 58 (2018): 78-106, http://doi .org:10.1016/j.janxdis.2018.07.005; Malgorzata Gambin e Carla Sharp. "The Relations Between Empaty, Guilt, Shame and Depression in Inpatient Adolescents". *Journal of Affective Disorders* 241 (2018): 381-87, http://doi .org:10.1016/j.jad.2018.08 .068.

Capítulo 5

1. Shanhong Luo. "Effects of Texting on Satisfaction in Romantic Relationships: The Role of Attachment". *Computers in Human Behavior* 33 (2014): 145-52, http://doi .org:10.1016/j.chb.2014.01. 014.

2. Luo. "Effects of Texting on Satisfaction in Romantic Relationships".

3. Shanhong Luo e Shelley Tuney. "Can Texting Be Used to Improve Romantic Relationships? – The Effects of Sending Positive Text Messages on Relationship Satisfaction". *Computers in Human Behavior* 49 (2015): 670-78, http://doi. Org:10.1016/j.chb .2014.11.035.

4. Laurel A. Milam *et al.* "The Relationship Between Self-Efficacy and Well--Being Among Surgical Residents". *Journal of Surgical Education* 76, n° 2 (2019): 321-28, http://doi.org:10.1016/j.jsurg.2018.07.028; Ulrich Orth, Ruth Yasemin Erol e Eva C. Luciano. "Development of Self-Esteem from Age 4 to 94 Years: A Meta-analysis of Longitudinal Studies". *Psychological Bulletin* 144, n° 10 (2018): 1045-1080, http://doi.org:10.1037/bul0000161.

5. Zahra Mirbolook Jalali, Azadeh Farghadani e Maryam Ejlali-Vardoogh. "Effect of Cognitive-Behavioral Training on Pain Self-Efficacy, Self-Discovery, and Perception in Patients with Chronic Low-Back Pain: A Quasi-Experimental Study". *Anesthesiology and Pain Medicine* 9, n° 2 (2019): e78905, http://doi. org:10.5812/aapm .78905.

6. Edward Kruk. "Parental Alienation as a Form of Emotional Child Abuse: Current State of Knowledge and Future Directions for Research". *Family Science Review* 22, n° 4 (2018): 141-64; Wilfrid von Boch-Galhau. "Parental Alienation (Syndrome) – A Serious Form of Child Psychological Abuse". *Mental Health and Family Medicine* 14 (2018): 725-39.

Capítulo 7

1. Hyon Joo Hong *et al.* "Correlations Between Stress, Depression, Body Mass Index, and Food Addiction Among Korean Nursing Students". *Journal of Addictions Nursing* 31, n° 4 (2020): 236-42, http://doi.org:10.1097/JAN.0000000000000362.

2. Kathleen Mikkelsen *et al.* "Exercise and Mental Health". *Maturitas* 106 (2017): 4856, http://doi.org:10.1016/j.maturitas.2017.09.003.

3. Shadab A. Rahman *et al.* "Characterizing the Temporal Dynamics of Melatonin and Cortisol Changes in Response to Nocturnal Light Exposure". *Scientific Reports* 9, n° 1 (2019): 19720, http://doi.org:10.1038/s41598-019-54806-7.

4. Rohan Nagare *et al.* "Nocturnal Melatonin Suppression by Adolescents and Adults for Different Levels, Spectra, and Durations of Light Ex-

posure". *Journal of Biological Rhythms* 34, n° 2 (2019): 178-94, http://doi.org:10.1177/0748730419828056.

5. Ariel Shesa *et al.* "Social Media Use and Depression and Anxiety Symptoms: A Cluster Analysis". *American Journal of Health Behavior* 42, n° 2 (2018): 116-28, http://doi.org:10.5993/AJHB.42.2.11.

6. Rasan Burhanand Jalal Moradzadeh. "Neurotransmitter Dopamine (DA) and Its Role in the Development of Social Media Addiction". *Journal of Neurology & Neurophysiology* 11, n° 7 (2020): 507.

Capítulo 8

1. Jon M. Taylor. *The Case (for and) Against Multi-Level Marketing*, Consumer Awareness Institute, 2011, https://www.ftc.gov/sites/default/files/documents/public_comments /trade-regulation-rule-disclosure-requirements-and-prohibitions--concerning -business-opportunities-ftc.r511993-00008%C2%A0/00008-57281.pdf.

2. Michael J. Rosenfeld, Reuben J. Thomas e Sonia Hausen. "Disintermediating Your Friends: How Online Dating in the United States Displaces Other Ways of Meeting". *Proceedings of the National Academy of Sciences* 116, n° 36 (2019): 17753-17758, http://doi.org:10.1073/pnas.1908630116.

3. Nur Hafeeza Ahmad Pazil. "Face, Voice and Intimacy in Long-Distance Close Friendships". *International Journal of Asian Social Science* 8, no. 11 (2018): 938-47, http://doi.org:10.18488/journal.1.2018.811.938.947.

Capítulo 9

1. S. E. Kakarala *et al.* "The Neurobiological Reward System in Prolonged Grief Disorder (PGD): A Systematic Review". *Psychiatry Research: Neuroimaging* 303 (2020): 111135, http://doi.org:10.1016/j.pscychresns .2020.111135.

2. Tina M. Mason, Cindy S. Tofthagen e Harleah G. Buck. "Complicated Grief: Risk Factors, Protective Factors, and Interventions ". *Journal of Social Work in End-of--Life & Palliative Care* 16, n° 2 (2020): 151-74, http://doi.org:10.1080/15524256.2020 .1745726; Anna Parisi *et al.* "The Relationship Between Substance Misuse and Complicated Grief: A Systematic Review". *Journal of Substance Abuse Treatment* 103 (2019): 43-57, http://doi.org:10.1016/j.jsat.2019.05 .012.

3. Jie Li, Jorge N. Tendeiro e Margaret Stroebe. "Guilt in Bereavement: Its Relationship with Complicated Grief and Depression". *International Journal of Psy-*

chology 54, n° 4 (2019): 454-61, http://doi.org:10.1002/ijop.12483; Satomi Naka-jima. "Complicated Grief: Recent Developments in Diagnostic Criteria and Treatment". *Philosophical Transactions of the Royal Society B: Biological Sciences* 373, n° 1754 (2018): 20170273, http://doi.org:10.1098/rstb.2017.0273.

4. Nooshin Pordelan *et al.* "How Online Career Counseling Changes Career Development: A Life Design Paradigm". *Education and Information Technologies* 23, n° 6 (2018): 2655-672, http://doi.org:10.1007/s10639-018-9735-1.

5. Zuleide M. Ignácio *et al.* "Physical Exercise and Neuroinflammation in Major Depressive Disorder". *Molecular Neurobiology* 56, n° 12 (2019): 8323-235, http://doi.org:10.1007/s12035-019-01670-1.

6. Anne Richards, Jennifer C. Kanady e Thomas C. Neylan. "Sleep Disturbance in PTSD and Other Anxiety-Related Disorders: An Updated Review of Clinical Features, Physiological Characteristics, and Psychological and Neurobiological Mechanisms". *Neuropsychopharmacology* 45, n° 1 (2020): 55-73, http://doi.org:10.1038/s41386 -019-0486-5.

Capítulo 10

1. Robab Jahedi e Reza Derakhshani. "The Relationship Between Empathy and Altruism with Resilience Among Soldiers". *Military Psychology* 10, n° 40 (2020): 57-65.

2. R. Horowitz. "Compassion Cultivation". *The Art and Science of Physician Wellbeing*. Org. por Laura Weiss Roberts e Mickey Trockel (Nova York: Springer International Publishing, 2019): 33-53.

3. Priyanka Samuel e Smita Pandey. "Life Satisfaction and Altruism Among Religious Leaders". *International Journal of Indian Psychology* 6, n° 1 (2018): 89-95, http://doi.org:10.25215/0601.031.

4. Yi Feng *et al.* "When Altruists Cannot Help: The Influence of Altruism on the Mental Health of University Students During the COVID-19 Pandemic." *Globalization and Health* 16, n° 1 (2020): 1-8, http://doi.org:10.1186/s12992-020-00587-y.

5. Jerf W. K. Yeung, Zhuoni Zhang e Tae Yeun Kim. "Volunteering and Health Benefits in General Adults: Cumulative Effects and Forms". *BMC Public Health* 18, n° 1 (2017): 1–8, http://doi.org:10.1186/s12889-017-4561-8.

6. M. G. Monaci, L. Scacchi e M. G. Monteu. "Self-Conception and Volunteering: The Mediational Role of Motivations". BPA – *Applied Psychology Bulletin (Bollettino Di Psicologia Applicata* Applicata) 285 (2019): 38-50.

7. Dana C. Branson. "Vicarious Trauma, Themes in Research, and Terminology: A Review of Literature". *Traumatology* 25, n° 1 (2019): 2, http://doi.org:10.1037/trm0000161.

Capítulo 11

1. Dakota D. Witzel e Robert S. Stawski. "Resolution Status and Age as Moderators for Interpersonal Everyday Stress and Stressor-Related Affect". *Journals of Gerontology: Series B* (2021): gbab006, http://doi.org: 10.1093/geronb/gbab006.

2. Laura Petitta e Lixin Jiang. "How Emotional Contagion Relates to Burnout: A Moderated Mediation Model of Job Insecurity and Group Member Prototypicality". *International Journal of Stress Management* 27, n° 1 (2020): 12-22, http://doi.org:10.1037/str0000134.